HOMEMADE!
DAS GOLDENE VON GU

REZEPTE ZUM EINMACHEN UND SELBERMACHEN

DIE GU-QUALITÄTS-GARANTIE

Wir möchten Ihnen mit den Informationen und Anregungen in diesem Buch das Leben erleichtern und Sie inspirieren, Neues auszuprobieren. Bei jedem unserer Bücher achten wir auf Aktualität und stellen höchste Ansprüche an Inhalt, Optik und Ausstattung. Alle Rezepte und Informationen werden von unseren Autoren gewissenhaft erstellt und von unseren Redakteuren sorgfältig ausgewählt und mehrfach geprüft. Deshalb bieten wir Ihnen eine 100 %ige Qualitätsgarantie.

Darauf können Sie sich verlassen:
Wir legen Wert darauf, dass unsere Kochbücher zuverlässig und inspirierend zugleich sind.
Wir garantieren:

- dreifach getestete Rezepte
- sicheres Gelingen durch Schritt-für-Schritt-Anleitungen und viele nützliche Tipps
- authentische Rezept-Fotografie

Wir möchten für Sie immer besser werden:
Sollten wir mit diesem Buch Ihre Erwartungen nicht erfüllen, lassen Sie es uns bitte wissen! Nehmen Sie einfach Kontakt zu unserem Leserservice auf. Sie erhalten von uns kostenlos einen Ratgeber zum gleichen oder einem ähnlichen Thema. Die Kontaktdaten unseres Leserservice finden Sie am Ende dieses Buches.

GRÄFE UND UNZER VERLAG
Der erste Ratgeberverlag – seit 1722.

KV

QUITTENGELEE & HIMBEERSIRUP

Warenkunde Geliermittel

Unsere Omas haben früher Marmeladen ganz ohne Gelierhilfen eingekocht. Früchte, Zucker, etwas Zitronensaft und Geduld waren dabei die einzigen Zutaten. Und ein Händchen für die richtigen Fruchtmischungen, denn am besten funktioniert die klassische Einkochmethode, wenn man pektin- und fruchtsäurereiches Obst, das für eine gute Bindung sorgt, mit Früchten kombiniert, die kaum Pektin und Fruchtsäure enthalten. Im Marmeladentöpfchen lockten bei Oma dann wunderbar aromatisch-süße Fruchtaufstriche die ganze Familie an den Tisch.
Das Plus an Aroma und Süße ging allerdings wegen der längeren Kochzeiten auf Kosten der Optik und des Vitamingehalts. Darum greifen die meisten Marmeladenköchinnen heute zu Gelierhilfen, die es in großer Auswahl im Supermarkt oder Bioladen zu kaufen gibt. Mit ihnen sind Marmelade und Gelee schon nach wenigen Minuten abfüllbereit, was natürlich auch der Hochgeschwindigkeit unseres modernen Alltags entgegenkommt.

Gelierzucker ist eine Mischung aus Zucker, Zitronensäure und Pektinen, die auch fruchtsäure- und pektinarmen Früchten, wie z. B. Erdbeeren, Kirschen oder Pflaumen, in kurzer Zeit zur Bindung verhilft. Es gibt ihn in den Ausführungen 1 : 1, 2 : 1 und 3 : 1. Die Ziffern geben an, in welchem Mengenverhältnis Frucht und Zucker gemischt werden. 500 g Gelierzucker 1 : 1 werden also mit 500 g geputztem und klein geschnittenem Obst vermischt, 500 g Gelierzucker 2 : 1 genügen, um aus 1 kg vorbereiteten Früchten Marmelade herzustellen, und beim Gelierzucker 3 : 1 kommen auf einen Teil Zucker drei Teile Frucht. Allerdings kommen die Sorten 2 : 1 und 3 : 1 nicht ohne Konservierungsstoffe aus, denn je weniger Zucker in der Marmelade ist, desto geringer ist auch seine haltbar machende Wirkung. Darum sind auch Fruchtaufstriche, die nur wenig Zucker enthalten, nicht sehr lange haltbar.

WORTKLAUBEREI

Als »Marmelade« dürfen nur fruchtige Aufstriche aus Zitrusfrüchten verkauft werden, alle anderen heißen »Konfitüre«. Egal: Hauptsache sie schmecken.

Wer Zuckermenge und/oder Zuckerquelle selbst bestimmen möchte, weil er Marmelade oder Gelee statt mit raffiniertem weißen Zucker lieber mit Rohrohrzucker, Honig oder Agavendicksaft süßt, der bindet das Fruchtpüree mit **Gelierpulver**, **Apfelpektin** oder **Agar-Agar**. Ersteres ist ein Gemisch aus Pektinen, Fruchtsäuren und Traubenzucker. Aus Äpfeln extrahiertes Apfelpektin finden Sie flüssig oder in Pulverform in Reformhäusern und Bioläden. Das aus Rotalgen gewonnene Agar-Agar verfestigt das Fruchtpüree erst, wenn es gekocht hat und abkühlt. Alle drei Verdickungsmittel müssen Sie unbedingt nach Packungsangabe passend zur Fruchtmenge dosieren, denn schon kleine Abweichungen können große Auswirkung auf die Konsistenz des süßen Aufstrichs haben.

GELIERPROBE

So fest soll sie sein, dass sie nicht widerstandslos sofort wieder vom Butterbrot herunterläuft, aber trotzdem samtweich für ein gutes Mundgefühl und fürs einfache Verstreichen. Aber wann genau ist der richtige Zeitpunkt, die kochende Marmelade in die Gläser abzufüllen, damit sie exakt diese Konsistenz bekommt? Die Antwort auf diese Frage weiß die Gelierprobe: Lassen Sie vom Kochlöffel einen Klecks heiße Marmelade auf einen kalten Teller tropfen. Wird er sofort fest und lässt sich mit dem Löffel wellig zusammenschieben, ist die Marmelade fertig.

METALLTRICHTER Mit seiner Hilfe füllen Sie Gelee, Konfitüre & Co. kleckerfrei ins Glas, sodass dieses steril bleibt.

TWIST-OFF-DECKEL sind genormt, und Sie können sie einzeln oder im Set im Haushaltswarenladen nachkaufen.

Kleine Gläserkunde

Der Klassiker ist das **Einmachglas** mit Glasdeckel und Gummiring. Es ist nicht nur von jeher funktional, sondern in seinem Oma-Design auch noch hübsch anzuschauen. Das Einkochen von Obst, Gemüse, Saucen und Wurst klappt darin astrein, denn zum einen passen durch die große Öffnung auch Früchte oder Gemüse im Ganzen (wie Zwetschgen, Aprikosen oder Gürkchen), zum anderen braucht es zum Befüllen nicht ganz so viel Zielwasser. Lebensmittel einfüllen, Gummiring samt Deckel mit Klammern fixieren, das Ganze einkochen, Klammern lösen, Deckel hält. Ein weiterer Vorteil: Die Gläser sind in Sachen Nachhaltigkeit beinahe unschlagbar. Das dickwandige Glas zerbricht nicht einfach mal so, darum kann man die Gläser viele, viele Male wiederverwenden, nur die Gummis müssen Sie hin und wieder ersetzen, wenn sie rissig oder spröde geworden sind.

Wer ab und zu einen Blick ins Glas werfen muss, um z. B. zu kontrollieren, wie weit ein Essig- oder Liköransatz gediehen ist oder um in gewissen zeitlichen Abständen weitere Zutaten dazuzugeben, der benutzt am besten **Gläser oder Flaschen mit Bügelverschluss**. Die Bügelverschluss-Variante eignet sich also perfekt für den Rumtopf! Aber auch für Einmachgut, das heiß eingefüllt wird und für in Salz oder Öl Eingelegtes sind sie eine wunderbare Herberge.

Eine kostengünstige Alternative sind **Twist-off-Gläser** – sammeln Sie einfach leere Marmeladen- oder Kompottgläser. Sauber gespült und sterilisiert, können Sie sie immer wieder verwenden. Aber Achtung bei Gläsern, in denen Gurken oder anderes Gemüse essigsauer eingelegt wurden! Hier kann es passieren, dass die Deckel den Geruch annehmen und an die danach eingefüllte Marmelade abgeben – brrrrr! Einfach den Schnüffeltest machen und Deckel mit Geruch entsorgen.

Eine Kombination aus Einmachglas und Twist-off-Glas sind **Gläser mit zweigeteiltem Deckel**, bei denen ein flacher Deckel aufgelegt und mit einem Schraubring fixiert wird. Der Vorteil: Hier entfällt das Gepfriemel, das Sie vielleicht vom Einmachglas kennen, nämlich Deckel, Gummi und Glas zu einer harmonischen Einheit zu verbinden.

Gläser sterilisieren

Für welche Art von Aufbewahrungsgefäß Sie sich entscheiden, ist Geschmackssache bzw. davon abhängig, was Sie einmachen wollen. Aber eines ist für alle Gläser und Flaschen ein Muss, wenn Sie an Ihren Küchenschätzen möglichst lange eine Freude haben wollen: absolute Sauberkeit! Dafür geben Sie die bereits gespülten Gläser und die dazugehörenden Deckel und Gummis mit so viel Wasser in einen ausreichend großen Topf, dass alles damit bedeckt ist. Nun noch einen Schuss Essig dazu, das Ganze aufkochen und etwa 10 Min. kochen lassen. Die Gläser und Deckel mit einer Wende- oder Spaghettizange aus dem Wasser angeln und mit der Öffnung nach unten auf einem frisch gewaschenen und heiß gebügelten, sprich keimfreien Geschirrtuch abtropfen lassen. So geht's auch: Gläser auf ein Backblech stellen und im 120° heißen Backofen mindestens 10 Min. sterilisieren. Deckel von Twist-off-Gläsern und die Gummis von Einmachgläsern kommen um das Bad im heißen Wasser nicht herum, sie würden in der trockenen Hitze des Backofens spröde werden.

Auf den Kopf gestellt

Konfitüre ins Glas, zugeschraubt – und dann auf den Kopf stellen oder nicht? Das Vakuum entsteht allein durch das Abkühlen der heißen Luft im Glas, so gesehen ist es also unnötig. Aber die Fruchtstückchen in der Konfitüre verteilen sich viel besser im Glas, wenn es einen Kopfstand gemacht hat.

Küchenpraxis Entsaften

Für Gelees, Liköre und Sirupe brauchen Sie Saft pur – Fruchtschalen, -stiele und -kerne müssen draußen bleiben. Je nach Obstsorte und Saftmenge, die Sie benötigen, haben Sie unterschiedliche Möglichkeiten, um an diesen heranzukommen. Wer auch außerhalb der Einmachsaison gerne frisch gepresste Säfte trinkt, für den lohnt sich die Anschaffung eines **elektrischen Entsafters**. Achten Sie dabei auf ein qualitativ hochwertiges Gerät, denn nur diese verarbeiten auch größere Obst- und Gemüsemengen und liefern eine möglichst große Saftausbeute. Für sehr saftige Beeren brauchen Sie keine spezielle Küchenausstattung, die können Sie einfach in einer **Schüssel** mit einer Gabel zerdrücken, dann in ein feinmaschiges Sieb geben und den Saft in einen Topf abtropfen lassen. Ebenfalls ganz leicht und ohne Spezialausrüstung funktioniert die Saftgewinnung im **Topf**. Beeren, Äpfel, Birnen, Quitten etc. waschen und putzen. Beeren ganz, den Rest ungeschält, aber in Stücke geschnitten mit Wasser in einen Topf geben und je nach Obstsorte in 15 bis 45 Min. weich kochen. Dann das Obstmus in ein mit einem sauberen Mulltuch ausgelegtes Sieb schütten und am besten über Nacht den Saft in einer Schüssel auffangen. Für den heimischen Obstgarten, in dem große Fruchtmengen auf einmal reif sind und darauf warten, möglichst schnell verarbeitet zu werden, tut ein **Dampfentsafter** gute Dienste. Er ist als Elektrogerät oder Topfvariante für den Herd erhältlich und besteht aus vier Teilen. Die Basis ist der Wasserbehälter, darauf setzt man eine Saftauffangschale mit einem Gummischlauch, durch die der aufsteigende Dampf zum perforierten Fruchtkorb gelangt. Obendrauf kommt der Deckel, damit der Dampf nicht entweichen kann. Der Dampf trifft auf die Früchte und zerstört ihre Zellstruktur, sodass der Saft austritt. Dieser läuft durch die Löcher des Siebs in die Saftschale ab. Nun können Sie über den Schlauch den Saft direkt heiß abfüllen und dann trinken oder zu Gelee verarbeiten.

ZITRUSPRESSE
Zitrusfrüchte aber auch Granatäpfel kann man mithilfe einer Zitruspresse (manuell oder elektrisch) ruck, zuck entsaften.

SAISONKALENDER FÜR KONFITÜREN- UND GELEEZUTATEN	
FRÜHLING	Erdbeeren, Grapefruits, Himbeeren, Holunderblüten, Mangos, Rhabarber, Rosenblätter, Stachelbeeren, Waldmeister
SOMMER	Äpfel, Aprikosen, Birnen, Brombeeren, Erdbeeren, Estragon, Feigen, Heidelbeeren, Himbeeren, Holunderbeeren, Johannisbeeren, Kirschen, Mangos, Melisse, Minze, Mirabellen, Nektarinen, Pfirsiche, Pflaumen, Quitten, Rosenblätter, Rosmarin, Stachelbeeren, Thymian, Weintrauben, Zwetschgen
HERBST	Äpfel, Birnen, Brombeeren, Cranberrys, Feigen, Grapefruits, Hagebutten, Holunderbeeren, Mangos, Orangen, Quitten, Schlehen, Weintrauben, Zitronen, Zwetschgen
WINTER	Cranberrys, Grapefruits, Mangos, Orangen, Zitronen

DER LIEBLINGSKLASSIKER

ERDBEERKONFITÜRE

schmeckt nach Frühsommer

Für 6 Gläser (je 250 ml)
Zubereitungszeit ca. 30 Min. · Ruhezeit 2 Std.
pro Glas 380 kcal · Haltbarkeit 12 Monate

1,1 kg Erdbeeren
500 g Gelierzucker 2 : 1
(oder 1 kg Gelierzucker 1 : 1
oder 300 g Gelierzucker 3 : 1, s. S. 5)
1 Vanilleschote
4 EL Zitronensaft
Außerdem:
6 Twist-off-Gläser (sterilisiert, s. S. 6)

1 Die Erdbeeren vorsichtig kalt abwaschen und abtropfen lassen. Die Kelchblätter mit einem Messer aus den Beeren schneiden. Die Erdbeeren klein würfeln.

2 Die Früchte mit dem Gelierzucker in einem großen hohen Topf verrühren und ca. 2 Std. zugedeckt Saft ziehen lassen, ab und zu umrühren.

3 Die Vanilleschote der Länge nach aufschlitzen, das Mark mit dem Messerrücken aus der Schote kratzen und mit dem Zitronensaft unter die Erdbeeren mischen. Die Früchte unter Rühren zum Kochen bringen und bei starker bis mittlerer Hitze offen 4 Min. leicht sprudelnd kochen. Dabei häufig umrühren.

4 Die Gelierprobe machen (s. S. 5). Die Konfitüre abschäumen und sofort in die vorbereiteten Gläser füllen. Diese gleich verschließen und ca. 5 Min. auf den Kopf stellen.

AROMA-TIPP

Erdbeeren sind empfindlich und verderben rasch. Die Sorten, die in den meisten Läden angeboten werden, sind so gezüchtet, dass sie etwas länger halten. Allerdings haben sie oft kein sehr ausgeprägtes **Aroma**. Geschmackvollere Sorten finden Sie häufig auf **Erdbeerplantagen**. Da man dort die Früchte selbst erntet und gleich zum Verbrauchen mit nach Hause nimmt, müssen sie nicht ganz so robust sein. Auch Naschen ist erlaubt!

TUNING-TIPPS

Exotisch: Die Hälfte der geputzten Erdbeeren kann man durch in kleine Würfel geschnittenes reifes Mangofruchtfleisch ersetzen.
Beerig: Die Hälfte der geputzten Erdbeeren durch andere frische reife Beeren ersetzen, etwa durch Himbeeren, Rote Johannisbeeren, Brombeeren – auch TK-Beeren sind hier erlaubt.
Samtig: Für Genuss ohne Stücke die Erdbeeren durch ein feines Sieb passieren und nur das kernfreie Beerenpüree weiterverarbeiten. Dafür dann aber 1/3 mehr Beeren einplanen.

GENUSS-TIPP

Erdbeerkonfitüre schmeckt besonders gut auf selbst gebackenen knusprigen **Brötchen** (s. Rezept S. 214) oder mit **Croissants** (s. Rezept S. 216). Richtig fein ist sie aber auch im **Naturjoghurt** (selbst gemacht s. Rezept S. 164) oder als Füllung dünner Pfannkuchen oder Crêpes.

ERDBEER-RHABARBER-KONFITÜRE

erfrischend säuerlich

Für 6 Gläser (je 250 ml)
Zubereitungszeit ca. 30 Min.
Ruhezeit 2 Std.
pro Glas 365 kcal
Haltbarkeit 12 Monate

550 g Erdbeeren
650 g Rhabarber
500 g Gelierzucker 2 : 1
(oder 1 kg Gelierzucker 1 : 1
oder 300 g Gelierzucker 3 : 1, s. S. 5)
1 EL Zitronensaft
Außerdem:
6 Twist-off-Gläser (sterilisiert, s. S. 6)

1 Erdbeeren und Rhabarber waschen und trocken tupfen. Die Erdbeeren putzen und klein würfeln. Vom Rhabarber die Enden abschneiden, falls sich Fäden lösen, diese mithilfe eines kleinen Messers abziehen. Den Rhabarber in dünne Scheiben schneiden.

2 Erdbeeren und Rhabarber mit dem Gelierzucker in einem Topf mischen und ca. 2 Std. Saft ziehen lassen. Den Zitronensaft dazugeben und die Früchte zum Kochen bringen. Offen 4 Min. leicht sprudelnd kochen.

3 Die Gelierprobe machen (s. S. 5) und die Konfitüre noch heiß in vorbereitete Gläser füllen. Diese gleich verschließen und ca. 5 Min. auf den Kopf stellen.

ERDBEER-MINZ-KONFITÜRE

kräuterfrisch und würzig

Für 6 Gläser (je 250 ml)
Zubereitungszeit ca. 30 Min.
Ruhezeit 2 Std.
pro Glas 380 kcal
Haltbarkeit 12 Monate

1,1 kg Erdbeeren
500 g Gelierzucker 2 : 1
(oder 1 kg Gelierzucker 1 : 1
oder 300 g Gelierzucker 3 : 1, s. S. 5)
8 Stängel Minze
1 EL Zitronensaft
Außerdem:
6 Twist-off-Gläser (sterilisiert, s. S. 6)

1 Die Erdbeeren waschen, putzen und in kleine Würfel schneiden. Mit dem Gelierzucker in einem Topf mischen und ca. 2 Std. Saft ziehen lassen. Die Minze kalt waschen und trocken schütteln. Die Blättchen abzupfen und fein hacken. Beiseite stellen.

2 Den Zitronensaft zu den Erdbeeren im Topf geben und alles zum Kochen bringen. Offen ca. 4 Min. leicht sprudelnd kochen. Dann erst die gehackte Minze unter die Konfitüre rühren.

3 Die Gelierprobe machen (s. S. 5) und die Konfitüre kochend heiß in vorbereitete Gläser füllen. Diese gleich verschließen und 5 Min. auf den Kopf stellen.

ERDBEER-ZITRONEN-KONFITÜRE

besonders aromatisch

Für 6 Gläser (je 250 ml)
Zubereitungszeit ca. 30 Min.
Ruhezeit 2 Std.
pro Glas 385 kcal
Haltbarkeit 12 Monate

950 g Erdbeeren · 2 Bio-Zitronen
500 g Gelierzucker 2 : 1
(oder 1 kg Gelierzucker 1 : 1
oder 300 g Gelierzucker 3 : 1, s. S. 5)
1 Vanilleschote
Außerdem:
6 Twist-off-Gläser (sterilisiert, s. S. 6)

1 Die Erdbeeren waschen, putzen und klein würfeln. Die Zitronen so schälen, dass auch das Weiße entfernt wird. Das Fruchtfleisch zwischen den Trennhäuten herausschneiden, klein würfeln.

2 Erdbeeren und Zitronenfruchtfleisch mit dem Gelierzucker in einem Topf mischen und ca. 2 Std. Saft ziehen lassen. Die Vanilleschote der Länge nach aufschlitzen, das Mark mit dem Messerrücken aus der Schote kratzen und unter die Erdbeeren rühren.

3 Die Erdbeer-Zitronen-Mischung zum Kochen bringen. Offen 4 Min. leicht sprudelnd kochen. Die Gelierprobe machen (s. S. 5) und die Konfitüre kochend heiß in vorbereitete Gläser füllen. Diese gleich verschließen und 5 Min. auf den Kopf stellen.

ERDBEER-ROSEN-BLÜTEN-KONFITÜRE

exquisit und edel

Für 6 Gläser (je 250 ml)
Zubereitungszeit ca. 35 Min.
Ruhezeit 2 Std.
pro Glas 380 kcal
Haltbarkeit 12 Monate

1,1 kg Erdbeeren
500 g Gelierzucker 2 : 1
(oder 1 kg Gelierzucker 1 : 1 oder
300 g Gelierzucker 3 : 1, s. S. 5)
3–4 Blüten einer unbehandelten
Duftrose (aus dem Garten oder von
einem Floristen des Vertrauens)
1 EL Zitronensaft
Außerdem:
6 Twist-off-Gläser (sterilisiert, s. S. 6)

1 Die Erdbeeren waschen, putzen und klein würfeln. Mit dem Gelierzucker in einem Topf mischen und ca. 2 Std. Saft ziehen lassen.

2 Dann die Duftrosenblüten vorsichtig kalt abwaschen und trocken schütteln. Die Blütenblätter abzupfen und mit 1 EL Zitronensaft zu den Erdbeeren geben.

3 Die Erdbeer-Rosen-Mischung zum Kochen bringen und offen 4 Min. leicht sprudelnd kochen. Die Gelierprobe machen (s. S. 5) und die Konfitüre kochend heiß in vorbereitete Gläser füllen. Diese gleich verschließen und 5 Min. auf den Kopf stellen.

RHABARBERGELEE MIT ERDBEEREN

fruchtig und farbstark

Für 5 Gläser (je 200 ml)
Zubereitungszeit ca. 40 Min.
Ruhezeit 12 Std. + 1 Std.
pro Glas 440 kcal
Haltbarkeit 12 Monate

1 kg Rhabarber
450 g Erdbeeren (geputzt 400 g; am besten Wald- oder Monatserdbeeren)
500 g Gelierzucker 2 : 1 (oder 1 kg Gelierzucker 1 : 1 oder 300 g Gelierzucker 3 : 1, s. S. 5)
2 EL Zitronensaft
Außerdem:
1 Küchen- oder Mulltuch
5 Twist-off-Gläser (sterilisiert, s. S. 6)

1 Den Rhabarber waschen und die Enden abschneiden. Falls sich dabei Fäden lösen, diese abziehen. Den Rhabarber in ca. 1 cm breite Stücke schneiden und mit 800 ml Wasser in einem Topf zum Kochen bringen. Das Ganze ca. 15 Min. sanft kochen lassen.

2 Ein Sieb über eine Schüssel hängen und mit dem angefeuchteten sauberen Küchentuch auslegen. Den Rhabarber hineingießen und den Saft über Nacht abtropfen lassen. Das Tuch dann kräftig zusammendrehen und noch mehr Saft auspressen.

3 Die Erdbeeren vorsichtig kalt abwaschen und abtropfen lassen. Falls nötig, die Stielansätze entfernen. Größere Erdbeeren in Würfel schneiden, Monatserdbeeren halbieren, Walderdbeeren ganz lassen. Die Beeren mit dem Zucker und dem Zitronensaft in einem großen hohen Topf mischen und 1 Std. ziehen lassen.

4 Den Rhabarbersaft abmessen und eventuell mit Wasser auf 600 ml auffüllen. Den Saft zu den Erdbeeren in den Topf geben, rühren und zum Kochen bringen. Alles bei starker bis mittlerer Hitze offen 4 Min. leicht sprudelnd kochen. Häufig umrühren.

5 Die Gelierprobe machen (s. S. 5). Bei Bedarf abschäumen, dann in 5 vorbereitete Gläser füllen. Diese gleich verschließen und ca. 5 Min. auf den Kopf stellen.

VARIANTE

RHABARBER-GRANATAPFEL-GELEE

Für 5 Gläser (je 200 ml)
Zubereitungszeit ca. 40 Min.
Ruhezeit 12 Std.
pro Glas 525 kcal
Haltbarkeit 12 Monate

- Den Rhabarbersaft wie im Hauptrezept beschrieben aus 1,2 kg Rhabarber und 1 l Wasser zubereiten. Über Nacht abgetropft und dann ausgepresst sollten ca. 750 ml Rhabarbersaft übrig bleiben.
- 3–4 Granatäpfel halbieren und den Saft mit einer Zitruspresse auspressen (Vorsicht, es spritzt!). 200 ml davon mit 50 g Grenadine (Granatapfelsirup), dem Rhabarbersaft und 500 g Gelierzucker 2 : 1 (oder 1 kg Gelierzucker 1 : 1 oder 300 g Gelierzucker 3 : 1) in einen Topf geben, dann alles verrühren und zum Kochen bringen.
- Das Gelee 4 Min. kochen und die Gelierprobe machen (s. S. 5). Das Gelee durch einen Trichter in sterilisierte Gläser (s. S. 6) füllen.

PROFI-TIPP
Rhabarber enthält **Oxalsäure**, die den Geliervorgang behindert. Für ein optimales Ergebnis empfiehlt es sich deshalb den Rhabarber zu schälen. Noch besser wäre es allerdings, die grob zerkleinerten Rhabarberstücke zunächst kurz in kochendem Wasser zu blanchieren und dieses Wasser dann abzugießen, bevor Sie mit dem eigentlichen Rezept beginnen.

HIMBEER-RHABARBER-KONFITÜRE

samtig-roter Genuss

Für 3 Gläser (je 250 ml)
Zubereitungszeit ca. 30 Min.
pro Glas 705 kcal
Haltbarkeit 12 Monate

300 g Rhabarber
300 g frische oder tiefgekühlte Himbeeren (TK-Ware aufgetaut)
1 Vanilleschote
500 g Gelierzucker 1 : 1
Außerdem:
3 Twist-off-Gläser (sterilisiert, s. S. 6)

1 Den Rhabarber waschen und die Enden abschneiden. Falls sich Fäden lösen, diese abschneiden. Rhabarber in fingerdicke Scheiben schneiden. Frische Himbeeren waschen und abtropfen lassen. Mit einem Pürierstab zerkleinern und durch ein feines Sieb streichen. Vanilleschote längs aufschneiden, Mark herauskratzen.

2 Das Himbeerpüree (200–250 g) und die Rhabarberstücke zusammen mit Vanillemark und Gelierzucker in einem großen Topf vermengen und alles unter Rühren zum Kochen bringen. 5 Min. sprudelnd kochen lassen, dabei ab und zu umrühren. Für eine sehr samtige Konfitürenkonsistenz den Rhabarber zusätzlich noch mit dem Pürierstab zerkleinern.

3 Wie auf Seite 5 beschrieben eine Gelierprobe machen, die noch heiße Konfitüre in die vorbereiteten Gläser abfüllen und diese sofort verschließen.

GENUSS-TIPP

Beliebt und schnell zubereitet sind **kleine Beerentörtchen** zum Nachmittagskaffee: Je 1–2 EL Himbeer-Rhabarber-Konfitüre auf 6 (fertig gekaufte) Mürbteigtortelettes geben. 150 g Sahne aufschlagen, 100 g Naturjoghurt und 1 TL Vanillezucker unterrühren. Je einen großen Klecks Joghurtsahne auf die Beerentortelettes geben und gleich servieren.

ERDBEER-APRIKOSEN-KONFITÜRE

unschlagbarer Familienhit

Für 6 Gläser (je 250 ml)
Zubereitungszeit ca. 1 Std.
Ruhezeit 3 Std.
pro Glas 425 kcal
Haltbarkeit 12 Monate

750 g Erdbeeren
800 g Aprikosen
80 ml Zitronensaft
500 g Gelierzucker 3 : 1
Außerdem:
6 Twist-off-Gläser
(sterilisiert, s. S. 6)

1 Erdbeeren und Aprikosen waschen und gut abtropfen lassen. Stiel und Stielansatz von den Erdbeeren entfernen. Die Aprikosen halbieren und entsteinen. Die Erdbeeren entweder im Ganzen mit den Aprikosen, dem Zitronensaft und dem Gelierzucker pürieren oder klein würfeln und stückig lassen.

2 Falls Sie die Erdbeeren würfeln und nur den Rest pürieren, müssen Sie die Erdbeerwürfel-Aprikosen-Mischung mit Zitronensaft und Zucker mindestens 3 Std. ziehen lassen, bevor Sie die Konfitüre einkochen.

3 Das Fruchtpüree in einem großen Topf aufkochen und ca. 4 Min. kochen. Die Gelierprobe machen (s. S. 5), dann in die vorbereiteten Gläser füllen. Diese gleich verschließen und ca. 5 Min. auf den Kopf stellen.

PROFI-TIPP
Die **Lieblingsfrüchte der Deutschen** sind: Erdbeeren und Aprikosen – jedenfalls wenn es sich um die Zubereitung von Konfitüren handelt. Gegen Ende der Erdbeersaison beginnt die der Aprikosen, und für kurze Zeit können Sie beide Früchte in bester Qualität zu vernünftigen Preisen erwerben – wenn Sie nicht sowieso zu den beneidenswerten Menschen mit Erdbeerbeet und eigenem Aprikosenspalier gehören.

HIMBEERGELEE MIT MELISSE

mit edlem Aroma

Für 6 Gläser (je 250 ml)
Zubereitungszeit ca. 35 Min.
pro Glas 400 kcal
Haltbarkeit 12 Monate

1,2 kg Himbeeren
1 Bio-Zitrone
1/4 Bund Zitronenmelisse
500 g Gelierzucker 2 : 1
(oder 1 kg Gelierzucker 1 : 1
oder 300 g Gelierzucker 3 : 1, s. S. 5)
Außerdem:
1 Küchen- oder Mulltuch
6 Twist-off-Gläser (sterilisiert, s. S. 6)

1 Die Himbeeren verlesen, also alle matschigen Beeren aussortieren. Die guten Beeren in einen Topf geben. Die Zitrone heiß waschen und abtrocknen, ein ca. 5 cm langes Stück Schale dünn (ohne das Weiße) abschälen. Die Zitronenmelisse kalt waschen und trocken schütteln, Blätter abzupfen und beiseitelegen.

2 Die Melissestiele und die Zitronenschale zusammen mit 500 ml Wasser zu den Himbeeren geben und alles zum Kochen bringen. Ca. 5 Min. sprudelnd kochen, bis sich reichlich Himbeersaft gebildet hat.

3 Ein Sieb mit dem feuchten Küchen- oder Mulltuch auslegen, über eine Schüssel hängen und die Mischung hineingießen. Die Früchte mit einem Löffel ausdrücken und den Saft in die Schüssel laufen lassen.

4 Den Saft abmessen und eventuell mit Wasser auf 1 l auffüllen. Die Zitronenmelisseblättchen fein hacken und beiseitelegen, den Zitronensaft auspressen.

5 Den Himbeersaft mit dem Gelierzucker und dem Zitronensaft in einem großen hohen Topf verrühren und zum Kochen bringen. Den Saft bei starker bis mittlerer Hitze offen 4 Min. leicht sprudelnd kochen. Dabei häufig mit einem Kochlöffel umrühren.

6 Die Gelierprobe machen (s. S. 5). Das Gelee wenn nötig abschäumen. Die gehackte Melisse darunterrühren und das Gelee in die vorbereiteten Gläser füllen. Diese gleich verschließen und ca. 5 Min. auf den Kopf stellen.

DAS SCHMECKT DAZU

Am besten schmeckt das duftende Gelee auf **selbst gebackenem hellen Brot** (z. B. Helles Vierkornbrot s. Rezept S. 204). Fein ist es auch auf Sauerteigbrötchen (s. Rezept S. 214), die Sie statt mit Butter zur Abwechslung auch mal mit Frischkäse oder Quark bestreichen können.

TAUSCH-TIPP

Statt Zitronenmelisse schmecken auch andere Kräuter gut zum Himbeeraroma. Besonders passend sind **Basilikum** und **Minze**, aber auch **Lavendelblüten** schmecken ganz ausgezeichnet. Nehmen Sie dafür 4–6 (je nach Größe) gerade aufgeblühte Lavendeldolden und zupfen Sie die einzelnen Blüten vorsichtig von den Stielen ab. Die Blüten ebenfalls erst kurz vor dem Einfüllen unter das Gelee mischen.

PROFI-TIPP

Mit der restlichen Zitronenmelisse können Sie einen edlen **Zitronenmelisse-Sirup** herstellen, der sich prima in einem Glas Sekt macht. Dazu eine Handvoll Zitronenmelisse waschen und trocken schütteln, die Blättchen abzupfen. 200 ml Wasser und 200 g Zucker in einem Topf bei kleiner Hitze 3–4 Min. köcheln lassen, bis der Zucker gelöst ist. Die Melisse zugeben und den Topf vom Herd nehmen. Alles 30 Min. ziehen lassen. Den Sud durch ein feines Sieb laufen lassen und auffangen, die Melisseblätter mit einem Löffelrücken ausdrücken. Den Sirup noch einmal kurz aufkochen und noch heiß in eine sterilisierte Flasche (250 ml) füllen, gut verschließen und dunkel und kühl aufbewahren. Geöffnet unbedingt in den Kühlschrank stellen und innerhalb weniger Tage verbrauchen.

HOLUNDERBLÜTEN-GELEE

fein und aromatisch

Für 5 Gläser (je 250 ml)
Zubereitungszeit ca. 25 Min. · Ruhezeit 2 Tage
pro Glas 400 kcal · Haltbarkeit 12 Monate

20–30 Holunderblütendolden
(je nach Größe der Blüten)
1 kleine Bio-Zitrone
500 g Gelierzucker 2 : 1
(oder 1 kg Gelierzucker 1 : 1
oder 300 g Gelierzucker 3 : 1, s. S. 5)
Außerdem:
1 Küchen- oder Mulltuch
5 Twist-off-Gläser (sterilisiert, s. S. 6)

1 Die Holunderblütendolden vorsichtig ausschütteln, um alle Tierchen zu entfernen. Die Dolden in eine verschließbare Schüssel geben. Die Zitrone heiß waschen und abtrocknen, eine Hälfte in dünne Scheiben schneiden und die Kerne dabei aussortieren.

2 Die Zitronenscheiben zu den Holunderblüten geben, dann 1 l kaltes Wasser darübergießen. Die Schüssel verschließen, in den Kühlschrank stellen und die Blüten dort 2 Tage ziehen lassen.

3 Ein Sieb über eine Schüssel hängen und mit dem angefeuchteten sauberen Küchentuch auslegen. Das Wasser mitsamt den Blüten hineingießen und den Saft abtropfen lassen. Das Tuch kräftig zusammendrehen und die Blüten ausdrücken. Die Schale von der übrigen Zitronenhälfte fein abreiben und den Saft auspressen.

4 Das Holunderblütenwasser mit dem Zitronensaft und der -schale mischen. Die Flüssigkeit abmessen und eventuell mit Wasser auf 1 l auffüllen. Mit dem Zucker verrühren und zum Kochen bringen. Den Saft offen 4 Min. leicht sprudelnd kochen, dabei häufig umrühren. Die Gelierprobe machen (s. S. 5), dann das Gelee in die vorbereiteten Gläser füllen. Diese gleich verschließen und ca. 5 Min. auf den Kopf stellen.

WALDMEISTERGELEE

grüne Aromabombe

Für 6 Gläser (je 300 ml)
Zubereitungszeit ca. 25 Min.
Ruhezeit 12 Std.
pro Glas 410 kcal
Haltbarkeit 12 Monate

30 g Waldmeister
1 Bio-Zitrone
625 g Gelierzucker 2 : 1
6 Waldmeisterblätter für die Deko
Außerdem:
6 Twist-off-Gläser (sterilisiert, s. S. 6)

1 Den Waldmeister waschen und trocken schütteln, dann auf einem Küchentuch mindestens 2–3 Std. anwelken lassen. Zu einem Sträußchen binden. Zitrone waschen und in Scheiben schneiden. Den Waldmeister in einen Krug hängen und 1,5 l Wasser dazugießen. Die Zitronenscheiben dazugeben und ca. 12 Std. ziehen lassen.

2 Waldmeister und Zitrone entfernen und wegwerfen. Das aromatisierte Wasser mit Gelierzucker mischen, einmal aufkochen und ca. 10 Min. kochen lassen, dann die Gelierprobe machen (s. S. 5).

3 Das Waldmeistergelee in die vorbereiteten Gläser füllen. Die Waldmeisterblätter waschen und trocken schütteln. Zur Dekoration in jedes Glas ein Blatt geben. Die Gläser verschließen und ca. 5 Min. auf den Kopf stellen.

GETRÄNKE-TIPP

Für einen **Waldmeistersirup** brauchen Sie nur 1 Handvoll Waldmeister, 200 g Zucker und 3 Tropfen grüne Lebensmittelfarbe (nach Belieben). Den Zucker mit 200 ml Wasser 3–4 Min. kochen, den Waldmeister dazugeben, vom Herd nehmen und 30 Min. ziehen lassen. Den Waldmeister entfernen. Den Sirup mit Lebensmittelfarbe leicht einfärben, in eine sterilisierte Flasche füllen und gut verschließen. Geöffnet in den Kühlschrank stellen und innerhalb weniger Tage verbrauchen.

STACHELBEERGELEE

pretty in pink – mit zartem Vanillearoma

Für 6 Gläser (je 250 ml)
Zubereitungszeit ca. 1 Std.
Ruhezeit 2 Std.
pro Glas 495 kcal
Haltbarkeit 12 Monate

2,5 kg Stachelbeeren
3 Kirschen (für die rosa Farbe)
1 Bio-Zitrone
1 Vanilleschote
500 g Gelierzucker 3 : 1
Außerdem:
1 Küchen- oder Mulltuch
6 Twist-off-Gläser (sterilisiert, s. S. 6)

1 Die Stachelbeeren und die 3 Kirschen verlesen, dann gründlich waschen und mit 300 ml Wasser in einen Topf geben. Die Zitrone heiß waschen und abtrocknen. Die Schale hauchdünn abschälen und den Saft auspressen. Den Saft zu den Beeren geben.

2 Zugedeckt zum Kochen bringen, anschließend den Deckel abnehmen und das Ganze bei schwacher Hitze ca. 15 Min. kochen, bis alle Beeren geplatzt sind.

3 Ein großes Sieb über eine Schüssel hängen und mit dem angefeuchteten sauberen Küchentuch auslegen. Die Beeren hineingießen und den Saft ablaufen lassen. Am besten so lange abtropfen lassen, bis der Saft abgekühlt ist, denn das muss er sowieso. Dann das Tuch kräftig zusammendrehen und die Beeren ausdrücken.

4 Die Vanilleschote längs halbieren, das Mark herauskratzen und die Schote in große Stücke schneiden. 1,3 l Stachelbeersaft abmessen und mit dem Gelierzucker, der Vanilleschote und dem Vanillemark in einem Topf mischen. Die Zitronenschale dazugeben. Alles aufkochen und ca. 4 Min. sprudelnd kochen, bis die Gelierprobe gelingt (s. S. 5). Das Gelee sofort in die vorbereiteten Gläser füllen, verschließen und ca. 5 Min. auf den Kopf stellen.

STACHELBEER-VANILLE-KONFITÜRE

mit extra großen Fruchtstücken

Für 4 Gläser (je 250 ml)
Zubereitungszeit ca. 40 Min.
pro Glas 1105 kcal
Haltbarkeit 6 Monate

1,2 kg grüne Stachelbeeren
2 Vanilleschoten
1 kg Gelierzucker 1 : 1
1 Pck. Zitronensäure (5 g)
2 EL Vanillelikör (nach Belieben)
Außerdem:
4 Twist-off-Gläser (sterilisiert, s. S. 6)

1 Die Stachelbeeren waschen, Blüten- und Stielansätze entfernen. Die Früchte halbieren. Die Vanilleschoten längs halbieren, das Mark herauskratzen. Vanillemark und -schoten mit den Stachelbeeren und dem Zucker in einen großen Topf geben und vermischen.

2 Die Zitronensäure zu der Fruchtmischung geben und unter Rühren zum Kochen bringen. Ca. 10 Min. sprudelnd kochen lassen, dabei ständig weiterrühren. Eventuell entstehende Schaumbläschen mit einer Schaumkelle oder einem großen Löffel abschöpfen. Nach ca. 6 Min. die Gelierprobe durchführen (s. S. 5).

3 Die Vanilleschoten aus dem Topf entfernen. Den Vanillelikör nach Belieben unter die heiße Konfitüre rühren. Die Stachelbeerkonfitüre in die vorbereiteten Gläser füllen und verschließen.

AROMA-TIPP
Vanille und Stachelbeeren harmonieren ebenso perfekt wie Vanille und Schokolade. Zur Konfitüre ein frisches Croissant und eine große Schale heißen Milchkaffee dazu – mehr braucht es nicht für ein Frühstück im Frühsommer.

HEIDELBEERKONFITÜRE MIT THYMIAN

attraktiv in Farbe und Aroma

Für 6 Gläser (je 250 ml)
Zubereitungszeit ca. 30 Min. · Ruhezeit 4 Std.
pro Glas 650 kcal · Haltbarkeit 12 Monate

1 kg Heidelbeeren
900 g Zucker
3 EL Zitronensaft
10 Zweige Thymian
Außerdem:
6 Twist-off-Gläser (sterilisiert, s. S. 6)

1 Die Heidelbeeren verlessen: alle Blätter, Stielreste und welke Beeren entfernen. Die Heidelbeeren vorsichtig kalt waschen und gut abtropfen lassen.

2 Die Früchte mit dem Zucker in einem großen hohen Topf verrühren und ca. 4 Std. zugedeckt Saft ziehen lassen, dabei immer mal wieder umrühren.

3 Den Zitronensaft untermischen, alles unter Rühren aufkochen und offen bei schwacher bis mittlerer Hitze ca. 15 Min. unter häufigem Rühren kochen, bis die Beeren zerfallen sind und die Mischung dickflüssig ist.

4 Inzwischen den Thymian kalt waschen und trocken schütteln. Die Blättchen von den Stielen streifen und unter die Konfitüre rühren und diese nochmals aufkochen. Die Gelierprobe machen (s. S. 5) und die Konfitüre in die vorbereiteten Gläser füllen. Diese verschließen und ca. 5 Min. auf den Kopf stellen.

TAUSCH-TIPP
Versuchen Sie auch eine **Stachelbeer-Mirabellen-Konfitüre**: Von 750 g Stachelbeeren die Blüten- und Stielansätze entfernen, die Früchte waschen. 500 g Mirabellen waschen und entkernen. Die Früchte klein schneiden oder mit dem Pürierstab grob zerkleinern. Früchte mit 500 g Gelierzucker 1:1 mischen und zugedeckt 3 Std. ziehen lassen. Weiter verarbeiten wie rechts beschrieben.

HIMBEER-STACHEL-BEER-KONFITÜRE

kräftig beerig mit einem Hauch Grapefruit

Für 6 Gläser (je 250 ml)
Zubereitungszeit ca. 25 Min. · Ruhezeit 2 Std.
pro Glas 480 kcal · Haltbarkeit 12 Monate

500 g Himbeeren
400 g Stachelbeeren
500 g Gelierzucker 2 : 1
(oder 1 kg Gelierzucker 1 : 1
oder 300 g Gelierzucker 3 : 1, s. S. 5)
4 EL Himbeergeist (nach Belieben)
1 rosa Grapefruit (ausgepresst ca. 100 ml Saft)
1 EL Zitronensaft
Außerdem:
6 Twist-off-Gläser (sterilisiert, s. S. 6)

1 Die Himbeeren verlesen. Die Stachelbeeren waschen und trocken tupfen, Stiele und Blütenansätze abknipsen. Die Stachelbeeren würfeln.

2 Alle Beeren mit dem Gelierzucker und nach Belieben dem Schnaps in einem großen hohen Topf verrühren, dann ca. 2 Std. zugedeckt Saft ziehen lassen. Dabei die Früchte ab und zu umrühren.

3 Dann die Grapefruit halbieren und den Saft auspressen. Zusammen mit dem Zitronensaft zu den Beeren geben, die Früchte unter Rühren zum Kochen bringen und bei starker bis mittlerer Hitze offen 4 Min. leicht sprudelnd kochen. Häufig umrühren.

4 Die Gelierprobe machen (s. S. 5). Die Konfitüre in die vorbereiteten Gläser füllen. Diese verschließen und ca. 5 Min. auf den Kopf stellen.

LINKS Heidelbeerkonfitüre
RECHTS Himbeer-Stachelbeer-Konfitüre

JOHANNISBEERKONFITÜRE MIT ESTRAGON

ganz ohne Stückchen und Kerne

Für 6 Gläser (je 250 ml)
Zubereitungszeit ca. 1 Std. 10 Min.
pro Glas 425 kcal
Haltbarkeit 12 Monate

1750 g Rote Johannisbeeren
4 Zweige Estragon (nach Belieben)
500 g Gelierzucker 3 : 1
(oder 800 g Gelierzucker 2 : 1, s. S. 5;
Zuckermenge, s. Tipp)
Außerdem:
6 Twist-off-Gläser (sterilisiert, s. S. 6)

1 Die Roten Johannisbeeren waschen, von den Rispen streifen und verlesen. In einem Topf mit 200 ml Wasser zugedeckt zum Kochen bringen. Dann den Deckel etwas zur Seite ziehen, damit die Beeren nicht überkochen. Die Früchte in ca. 15 Min. weich kochen.

2 Mit einem Passiergerät (zum Beispiel mit einer »Flotten Lotte«) passieren oder mit einem Gummischaber oder einer Teigkarte durch ein Sieb streichen. So werden Schalen und Kerne der Beeren entfernt – wenn der eine oder andere Kern durchs Sieb schlüpft macht es nichts, nur zu viele sollten es nicht sein.

3 Den Estragon waschen und trocken schütteln, die Blättchen von den Stielen streifen und grob hacken. Das Fruchtpüree in einem großen Topf mit dem Gelierzucker vermischen. Den Topf auf den Herd setzen und das Fruchtpüree unter regelmäßigem Rühren aufkochen. Die Johannisbeerkonfitüre nur 2 Min. lang sprudelnd kochen lassen, die Beeren gelieren nämlich so gut, dass die kurze Kochzeit normalerweise ausreicht.

4 Die Gelierprobe machen (s. S. 5). Den Topf vom Herd nehmen, den Estragon unterrühren, die Konfitüre zügig in die vorbereiteten Gläser füllen. Diese gleich verschließen und ca. 5 Min. auf den Kopf stellen.

AROMA-TIPP

Das Fruchtfleisch der Johannisbeeren hat fast die Farbe und Transparenz von Johannisbeergelee, sodass es selbstverständlich scheint, die Beeren zu entsaften und zu Gelee zu verarbeiten. Aber es lohnt sich, auch mal eine Johannisbeerkonfitüre **mit dem Fruchtfleisch** zu kochen, denn deren Konsistenz ist unübertrefflich. Estragon muss nicht unbedingt hinein, passt aber gut dazu.

TUNING-TIPP

Johannisbeeren sind so sauer, dass Ihnen die im Rezept angegebene Zuckermenge für eine Konfitüre vielleicht nicht ausreicht. Zu Käse und Gegrilltem oder Kurzgebratenem passt sie so vorzüglich, **aufs Brot** käme auch eine Variante mit **mehr Zucker** in Frage: Dafür 1250 g Früchte wie beschrieben kochen und passieren, anschließend mit 1 kg Gelierzucker 1 : 1 einkochen.

VARIANTE

JOHANNISBEER-FEIGEN-KONFITÜRE

Für 4 Gläser (je 200 ml)
Zubereitungszeit ca. 40 Min.
pro Glas 635 kcal
Haltbarkeit 12 Monate

- 500 g Schwarze Johannisbeeren putzen, waschen und gut abtropfen lassen. 500 g Feigen waschen, halbieren und klein würfeln. 1 Bio-Zitrone waschen, 1 TL Schale abreiben, den Saft auspressen.
- Johannisbeeren, Feigen, Zitronensaft und -schale mit 500 g Gelierzucker 1 : 1 in einem Topf mischen. Unter Rühren aufkochen und 4 Min. sprudelnd kochen lassen. Gelierprobe nicht vergessen (s. S. 5). 2 EL Cassislikör nach Belieben unterrühren. Konfitüre in die sterilisierten Gläser füllen und verschließen.

SCHWARZES JOHANNISBEERGELEE

mit kleinem Cassis-Schwips

Für 6 Gläser (je 250 ml)
Zubereitungszeit ca. 45 Min.
pro Glas 470 kcal
Haltbarkeit 12 Monate

1 kg Schwarze Johannisbeeren
250 ml Cassis (Schwarzer Johannisbeerlikör)
Pfeffer
500 g Gelierzucker 2 : 1
(oder 1 kg Gelierzucker 1 : 1
oder 300 g Gelierzucker 3 : 1, s. S. 5)
Außerdem:
1 Küchen- oder Mulltuch
6 Twist-off-Gläser (sterilisiert, s. S. 6)

1 Die Schwarzen Johannisbeeren waschen, abtropfen lassen und von den Rispen streifen. Mit dem Cassis in einem Topf zum Kochen bringen und ca. 5 Min. kochen.

2 In einem mit einem Tuch ausgelegten Sieb abtropfen und abkühlen lassen. Das Tuch dann zusammendrehen und den Saft gründlich auspressen. Falls nötig den Saft mit Wasser auf 1 l auffüllen.

3 Den Saft mit 1 Prise gemahlenem Pfeffer und dem Gelierzucker in einem Topf zum Kochen bringen. Ca. 4 Min. sprudelnd kochen. Die Gelierprobe machen (s. S. 5) und das fertige Gelee in vorbereitete Gläser füllen. Diese sofort verschließen und ca. 5 Min. auf den Kopf stellen.

JOHANNISBEER-HIMBEER-GELEE

fein-fruchtig

Für 6 Gläser (je 250 ml)
Zubereitungszeit ca. 50 Min.
pro Glas 395 kcal
Haltbarkeit 12 Monate

1 kg Rote Johannisbeeren
250 g Himbeeren
500 g Gelierzucker 2 : 1
(oder 1 kg Gelierzucker 1 : 1
oder 300 g Gelierzucker 3 : 1, s. S. 5)
Außerdem:
1 Küchen- oder Mulltuch
6 Twist-off-Gläser (sterilisiert, s. S. 6)

1 Die Johannisbeeren waschen, abtropfen lassen und von den Rispen streifen. Die Himbeeren verlesen.

2 Die Johannisbeeren mit 100 ml Wasser in einem Topf zum Kochen bringen und ca. 5 Min. kochen. In einem mit einem Tuch ausgelegten Sieb abtropfen und abkühlen lassen. Das Tuch dann zusammendrehen und den Saft gründlich auspressen.

3 Den Saft falls nötig mit Wasser auf 750 ml auffüllen und mit den Himbeeren und dem Gelierzucker in einem Topf zum Kochen bringen. Ca. 4 Min. sprudelnd kochen. Die Gelierprobe machen (s. S. 5) und das fertige Gelee in vorbereitete Gläser füllen. Diese sofort verschließen und ca. 5 Min. auf den Kopf stellen.

WEISSES JOHANNISBEERGELEE

fein und edel mit Zitronenmelisse

Für 6 Gläser (je 250 ml)
Zubereitungszeit ca. 50 Min.
pro Glas 390 kcal · Haltbarkeit 12 Monate

1,3 kg Weiße Johannisbeeren
1 TL abgeriebene Schale einer Bio-Zitrone
4 Zweige Zitronenmelisse
500 g Gelierzucker 2 : 1 (oder 1 kg Gelierzucker 1 : 1 oder 300 g Gelierzucker 3 : 1, s. S. 5)
Außerdem:
1 Küchen- oder Mulltuch
6 Twist-off-Gläser (sterilisiert, s. S. 6)

1 Die Weißen Johannisbeeren waschen, abtropfen lassen und von den Rispen streifen. Die Blättchen der Zitronenmelisse fein hacken.

2 Die Johannisbeeren in einem Topf mit 300 ml Wasser zum Kochen bringen und ca. 5 Min. kochen. In einem mit einem Tuch ausgelegten Sieb abtropfen und abkühlen lassen. Das Tuch dann zusammendrehen, den Saft gründlich auspressen. Falls nötig den Johannisbeersaft mit Wasser auf 1 l auffüllen.

3 Den Saft mit der abgeriebenen Zitronenschale und dem Gelierzucker in einem Topf zum Kochen bringen. Ca. 4 Min. sprudelnd kochen. Die Gelierprobe machen (s. S. 5). Die Zitronenmelisse unterrühren. Das Gelee in vorbereitete Gläser füllen. Diese sofort verschließen und ca. 5 Min. auf den Kopf stellen.

JOHANNISBEER-CRANBERRY-GELEE

doppelt fruchtig und schön säuerlich

Für 6 Gläser (je 250 ml)
Zubereitungszeit ca. 45 Min.
pro Glas 450 kcal
Haltbarkeit 12 Monate

1 kg Rote Johannisbeeren
250 ml Cranberry-Saft
100 g getrocknete Cranberrys
500 g Gelierzucker 2 : 1
(oder 1 kg Gelierzucker 1 : 1
oder 300 g Gelierzucker 3 : 1, s. S. 5)
Außerdem:
1 Küchen- oder Mulltuch
6 Twist-off-Gläser (sterilisiert, s. S. 6)

1 Die Roten Johannisbeeren waschen, abtropfen lassen und von den Rispen streifen. Mit dem Cranberry-Saft in einem Topf zum Kochen bringen und ca. 5 Min. kochen.

2 In einem mit einem Tuch ausgelegten Sieb abtropfen und abkühlen lassen. Das Tuch dann zusammendrehen und den Saft gründlich auspressen. Falls nötig den Saft mit Wasser auf 900 ml auffüllen.

3 Die Flüssigkeit zusammen mit den getrockneten Cranberrys und dem Gelierzucker in einem Topf aufkochen und ca. 4 Min. sprudelnd kochen. Die Gelierprobe machen (s. S. 5) und das fertige Gelee in die vorbereiteten Gläser füllen. Diese sofort verschließen und ca. 5 Min. auf den Kopf stellen.

SAUERKIRSCH-ESPRESSO-KONFITÜRE

mit Schokoraspeln – ungewöhnlich

Für 4 Gläser (je 250 ml)
Zubereitungszeit ca. 45 Min.
Ruhezeit 12 Std.
pro Glas 715 kcal
Haltbarkeit 12 Monate

1,2 kg Sauerkirschen
500 g Gelierzucker 1 : 1
1 Vanilleschote
50 g Zartbitterschokolade
2 Orangen
4 TL Instant-Espressopulver
Außerdem:
4 Twist-off-Gläser (sterilisiert, s. S. 6)

1 Die Kirschen waschen und entsteinen. Ein Drittel davon pürieren und zusammen mit den übrigen Kirschen und dem Gelierzucker in einen Topf geben.

2 Die Vanilleschote längs aufschneiden, das Mark herauskratzen und zusammen mit der Schote zu den Kirschen geben. Die Mischung an einem kühlen Ort 12 Std. ziehen lassen. Die Schokolade auf der Küchenreibe raspeln oder fein hacken.

3 Die Orangen auspressen und den Saft zu der Kirschmasse geben. Alles unter Rühren aufkochen und 4 Min. sprudelnd kochen lassen. Gelierprobe nicht vergessen (s. S. 5). Vanilleschote entfernen. Espressopulver und Schokoraspel unterrühren. Konfitüre noch heiß in die vorbereiteten Gläser füllen und verschließen.

TAUSCH-TIPP

Statt der Schokoraspel können Sie auch Kaffee-Schokobohnen verwenden – der **Espressogeschmack** wird dann noch intensiver.

BROMBEER-BIRNEN-KONFITÜRE

ganz einfach – für den Herbst

Für 4 Gläser (je 300 ml)
Zubereitungszeit ca. 40 Min.
Ruhezeit 3 Std.
pro Glas 1160 kcal
Haltbarkeit 12 Monate

750 g Brombeeren
500 g aromatische feste Birnen (z. B. Williams Christ)
2 EL Zitronensaft
1 Zimtstange
2 Gewürznelken
1 kg Gelierzucker 1 : 1
100 g Walnusskerne
1 EL Birnengeist (nach Belieben)
Außerdem:
4 Twist-off-Gläser (sterilisiert, s. S. 6)

1 Die Brombeeren verlesen, wenn nötig kurz vorsichtig abwaschen. Birnen schälen, vierteln und das Kerngehäuse entfernen. Die Birnenviertel quer in feine Scheiben schneiden und mit Zitronensaft vermischen.

2 Brombeeren, Birnen, Zimtstange und Gewürznelken mit dem Gelierzucker in einen Topf geben und gut vermischen. Alles 3 Std. zugedeckt durchziehen lassen. Die Walnusskerne grob hacken.

3 Die Fruchtmasse unter Rühren aufkochen und 4 Min. sprudelnd kochen lassen. Die Zimtstange und die Nelken entfernen. Die gehackten Walnüsse unterrühren, nochmals kurz aufkochen lassen. Gelierprobe nicht vergessen (s. S. 5). Birnenschnaps nach Belieben unterrühren. Die Konfitüre noch heiß in die vorbereiteten Gläser füllen und verschließen.

LINKS Sauerkirsch-Espresso-Konfitüre
RECHTS Brombeer-Birnen-Konfitüre

BROMBEERGELEE MIT ZITRONENGRAS

mit einem Hauch Asia-Raffinesse

Für 6 Gläser (je 250 ml)
Zubereitungszeit ca. 45 Min.
pro Glas 775 kcal
Haltbarkeit 12 Monate

1,2 kg Brombeeren
3 Stängel Zitronengras
ca. 200 ml Fruchtsaft
(z. B. naturtrüber Birnensaft)
1 Vanilleschote
1 Pck. Zitronensäure (5 g)
1 kg Gelierzucker 1 : 1
Außerdem:
1 Küchen- oder Mulltuch
6 Twist-off-Gläser (sterilisiert, s. S. 6)

1 Die Brombeeren verlesen und vorsichtig mit kaltem Wasser abwaschen. Mit 300 ml Wasser in einen Topf geben, zum Kochen bringen und die Brombeeren zugedeckt 4–6 Min. kochen lassen.

2 Das Zitronengras waschen. Die Enden abschneiden und wegwerfen. Vom übrigen Stück die äußeren, harten Blätter ablösen und ebenfalls wegwerfen. Das zarte Innere zuerst in Ringe schneiden, danach sehr fein hacken.

3 Ein Sieb über einen Topf hängen und mit dem Küchen- oder Mulltuch auslegen. Die Brombeeren hineingießen und den Saft abtropfen lassen. Das Tuch zusammendrehen und auspressen, bis kein Saft mehr austritt.

4 Brombeersaft mit Fruchtsaft, Zitronengras, der längs aufgeschlitzten Vanilleschote, Zitronensäure und dem Gelierzucker in einen Topf geben und vermischen.

5 Die Fruchtmasse aufkochen und unter Rühren 4 Min. sprudelnd kochen lassen. Gelierprobe nicht vergessen (s. S. 5). Die Vanilleschote entfernen. Das Gelee in die vorbereiteten Gläser füllen und gut verschließen.

BEEREN-FRUCHTAUFSTRICH

kalt gerührt und heiß geliebt

Für 2 Gläser (je 200 ml)
Zubereitungszeit ca. 10 Min.
pro Glas 430 kcal
Haltbarkeit 2 Wochen

200 g gemischte Beeren (frisch oder TK)
200 g Gelierzucker
(für kalt gerührte Fruchtaufstriche)
Außerdem:
2 Twist-off-Gläser (sterilisiert, s. S. 6)

1 Frische Beeren verlesen und mit kaltem Wasser abwaschen. Tiefgekühlte Beeren auftauen lassen.

2 Die Beeren mit Gelierzucker in einem hohen Rührgefäß mischen und mit dem Pürierstab 45 Sek. mixen. Den Fruchtaufstrich in sterilisierte Gläser füllen und gut verschließen. Im Kühlschrank aufbewahren.

PROFI-TIPP

Gelierzucker für kalt gerührte Fruchtaufstriche enthält Carrageen oder Natriumalginat als Geliermittel. Da bei kalt gerührten Fruchtaufstrichen keine Sterilisation über den Kochvorgang erfolgt, sind diese **nicht sehr lange haltbar**. Verarbeiten Sie deshalb immer nur kleine Mengen an Früchten, die dann unbedingt im Kühlschrank aufbewahrt und innerhalb von 14 Tagen aufgebraucht werden sollten.

TAUSCH-TIPP

Falls Sie keinen **Gelierzucker für kalt gerührte Konfitüren** bekommen, nehmen Sie 200 g Beeren und 200 g Gelierzucker 1:1. Die Beerenmischung dann ca. 15 Min. durchmixen, mit 1 EL Fruchtlikör nach Belieben aromatisieren und in sterilisierte Gläser füllen. Im Kühlschrank aufbewahren.

DER LIEBLINGSKLASSIKER

APRIKOSENKONFITÜRE

das pure Vergnügen

Für 4 Gläser (je 250 ml)
Zubereitungszeit ca. 40 Min. · Ruhezeit 3 Std.
pro Glas 1355 kcal
Haltbarkeit 12 Monate

1,3 kg Aprikosen (entsteint ca. 1 kg)
1 Bio-Zitrone
1 kg Gelierzucker 1 : 1
Außerdem:
4 Twist-off-Gläser (sterilisiert, s. S. 6)

1 Die Aprikosen waschen, entsteinen und klein würfeln. Die Zitrone heiß waschen und abtrocknen, 1 TL Schale abreiben und den Saft auspressen. Ein Drittel der Aprikosen pürieren und mit den Aprikosenwürfeln, dem Zitronensaft und der Zitronenschale sowie dem Gelierzucker in einem Topf gut mischen. Zugedeckt an einem kühlen Ort 2–3 Std. ziehen lassen.

2 Die Fruchtmischung unter Rühren zum Kochen bringen und 4–5 Min. sprudelnd kochen lassen. Nach der Durchführung der Gelierprobe (s. S. 5) die Konfitüre heiß in die vorbereiteten Gläser füllen, diese verschließen und umgedreht 5 Min. abkühlen lassen. Wieder umdrehen und vollständig auskühlen lassen.

TUNING-TIPP
Probieren Sie diese sehr feine Ergänzung der **Aprikosenkonfitüre mit Lavendel:** Dafür 3–4 Stiele frischen Lavendel abwaschen und mit Küchenpapier gut trocken tupfen. Die Blüten abzupfen und fein hacken, zu der vorbereiteten Aprikosenmasse geben und gut untermischen. Zugedeckt an einem kühlen Ort mind. 3 Std. – am besten jedoch über Nacht – ziehen lassen. Dann fortfahren, wie im Rezept oben beschrieben.

PROFI-TIPP
Aprikosen haben von Juni bis August Saison, und das ist auch genau der richtige Zeitpunkt, diese Konfitüre zu kochen. Versuchen Sie dieses Rezept doch einmal mit einer Mischung aus **verschiedenen Sorten**, z. B. den besonders aromatischen, saftigen großen Aprikosen (z. B. aus Frankreich) und den extra süßen Zuckeraprikosen (gibt's im türkischen Lebensmittelladen). So wird die Konfitüre fruchtig-süß und besonders lecker.

VARIANTE

APRIKOSEN-MIRABELLEN-KONFITÜRE

Für 4 Gläser (je 210 ml)
Zubereitungszeit ca. 40 Min.
Ruhezeit 3 Std.
pro Glas 1240 kcal
Haltbarkeit 12 Monate

- 500 g Aprikosen waschen, entsteinen und in kleine Würfel schneiden. Mit 500 g entsteinten und klein gewürfelten Mirabellen, 1 kg Gelierzucker 1 : 1, 2 EL frisch gepresstem Zitronensaft und 1 aufgeschnittenen Vanilleschote in einen Topf geben und gut mischen. Zugedeckt an einem kühlen Ort 2–3 Std. ziehen lassen.
- Die Fruchtmasse danach unter Rühren aufkochen und 4–5 Min. sprudelnd kochen lassen. Die Vanilleschote entfernen und nach Belieben 1 EL Aprikosenlikör unterrühren. Die Gelierprobe nicht vergessen (s. S. 5). Die Aprikosen-Mirabellen-Konfitüre heiß in sterilisierte Gläser füllen und sofort verschließen.

NEKTARINEN-PFIRSICH-KONFITÜRE

genau richtig für ein Frühstück im Garten

Für 4 Gläser (je 250 ml)
Zubereitungszeit ca. 40 Min.
Ruhezeit 2 Std.
pro Glas 850 kcal
Haltbarkeit 12 Monate

1 kg Nektarinen
700 g Pfirsiche
2 EL Zitronensaft
250 ml Holunderblütensirup
(gekauft oder selbst gemacht s. Rezept S. 59)
500 g Gelierzucker 3 : 1
Außerdem:
4 Twist-off-Gläser (sterilisiert, s. S. 6)

1 Die Nektarinen und Pfirsiche waschen und halbieren. Die Fruchthälften durch eine Drehung voneinander lösen und die Steine entfernen. Die halbierten Früchte in kleine Würfel schneiden.

2 Die Früchte in einem großen Topf mit Zitronensaft, Holunderblütensirup und Gelierzucker mischen. Zugedeckt 2 Std. ziehen lassen. Ab und zu umrühren.

3 Die Fruchtmasse unter ständigem Rühren zum Kochen bringen und 4 Min. sprudelnd kochen lassen. Gelierprobe nicht vergessen (s. S. 5). Die Konfitüre noch heiß in die vorbereiteten Gläser füllen und sofort verschließen. Die Gläser für 5 Min. auf den Kopf stellen, dann wieder umdrehen und auskühlen lassen.

PROFI-TIPP
Wer die Schale nicht mit in der Konfitüre haben möchte, kann die **Nektarinen und Pfirsiche häuten**. Dafür die Früchte mit einem scharfen Messer kreuzweise einritzen. Mit einem Schaumlöffel in kochendes Wasser legen, kurz ziehen lassen und dann kalt abschrecken. Danach lässt sich die Haut ganz einfach abziehen.

PFIRSICHKONFITÜRE MIT ROSMARIN

sommerlich-würzig

Für 4 Gläser (je 250 ml)
Zubereitungszeit ca. 40 Min.
Ruhezeit 3 Std.
pro Glas 620 kcal
Haltbarkeit 12 Monate

1,2 kg gelbe Pfirsiche
1 kleiner Zweig frischer Rosmarin
1 Bio-Zitrone
500 g Gelierzucker 1 : 1
1 EL Vanillelikör (nach Belieben)
Außerdem:
4 Twist-off-Gläser (sterilisiert, s. S. 6)

1 Die Pfirsiche waschen, halbieren und entsteinen. Die Hälften in schmale Spalten schneiden. Den Rosmarin waschen, die Nadeln abzupfen und fein hacken. Die Zitrone waschen und trocken tupfen. 1 TL Schale abreiben und den Saft auspressen.

2 Pfirsichspalten, gehackten Rosmarin sowie Zitronenschale und -saft mit dem Zucker in einem großen Topf vermischen. Zugedeckt 3 Std. ziehen lassen.

3 Die Fruchtmischung unter Rühren zum Kochen bringen und 4 Min. sprudelnd kochen lassen. Die Gelierprobe nicht vergessen (s. S. 5). Den Vanillelikör nach Belieben unterrühren. Die Konfitüre noch heiß in die vorbereiteten Gläser füllen und verschließen.

AROMA-TIPPS
Erntefrische, sonnensatte Früchte sind das Geheimnis dieser Sommer-Konfitüre. Statt frischem Rosmarin können Sie auch einen Zweig **Thymian** verwenden. Oder Sie rühren vor dem Abfüllen 50 g gehackte **Mandeln** unter die fertige Konfitüre.

CAIPIRINHA-GELEE

Überraschung auf dem Brötchen

Für 3 Gläser (je 200 ml)
Zubereitungszeit ca. 45 Min.
pro Glas 800 kcal
Haltbarkeit 12 Monate

6 Bio-Limetten
4–5 Zitronen
100 g Roh-Rohrzucker (z. B. Demerara)
100 ml Cachaça (Zuckerrohrschnaps)
400 g Gelierzucker 1 : 1
Außerdem:
3 Twist-off-Gläser (sterilisiert, s. S. 6)

1 Die Limetten heiß waschen, abtrocknen und von 3 Früchten die Schale (möglichst ohne die darunter liegende weiße, bittere Schicht) fein abreiben. Limetten und Zitronen auspressen, es werden insgesamt 300 ml Saft benötigt.

2 Rohrzucker und Cachaça in einem großen Topf aufkochen, 5 Min. offen kochen und dabei leicht karamellisieren lassen. Zitrussaft und Gelierzucker zugeben und unter Rühren weitere 4 Min. kochen lassen (dabei aufpassen, dass nichts überschäumt, sonst den Topf kurz vom Herd nehmen).

3 Die Limettenschale dazugeben und das Caipirinha-Gelee weitere 2 Min. unter Rühren kochen lassen. Wie auf Seite 5 beschrieben eine Gelierprobe machen, das Gelee noch heiß in die vorbereiteten Gläser abfüllen und diese sofort verschließen.

ROSÉ-LITSCHI-GELEE

mit elegantem Aroma

Für 4 Gläser (je 250 ml)
Zubereitungszeit ca. 20 Min.
pro Glas 685 kcal
Haltbarkeit 12 Monate

300 ml Litschisirup
(z. B. von einer 600-g-Litschi-Dose)
50 g rote Beeren
(z. B. frische oder TK-Himbeeren, für die rosa Farbe)
300 ml fruchtiger Roséwein
Mark von 1 Vanilleschote (nach Belieben)
600 g Gelierzucker 1 : 1
Außerdem:
4 Twist-off-Gläser (sterilisiert, s. S. 6)

1 In einem großen Topf den Sirup mit Beeren, Rosé und nach Belieben Vanillemark aufkochen und 5 Min. sanft kochen lassen (für ein hellrosa Gelee: die roten Beeren weglassen). Alles durch ein feines Sieb gießen und auffangen, die Beeren leicht ausdrücken.

2 Den Sirupwein mit dem Gelierzucker zurück in den Topf geben, 5 Min. unter Rühren kochen lassen (das starke Schäumen legt sich zum Ende der Kochzeit wieder).

3 Wie auf Seite 5 beschrieben eine Gelierprobe machen, das Gelee noch heiß in die vorbereiteten Gläser abfüllen und diese sofort verschließen.

PFIRSICH-MANGO-KONFITÜRE MIT RUM

Exotisches aus Übersee

Für 4 Gläser (je 200 ml)
Zubereitungszeit ca. 30 Min.
pro Glas 595 kcal
Haltbarkeit 12 Monate

2 Pfirsiche
(geputzt 250 g Fruchtfleisch)
1 vollreife Mango
(geputzt 250 g Fruchtfleisch)
50 ml Rum
500 g Gelierzucker 1 : 1
Außerdem:
4 Twist-off-Gläser (sterilisiert, s. S. 6)

1 Pfirsiche vierteln und die Steine entfernen, die Viertel mit einem kleinen Messer schälen und klein schneiden. Mango schälen und das Fruchtfleisch vom Stein schneiden, ebenfalls klein schneiden.

2 Die Früchte zusammen mit dem Rum und dem Gelierzucker in einen Topf geben. Unter Rühren zum Kochen bringen und alles 5 Min. kochen lassen, dabei die Fruchtmasse immer wieder umrühren. Alles mit einem Pürierstab zerkleinern (Vorsicht, das spritzt!).

3 Wie auf Seite 5 beschrieben eine Gelierprobe machen, dann die Konfitüre noch heiß in die vorbereiteten Gläser abfüllen und diese sofort verschließen.

INGWER-KONFITÜRE

delikat und leicht scharf

Für 6 Gläser (je 250 ml)
Zubereitungszeit ca. 45 Min.
Kochzeit 45 Min. · Ruhezeit 12 Std.
pro Glas 1090 kcal
Haltbarkeit 12 Monate

500 g frischer Ingwer
1 l naturtrüber Apfelsaft
1,5 kg Gelierzucker 1 : 1 · 40 ml Cognac
Außerdem:
6 Twist-off-Gläser (sterilisiert, s. S. 6)

1 Ingwerwurzeln waschen und schälen. Zugedeckt in den Kühlschrank stellen. Ingwerschalen mit dem Apfelsaft aufkochen und 30 Min. zugedeckt bei mittlerer Hitze auskochen. Vom Herd nehmen und über Nacht ziehen lassen, dann die Schalen in ein Sieb abgießen und den Sud auffangen.

2 Ingwerwurzeln in Stücke schneiden und im Blitzhacker fein zerkleinern. In den Saftsud geben, alles aufkochen und 15 Min. zugedeckt bei mittlerer Hitze sanft kochen.

3 Die Ingwermischung falls nötig mit Wasser auf 1 l auffüllen. Den Gelierzucker unter Rühren hineinrieseln lassen und die Konfitüre unter gelegentlichem Rühren 4–5 Min. einkochen. Den Cognac unterrühren und kurz mitkochen. Wie auf Seite 5 beschrieben eine Gelierprobe machen, die Konfitüre noch heiß in die vorbereiteten Gläser abfüllen und diese sofort verschließen.

HOLUNDERBEEREN-GELEE

für viel Vitamin C auf dem Frühstückstisch

Für 4 Gläser (je 300 ml)
Zubereitungszeit ca. 50 Min.
Kochzeit 15 Min.
pro Glas 715 kcal
Haltbarkeit 12 Monate

1 kg vollreife Holunderbeeren
2 weiche Birnen
(ca. 300 g, z. B. Alexander Lukas)
3 EL Rohrzucker
1 Zimtstange
2 Gewürznelken
500 g Gelierzucker 2 : 1
1 EL Zitronensaft
2 EL Birnenschnaps (nach Belieben)
Außerdem:
1 Küchen- oder Mulltuch
4 Twist-off-Gläser (sterilisiert, s. S. 6)

1 Die Holunderbeeren gründlich waschen und anschließend auf Küchenpapier abtropfen lassen. Die Beeren mit einer Gabel von den Stielen streifen. Die Birnen waschen, schälen, vierteln, das Kerngehäuse entfernen. Die Birnenviertel klein würfeln.

2 500 ml Wasser mit Rohrzucker, Zimtstange und Gewürznelken aufkochen. Die Holunderbeeren und Birnen dazugeben und in 10–15 Min. weich kochen, dann die Gewürze entfernen. Ein Sieb mit dem Tuch auslegen und über eine Schüssel hängen. Die Fruchtmasse hineingießen und den Saft abtropfen lassen. Das Tuch zusammendrehen, bis kein Saft mehr austritt.

3 Holundersaft, wenn nötig, mit Wasser auf 1 l auffüllen. In den Topf gießen, mit Gelierzucker und Zitronensaft zum Kochen bringen und 4 Min. sprudelnd kochen lassen. Gelierprobe nicht vergessen (s. S. 5). Birnenschnaps nach Belieben unterrühren. Das Gelee in die vorbereiteten Gläser füllen und sofort verschließen.

PFLAUMENKONFITÜRE MIT HOLUNDER

tiefrot und herb-fruchtig

Für 6 Gläser (je 300 ml)
Zubereitungszeit ca. 40 Min.
Ruhezeit 3 Std.
pro Glas 465 kcal
Haltbarkeit 12 Monate

1,4 kg dunkle Pflaumen oder Zwetschgen
Saft von 2 Zitronen (80 ml)
300 g vollreife Holunderbeeren
(ersatzweise auch Brombeeren)
500 g Gelierzucker 3 : 1
Außerdem:
6 Twist-off-Gläser (sterilisiert, s. S. 6)

1 Die Pflaumen waschen, halbieren, entsteinen und mit dem Zitronensaft pürieren. Die Holunderbeeren waschen und von den Rispen streifen. Sie färben stark; am besten mit Einmalhandschuhen arbeiten.

2 Die Holunderbeeren mit dem Pflaumenpüree und dem Gelierzucker mischen. (Falls Sie statt der Holunderbeeren Brombeeren verwenden, die Fruchtmischung mindestens 3 Std. ziehen lassen.)

3 Aufkochen und ca. 4 Min. sprudelnd kochen lassen, bis die Gelierprobe gelingt (s. S. 5). Die fertige Konfitüre vom Herd nehmen, noch heiß in die vorbereiteten Gläser füllen und diese sofort verschließen.

PROFI-TIPP
Die schwarzen Holunderbeeren strotzen nur so vor **Vitaminen und Mineralstoffen**, aber Vorsicht: lieber nicht roh essen! Die Beeren enthalten nämlich auch schwach giftige Blausäureglykoside, die aber beim Kochen zerstört werden. Also verarbeiten Sie die geschmackvollen und gesunden Beeren am besten zu Konfitüre, Saft oder Gelee.

DER LIEBLINGSKLASSIKER

ZWETSCHGENMUS

mit viel Geduld sanft gegart

Für 6 Gläser (je 250 ml)
Zubereitungszeit ca. 3 Std.
pro Glas 345 kcal
Haltbarkeit 6 Monate

2 kg reife Zwetschgen
1 Zimtstange
1 Gewürznelke
2 Wacholderbeeren
4 schwarze Pfefferkörner
300 g brauner Zucker
Außerdem:
Tee-Ei (oder Gewürzsäckchen)
6 Twist-off-Gläser (sterilisiert, s. S. 6)

1 Die Zwetschgen waschen, abtrocknen, halbieren und entsteinen. Die Zwetschgen in einen ausreichend großen hohen Topf füllen. Die Zimtstange in Stücke brechen, die Nelke mit einem Messer leicht andrücken. Zimt, Nelke, Wacholder und Pfeffer in ein Tee-Ei füllen und mit dem Zucker zu den Zwetschgen geben.

2 Die Zwetschgen-Zucker-Mischung erhitzen und zugedeckt bei schwacher Hitze ca. 2 Std. garen, bis die Früchte sehr weich sind. Dabei zwischendurch immer wieder durchrühren, damit sie nicht anbrennen.

3 Dann das Tee-Ei entfernen. Die Zwetschgen durch ein Sieb streichen, um die Schalenreste zu entfernen. Das Püree wieder in den Topf geben und offen bei schwacher bis mittlerer Hitze unter Rühren nochmals ca. 30 Min. garen, bis es musig ist.

4 Das kochend heiße Zwetschgenmus in die vorbereiteten Gläser füllen. Diese sofort verschließen und dann ca. 5 Min. auf den Kopf stellen.

TUNING-TIPP

Geben Sie dem Mus mit Zwetschgenwasser eine geistige Note: Dafür 4 EL **Zwetschgenwasser** 5 Min. vor Kochzeitende unter das Mus mischen.

TAUSCH-TIPPS

Versuchen Sie auch einmal die folgende Variante: Jeweils zur Hälfte Zwetschgen und **saftige Birnen** nehmen. Die Zwetschgen halbieren und entsteinen, die Birnen schälen, putzen und ohne Kerngehäuse in Würfel schneiden. Das Mus wie links beschrieben kochen.
Sehr gut gelingt das Mus auch mit **TK-Zwetschgen,** die Sie im Herbst selbst eingefroren haben. Da diese allerdings mehr Flüssigkeit enthalten, müssen sie ca. 30 Min. länger einkochen.

DAS SCHMECKT DAZU

Das Zwetschgenmus schmeckt wunderbar mit Schlagsahne zu **frisch gebackenen Waffeln.** Für die Waffeln 200 g Zucker und 1 Pck. Vanillezucker in 250 ml kochendem Wasser auflösen, abkühlen lassen. 200 g Mehl nach und nach unterheben. 2 Eier (Größe M), 100 g Butter und 1/2 TL Zimt dazugeben und zu einem glatten Teig verrühren. Das Waffeleisen vorheizen, dann die Waffeln darin goldgelb ausbacken.

QUITTENGELEE

roh ungenießbar, aber gekocht – was für ein Aroma!

Für 4 Gläser (je 400 ml)
Zubereitungszeit ca. 50 Min.
Kochzeit 2 Std.
pro Glas 900 kcal
Haltbarkeit 12 Monate

2 kg Quitten
2 Bio-Zitronen
800 g Zucker
Außerdem:
1 Küchen- oder Mulltuch
4 Twist-off-Gläser (sterilisiert, s. S. 6)

1 Die Quitten mit einem Tuch abreiben. Danach waschen, trocknen, mit einem schweren Messer vierteln, entkernen und die Viertel klein schneiden. Die Zitronen heiß abspülen, Saft auspressen und Schale mit dem Sparschäler in langen Streifen abschälen. Saft und Schalen zusammen mit den Quitten und 2 l Wasser in einem Topf aufkochen. Geschlossen ca. 2 Std. leicht kochen lassen, bis die Früchte ganz weich sind und zerfallen. Zitronenschale entfernen.

2 Ein großes Sieb mit dem Küchen- oder Mulltuch auslegen und über eine Schüssel hängen. Das Fruchtmus hineingeben und den Saft abtropfen lassen. Nicht ausdrücken, damit der Saft klar bleibt.

3 Den Quittensaft abmessen. Auf 1 l Saft 800 g Zucker nehmen und zusammen aufkochen. Bei mittlerer Hitze so lange sprudelnd kochen lassen, bis der Saft leicht dickflüssig wird. Das dauert 15–20 Min. Den sich bildenden Schaum abschöpfen.

4 Gelierprobe machen (s. S. 5): Einen Tropfen Saft auf einen Teller geben. Geliert er, das Gelee in die vorbereiteten Gläser mit Twist-off-Deckeln füllen, die Gläser fest verschließen und für 5 Min. umgedreht auf ein Küchentuch stellen. Dann die Gläser wieder umdrehen und ganz abkühlen lassen.

QUITTENKONFITÜRE

wunderbar altmodisch

Für 4 Gläser (je 250 ml)
Zubereitungszeit ca. 40 Min.
Kochzeit 1 Std.
pro Glas 460 kcal
Haltbarkeit 12 Monate

1 kg Quitten · Saft von 1 Zitrone (40 ml)
400 g Zucker
Außerdem:
4 Twist-off-Gläser (sterilisiert, s. S. 6)

1 Die Quitten mit einem Tuch abreiben, waschen und vierteln, Stiel und Blütenansatz entfernen. Die Früchte in Stücke schneiden (am besten geht es mit einem Brotmesser). Die Quitten mit 1 l Wasser mindestens 1 Std. kochen, bis die Früchte beginnen zu zerfallen.

2 Die Quitten mit der Flüssigkeit durch ein Sieb streichen oder mit einem Passiergerät (z. B. einer »Flotten Lotte«) passieren. 1 kg Püree abwiegen, mit dem Zitronensaft und dem Zucker mischen und aufkochen. Bei starker Hitze unter ständigem Rühren ca. 6 Min. kochen lassen.

3 Die Gelierprobe machen (s. S. 5). Geliert die Konfitüre noch nicht, 1–2 Min. weiterkochen und die Gelierprobe wiederholen. Die fertige Konfitüre in die vorbereiteten Gläser füllen und sofort verschließen.

PROFI-TIPP
Quitten gelieren sehr gut, weil sie **viel Pektin** enthalten. Deshalb kommt das Rezept ohne Gelierzucker und überhaupt mit wenig Zucker aus.

GENUSS-TIPP
Die aromatische Quittenkonfitüre schmeckt nicht nur auf Brot sondern auch zu **Käse** sehr gut, und zwar am besten zu sehr würzigen Sorten wie etwa Blauschimmelkäse. Auch zu gekochtem **Fleisch** ist sie eine feine Beilage. Dann eventuell mit ein wenig scharfem Senf würzig abwandeln.

APFELGELEE

alljährlicher Herbsttraum

Für 6 Gläser (je 250 ml) · Zubereitungszeit ca. 50 Min. · Entsaften 45 Min. · Ruhezeit 1 Std. pro Glas 440 kcal · Haltbarkeit 12 Monate

2 kg säuerliche Äpfel · Saft von 2 Zitronen (80 ml)
500 g Gelierzucker 3 : 1
Außerdem:
1 Küchen- oder Mulltuch
6 Twist-off-Gläser (sterilisiert, s. S. 6)

1 Die Äpfel waschen und achteln, die Stiele entfernen, aber Schale und Kernhaus an den Achteln dranlassen. Zum Entsaften die Früchte entweder in den Fruchtkorb eines Entsafters geben (s. S. 7) und nach Herstelleranweisung ca. 45 Min. entsaften.

2 Oder die Fruchtstücke mit dem Zitronensaft und 1,5 l Wasser aufkochen und 30 Min. sanft kochen. Ein großes Sieb mit dem feuchten Passier- oder Küchentuch auslegen und über einen Topf hängen. Die Fruchtmischung hineingießen und den Saft ablaufen lassen. Das Tuch zusammendrehen und auspressen, bis kein Saft mehr austritt.

3 Für ein besonders klares Gelee den abgetropften Saft über Nacht stehen lassen und am nächsten Tag vorsichtig abgießen, sodass der feine Bodensatz in der Schüssel zurückbleibt.

4 Vom Apfelsaft 1,5 l abmessen und mit dem Gelierzucker aufkochen. Unter ständigem Rühren 4 Min. kochen. Nach erfolgreicher Gelierprobe (s. S. 5) das Gelee noch heiß in die vorbereiteten Gläser füllen und diese sofort verschließen.

AROMA-TIPP
Jede Apfelsorte schmeckt anders – es macht großen Spaß, **sortenreine Apfelgelees** miteinander zu vergleichen. Probieren Sie Gelees aus Kläräpfeln, Jonagold, Gravensteiner und Braeburn. Alle schmecken etwas anders, aber immer gut.

APFELKRAUT

auch zum Süßen gut

Für 2 Gläser (je 125 ml)
Zubereitungszeit ca. 1 Std. · Kochzeit 1 Std.
pro Glas 325 kcal
Haltbarkeit 12 Monate

2 kg reife aromatische Äpfel
(z. B. Topaz oder Gravensteiner)
Zimtpulver (nach Belieben)
Außerdem:
1 Küchen- oder Mulltuch
2 Twist-off-Gläser (sterilisiert, s. S. 6)

1 Die Äpfel waschen und abtrocknen, dann vierteln, schälen und von den Kerngehäusen befreien. Äpfel in Würfel schneiden und in einem Topf mit 1 l Wasser zum Kochen bringen. Die Apfelwürfel offen bei mittlerer Hitze in ca. 15 Min. weich kochen.

2 Ein Sieb über eine Schüssel hängen und mit dem angefeuchteten sauberen Küchentuch auslegen. Die Früchte hineingießen und etwas abtropfen und abkühlen lassen. Dann das Tuch zusammendrehen und den Saft möglichst gründlich auspressen.

3 Den Saft – es sollten jetzt um die 700 ml sein – in einen Topf geben und erhitzen. Den Saft offen bei mittlerer Hitze ca. 45 Min. kochen, bis er so dunkel und zähflüssig wie Sirup ist.

4 Den Sirup nach Belieben mit Zimt abschmecken, dann in die vorbereiteten Gläser füllen. Diese gleich verschließen und ca. 5 Min. auf den Kopf stellen.

TAUSCH-TIPP

Birnenkraut: Statt der Äpfel aromatische Birnen – z. B. Williams Christ – nehmen. Wie die Äpfel schälen, putzen und klein schneiden. Mit 1 l Wasser kochen und den Saft abpressen. Wie beschrieben einkochen und vor dem Abfüllen mit 1 Prise abgeriebener Bio-Zitronenschale und eventuell 1 Prise Zimtpulver abschmecken.

TRAUBENGELEE

für ein Genießerfrühstück

Für 5 Gläser (je 200 ml)
Zubereitungszeit ca. 45 Min.
pro Glas 1010 kcal
Haltbarkeit 12 Monate

1,5 kg grüne Weintrauben
2 EL Zitronensaft
200 ml trockener Weißwein
1 kg Gelierzucker 1 : 1
Außerdem:
1 Küchen- oder Mulltuch
5 Twist-off-Gläser (sterilisiert, s. S. 6)

1 Die Weintrauben waschen, von den Stielen zupfen und in einen Topf geben. Ganz kurz pürieren oder mit einem Kartoffelstampfer zerdrücken und mit 100 ml Wasser aufkochen. 8–10 Min. sanft kochen lassen.

2 Ein Sieb mit dem sauberen Küchen- oder Mulltuch auslegen. Die Fruchtmasse hineingießen und das Tuch so lange zusammendrehen, bis kein Saft mehr austritt.

3 800 ml Saft abmessen, mit Zitronensaft, Weißwein und Gelierzucker in einen Topf geben. Zum Kochen bringen und 4 Min. sprudelnd kochen lassen. Gelierprobe nicht vergessen (s. S. 5). Gelee noch heiß in die vorbereiteten Gläser füllen und sofort verschließen.

SPEED-TIPP
Wenn es schnell gehen soll: 1 Flasche hellen oder roten **Traubensaft** (750 ml) mit 250 ml Riesling, 2 EL Zitronensaft und 500 g Gelierzucker 1 : 1 zum Kochen bringen und 4 Min. sprudelnd kochen lassen. Das fertige Gelee in die vorbereiteten Gläser füllen und verschließen.

HAGEBUTTENMUS

herbstlicher Schatz aus der Natur

Für 2 Gläser (je 250 ml)
Zubereitungszeit ca. 20 Min. · Ruhezeit 12 Std.
pro Glas 520 kcal
Haltbarkeit 12 Monate

250 g Hagebutten
1/2 Bio-Zitrone
350 ml Weißwein (ersatzweise Wasser)
3 Gewürznelken
1 Zimtstange
3 Pimentkörner
200 g Gelierzucker 1 : 1
Außerdem:
2 Twist-off-Gläser (sterilisiert, s. S. 6)

1 Am Vortag die Hagebutten putzen, waschen, in einen Topf geben und mit einem Kartoffelstampfer leicht anquetschen. Zitrone heiß waschen, die Schale dünn abschneiden (die Zitrone aufheben) und mit Wein und Gewürzen dazugeben. Über Nacht ziehen lassen.

2 Am nächsten Tag die Hagebutten aufkochen und zugedeckt bei mittlerer Hitze in 20–30 Min. weich kochen. Durch ein Sieb drücken und das Mus abwiegen. Wenn es weniger als 800 g sind, mit Wein (ersatzweise Wasser) auffüllen. Abkühlen lassen.

3 Den Zitronensaft auspressen und zusammen mit dem Gelierzucker unter das Püree rühren. Unter ständigem Rühren zum Kochen bringen und ca. 4 Min. kochen lassen. Die Gelierprobe machen (s. S. 5), das Mus in die vorbereiteten Gläser füllen und sofort verschließen.

PROFI-TIPP
Zugegeben, es ist etwas mühsam, die kleinen Früchte der wilden Heckenrose zu sammeln. Viele schreckt aber vor allem das Verarbeiten ab, denn die Kerne und kleinen Härchen im Inneren der Hagebutten verursachen einen **Juckreiz.** In unserem Rezept bleiben die Früchte aber ganz und sind daher in der Verarbeitung unproblematisch.

BITTERORANGENMARMELADE ENGLISCHE ART

fürs Sonntagsfrühstück – sehr aromatisch

Für 6 Gläser (je 210 ml)
Zubereitungszeit ca. 1 Std. 30 Min.
Kochzeit 30 Min.
Ruhezeit 24 Std.
pro Glas 860 kcal
Haltbarkeit 12 Monate

1 kg Bio-Bitterorangen (Pomeranzen)
1 Bio-Zitrone
ca. 1250 g Gelierzucker 1 : 1
Außerdem:
Mullsäckchen
6 Twist-off-Gläser (sterilisiert, s. S. 6)

1 Orangen und Zitronen waschen und abtrocknen. Orangen mit dem Sparschäler wie Äpfel schälen – es macht nichts, wenn von der weißen Schale etwas dran bleibt. Die Orangenschalen in 1–2 mm schmale Streifchen schneiden und in eine Schüssel geben.

2 Die Bitterorangen und die Zitrone auspressen (ergibt ca. 500 ml). Dabei unbedingt Kerne, Häutchen und Fasern aus dem Innern der Früchte auffangen. Diese in ein Mullsäckchen füllen und dieses zubinden. Saft, Mullsäckchen und 750 ml Wasser zu den Schalen in der Schüssel geben und zugedeckt 24 Std. stehen lassen. Das Mullsäckchen am Schüsselrand ausdrücken, damit der Inhalt Pektine abgibt, dann wegwerfen.

3 Die Schalen mit der Flüssigkeit in einen großen Topf geben, aufkochen und alles 20–30 Min. sanft kochen lassen, bis die Schalen weich sind. Abkühlen lassen. Dann abmessen oder abwiegen, zurück in den Topf geben und die gleiche Menge Gelierzucker unterrühren, bis er sich aufgelöst hat.

4 Die Marmelade aufkochen und unter mehrmaligem Rühren 4–5 Min. kochen. (Vorsicht, sie schäumt und geht schnell hoch. Dann den Topf kurz beiseitestellen, bis der Schaum gesunken ist und weiterkochen.)

5 Die fertige Marmelade (Gelierprobe s. S. 5) kochend heiß in die vorbereiteten Gläser füllen und sofort verschließen. Ca. 5 Min. auf die Deckel stellen, damit sich die Orangenstreifen gleichmäßig im Glas verteilen. Wieder umdrehen und kalt werden lassen.

PROFI-TIPP
Bitterorangen oder **Pomeranzen,** wie sie auch genannt werden, sind mit Zitronen und Orangen verwandt. Sie werden hauptsächlich in Südspanien und Sizilien angebaut. Ihr Fruchtfleisch mit sehr saurem Saft und vielen Kernen ist frisch ungenießbar. Das Aroma ihrer Schalen kommt jedoch in der Marmelade voll zur Geltung. Bitterorangen sind auf Biomärkten erhältlich!

VARIANTE

SCHNELLE BITTERORANGEN-MARMELADE

Für 6 Gläser (je 210 ml)
Zubereitungszeit ca. 40 Min.
Kochzeit 30 Min.
pro Glas 440 kcal
Haltbarkeit 12 Monate

- So geht es auch: 1 kg Bitterorangen waschen und mit dem Sparschäler wie Äpfel schälen. Die Schalen in 1–2 mm breite Streifen schneiden und in 500 ml Wasser in 20–30 Min. weich kochen.
- Die Bitterorangen und 2 normale Orangen halbieren und auspressen, den Saft zu den Schalen gießen. Alles abmessen und in einen großen Topf geben. Die gleiche Menge Gelierzucker 1 : 1 zufügen und umrühren, bis er sich aufgelöst hat. Die Marmelade fertig stellen wie im Rezept oben angegeben.

ORANGEN-ZITRONEN-MARMELADE

fruchtig-säuerlich und sehr edel

Für 7 Gläser (je 210 ml) · Zubereitungszeit ca. 1 Std. 30 Min. · Ruhezeit 12 Std. pro Glas 615 kcal · Haltbarkeit 12 Monate

1 kg Bio-Orangen · 500 g Bio-Zitronen
700 g rosa Grapefruits · 1 kg Gelierzucker 1 : 1
1 Vanilleschote · 2 TL getrocknete Lavendelblüten
Außerdem:
7 Twist-off-Gläser (sterilisiert, s. S. 6)

1 Die Orangen, die Zitronen und die Grapefruits so schälen, dass die innere weiße Haut mit entfernt wird. Den austretenden Saft dabei auffangen. Die Filets aus den Spalten schneiden und 900 g abwiegen.

2 Das abgewogene Fruchtfleisch in einen großen Topf geben und den Gelierzucker unterrühren. Zugedeckt über Nacht durchziehen lassen.

3 Die Vanilleschote mit einem kleinen spitzen Messer längs aufschneiden, das Mark herausschaben und zur Frucht-Zucker-Mischung geben. Alles aufkochen, auf mittlere Hitze herunterschalten und 4–5 Min. sprudelnd kochen. Vorsicht, es schäumt ziemlich!

4 In die fertige Konfitüre (Gelierprobe s. S. 5) die Lavendelblüten einrühren und alles nochmals aufkochen. Dann in die vorbereiteten Gläser füllen und diese verschließen. 5 Min. auf die Deckel stellen, dann umdrehen und abkühlen lassen.

ORANGEN-SCHOKO-MARMELADE

raffinierte Kombi für Fans von herben Genüssen

Für 6 Gläser (je 210 ml) · Zubereitungszeit ca. 1 Std. 30 Min. · Kühlzeit 12 Std. pro Glas 845 kcal · Haltbarkeit 12 Monate

100 g Zartbitterschokolade · 100 g kandierter Ingwer
1,5 kg Bio-Orangen · 1 kg Gelierzucker 1 : 1
Außerdem:
6 Twist-off-Gläser (sterilisiert, s. S. 6)

1 Schokolade ca. 1/2 cm groß hacken und über Nacht einfrieren. Ingwer in 1 cm große Stücke schneiden. Orangen waschen, halbieren, auspressen. 750 g Saft in einem großen Topf mit dem Gelierzucker mischen.

2 Die ausgepressten Orangenhälften in einem Topf mit Wasser bedeckt aufkochen. 30 Min. zugedeckt bei mittlerer Hitze kochen, in ein Sieb abgießen und abkühlen lassen. Die gekochten Orangenhälften halbieren, das weiße Innere flach herausschneiden und wegwerfen. Die Schalen in dünne Streifen schneiden.

3 250 g der Orangenschalen mit dem kandierten Ingwer zum Saft geben und aufkochen. Bei mittlerer Hitze 4–5 Min. sprudelnd kochen. Die fertige Marmelade (Gelierprobe s. S. 5) in die vorbereiteten Gläser füllen.

4 Die gefrorene Schokolade sieben. Die groben Stücke teelöffelweise auf die Marmelade geben und vorsichtig und rasch unterheben. Die Gläser verschließen und die Marmelade abkühlen lassen.

TÜRKISCHE ZITRONEN-MARMELADE

eine Rarität für Mittelmeerfans

Für 8 Gläser (je 250 ml)
Zubereitungszeit ca. 1 Std. 30 Min.
Kochzeit 45 Min.
Ruhezeit 12 Std.
pro Glas 745 kcal
Haltbarkeit 12 Monate

2 kg dickschalige Bio-Zitronen
1,5 kg Gelierzucker 1 : 1 · Saft von 2 Zitronen
Außerdem:
8 Twist-off-Gläser (sterilisiert, s. S. 6)

1 Zitronen waschen, abtrocknen. Mit dem Zestenreißer rundum Streifen abziehen und wegwerfen. Die Zitronen in einem großen Topf mit Wasser bedeckt aufkochen. Zugedeckt in 35–40 Min. weich kochen.

2 Die Zitronen herausheben und auf einem Teller erkalten lassen. Austretenden Saft und 250 ml Kochwasser aufbewahren. Zitronen halbieren. Fruchtfleisch und Fasern auskratzen und wegwerfen. Schalen längs achteln und quer in 1/2 cm schmale Streifen schneiden. Mit zurückbehaltenem Saft, Kochwasser und dem Zucker mischen und zugedeckt über Nacht ruhen lassen.

3 Dann aufkochen und 5 Min. sprudelnd kochen, gelegentlich umrühren. Den Zitronensaft unterrühren. Die fertige Marmelade (Gelierprobe s. S. 5) in vorbereitete Gläser füllen und verschließen. 5 Min. auf die Deckel stellen, dann umdrehen und abkühlen lassen.

LEMON CURD

sehr englisch – zum Nachmittagstee

Für 6 Gläser (je 210 ml)
Zubereitungszeit ca. 1 Std. 15 Min.
pro Glas 820 kcal
Haltbarkeit 1 Monat

7 Bio-Zitronen
250 g frische Butter
600 g feiner Zucker
6 sehr frische Bio-Eier (Größe L)
Außerdem:
6 Twist-off-Gläser (sterilisiert, s. S. 6)

1 Die Zitronen waschen und abtrocknen. Die Schale sehr fein abreiben, den Saft auspressen und 300 ml abmessen. Den Saft durch ein feines Sieb in einen Topf gießen.

2 Butter würfeln und in den Topf geben. Alles erhitzen, bis die Butter geschmolzen ist. Den Zucker einrieseln und unter Rühren auflösen lassen. Den Topf vom Herd nehmen. Die Mischung leicht abkühlen lassen.

3 Die Eier mit einer Gabel verquirlen und durch ein feines Plastiksieb in die Zitronen-Butter-Mischung gießen. Abgeriebene Zitronenschale dazugeben. Die Masse in einer Metallschüssel über einem ca. 90° heißen Wasserbad 30–40 Min. rühren, bis sie schön cremig und dick ist. Vorsicht, das Wasserbad darf nicht kochen, sonst flockt das Ei aus.

4 Das Lemon Curd vom Wasserbad nehmen und in die vorbereiteten Gläser füllen. Verschließen, abkühlen lassen und im Kühlschrank aufbewahren.

MANGO-LIMETTEN-KONFITÜRE

exotischer Vitaminmix

Für 2 Gläser (je 200 ml)
Zubereitungszeit ca. 15 Min.
pro Glas 465 kcal · Haltbarkeit 3 Wochen

2 reife Mangos (ca. 800 g, geputzt 500 g)
2 Bio-Limetten
150 g Zucker · 1 TL Agar-Agar
Außerdem:
2 Twist-off-Gläser (sterilisiert, s. S. 6)

1 Die Mangos schälen und am Stein entlang aufschneiden. Das Fruchtfleisch klein würfeln. Die Limetten heiß waschen und trocken tupfen. 1 TL Schale von einer Limette abreiben. Den Saft auspressen.

2 Zwei Drittel der Mangowürfel zusammen mit dem Limettensaft im Mixer pürieren. Das Mangopüree mit den restlichen Mangowürfeln vermischen und zusammen mit Limettenschale und Zucker in einen Topf geben. Unter Rühren aufkochen lassen.

3 Agar-Agar mit 1 EL Wasser verrühren und dazugeben. Alles 2 Min. sprudelnd kochen lassen, dabei weiterrühren. Gelierprobe nicht vergessen (s. S. 5). Die Konfitüre in die vorbereiteten Gläser füllen und gut verschließen. 5 Min. auf den Deckel stellen, dann umdrehen.

GENUSS-TIPP

Ein **köstliches Cremedessert** bekommen Sie, wenn Sie 250 g Mascarpone mit 250 g Magerquark, 2 EL Kokossirup und 2 EL Mango-Limetten-Konfitüre verrühren. Anschließend 200 g Sahne schlagen, unterheben und das Dessert mit gerösteten Kokosraspeln bestreut servieren.

PROFI-TIPP

Diese Konfitüre ist extra fruchtig, weil besonders **wenig Zucker** verwendet wird. Dadurch ist sie aber auch nicht sehr lange haltbar. Ein Glas also am besten selbst genießen und das andere gleich an liebe Freunde verschenken.

EXOTEN-KONFITÜRE

tropische Verführung

Für 4 Gläser (je 250 ml)
Zubereitungszeit ca. 40 Min.
pro Glas 525 kcal · Haltbarkeit 6 Monate

4–5 Passionsfrüchte (geputzt 300 g)
800 g Kapstachelbeeren (Physalis)
1 Zitrone · 350 g Fruchtzucker
1 Beutel Gelfix Super
Außerdem:
4 Twist-off-Gläser (sterilisiert, s. S. 6)

1 Die Passionsfrüchte halbieren. Die geleeartige Fruchtmasse mit den Samenkörnchen herauslösen und in einen Topf geben. Die Hüllblätter der Kapstachelbeeren entfernen und die kleinen Früchte gründlich waschen, dann vierteln. Die Zitrone auspressen.

2 Kapstachelbeeren und Zitronensaft zu dem Passionsfruchtfleisch in den Topf geben. Den Fruchtzucker mit Gelfix mischen, zu den Früchten geben und verrühren.

3 Alles unter Rühren zum Kochen bringen und 4 Min. sprudelnd kochen lassen, dabei weiterrühren. Gelierprobe nicht vergessen (s. S. 5). Die Konfitüre in vorbereitete Gläser füllen und verschließen. 5 Min. auf den Deckel stellen, dann umdrehen und abkühlen lassen.

AROMA-TIPP

Passionsfrüchte werden auch **Maracujas** genannt und sind bei uns vor allem in Form von Fruchtsäften bekannt. Sie erhalten die frischen Früchte aber mittlerweile auch in gut sortierten Supermärkten. Für dieses Konfitüre-Rezept sollten Sie nur **vollreife Früchte** verarbeiten. Wenn sie reif sind, wird die braun-violette Schale der Passionsfrüchte runzlig. Bei gelben Sorten bleibt die Schale auch reif glatt.

FEIGENKONFITÜRE MIT MANDELN

schmeckt paradiesisch

Für 4 Gläser (je 250 ml)
Zubereitungszeit ca. 45 Min.
Kochzeit 25 Min.
pro Glas 460 kcal · Haltbarkeit 6 Monate

1 kg frische Feigen
1 Bio-Zitrone
2 EL Akazienhonig
200 g brauner Zucker
50 g Mandelstifte
1 EL Amaretto (Mandellikör, nach Belieben)
Außerdem:
4 Twist-off-Gläser (sterilisiert, s. S. 6)

1 Die Feigen vorsichtig mit Küchenpapier abtupfen und halbieren, den Stiel entfernen. Die Früchte in kleine Würfel schneiden. Die Zitrone heiß waschen, trocken tupfen und die Schale abreiben. Den Saft auspressen.

2 Zitronensaft und -schale mit den Feigen, Akazienhonig und Zucker in einem Topf gut vermischen. Die Mandelstifte in einer Pfanne ohne Fett leicht anrösten.

3 Die Feigenmischung unter Rühren aufkochen und bei mittlerer Hitze unter Rühren ca. 25 Min. sanft kochen lassen. Die Gelierprobe nicht vergessen (s. S. 5). Die Mandelstifte und nach Belieben Amaretto unterrühren. Die Konfitüre in die vorbereiteten Gläser füllen und verschließen.

TAUSCH-TIPP

Für eine **Feigen-Trauben-Konfitüre** 500 g frische Feigen waschen, halbieren und klein würfeln. 750 g kernlose weiße Trauben waschen und von den Stielen zupfen. Die Trauben mit dem Pürierstab grob zerkleinern. Feigen, 125 ml Marsala und 500 g Gelierzucker 1:1 unterrühren. Kurz aufkochen und 4 Min. kochen lassen. Gelierprobe nicht vergessen (s. S. 5). Die Konfitüre in 4 Gläser füllen und gut verschließen.

WINTERKONFITÜRE

der Clou: mit Trockenfrüchten

Für 4 Gläser (je 250 ml)
Zubereitungszeit ca. 45 Min.
Ruhezeit 2 Std.
pro Glas 890 kcal
Haltbarkeit 12 Monate

100 g getrocknete Feigen
100 g getrocknete Datteln
100 g getrocknete Aprikosen
3 EL Agavendicksaft (Reformhaus)
150 ml naturtrüber Birnensaft
(ersatzweise Apfelsaft)
700 g Äpfel (geputzt 500 g)
700 g Birnen (geputzt 500 g)
500 g Gelierzucker 1 : 1
Außerdem:
4 Twist-off-Gläser (sterilisiert, s. S. 6)

1 Die getrockneten Feigen, Datteln und Aprikosen klein würfeln. Den Agavendicksaft und den Birnensaft in einen großen Topf gießen und die Trockenfrüchte dazugeben. Die Mischung erwärmen und bei mittlerer Hitze ca. 10 Min. ziehen lassen.

2 Die Äpfel und Birnen schälen und vierteln, dabei das Kerngehäuse entfernen. Die Viertel quer in Scheiben schneiden und zusammen mit dem Gelierzucker zur Trockenfruchtmischung geben. Alles zugedeckt ca. 2 Std. durchziehen lassen.

3 Die Fruchtmischung unter Rühren zum Kochen bringen und 4 Min. unter Rühren sprudelnd kochen lassen. Nach der Gelierprobe (s. S. 5) in die vorbereiteten Gläser füllen und verschließen.

TAUSCH-TIPP
Die Winterkonfitüre können Sie beliebig variieren. Statt der Aprikosen können Sie 100 g **Rosinen** oder getrocknete **Cranberrys** nehmen. Kein Agavendicksaft im Haus? Dann verwenden Sie einfach 2 EL Honig oder Ahornsirup.

ZWETSCHGENSIRUP

feines Sommermitbringsel

Für 1 Flasche (500 ml) · Zubereitungszeit ca. 20 Min.
pro Flasche 555 kcal · Haltbarkeit 2 Wochen

150 g Zwetschgen · 150 g Pflaumen
100 g Zucker · Saft von 1 Zitrone
Außerdem:
1 Küchen- oder Mulltuch
1 gut verschließbare Flasche (sterilisiert, s. S. 6)

1 Die Zwetschgen und Pflaumen waschen, halbieren, entsteinen und in Spalten schneiden. Mit Zucker und 300 ml Wasser aufkochen und 5 Min. sprudelnd kochen.

2 Durch ein mit einem Tuch ausgelegtes Sieb gießen und abkühlen lassen. Das Tuch dann zusammendrehen und den Saft gut auspressen. Den Zitronensaft unterrühren, den Sirup noch einmal erhitzen und heiß in die vorbereitete Flasche füllen.

GRAPEFRUIT-SIRUP

ingwerwürzig

Für 1 Flasche (600 ml)
Zubereitungszeit ca. 15 Min. · Ruhezeit 30 Min.
pro Flasche 1115kcal · Haltbarkeit 2 Wochen

1 Stück frischer Ingwer (3–4 cm) · 1 Zweig Rosmarin
Saft von 3 rosa Grapefruits · 250 g Zucker
Außerdem:
1 gut verschließbare Flasche (sterilisiert, s. S. 6)

1 Ingwer schälen und in dünne Scheiben schneiden. Rosmarin waschen. Grapefruitsaft, Zucker und 250 ml Wasser zum Kochen bringen, Ingwer und Rosmarin dazugeben. Vom Herd nehmen und 30 Min. ziehen lassen.

2 Den Sirup durch ein feines Sieb gießen und auffangen. Noch einmal im Topf erhitzen und heiß in die vorbereitete Flasche füllen.

KRÄUTERSIRUP

wie auf der Almhütte

Für 1 Flasche (700 ml)
Zubereitungszeit ca. 20 Min. · Ruhezeit 3 Std.
pro Flasche 1020 kcal · Haltbarkeit 2 Wochen

1 Stück frischer Ingwer (2–3 cm) · 2 Bio-Zitronen oder 4 Bio-Limetten · 1 Zweig Rosmarin
25 g gemischte Kräuterblättchen (z. B. Minze, Zitronenverbene, Melisse)
250 g Zucker · 2 EL getrocknete Kamillenblüten
Außerdem:
1 Küchen- oder Mulltuch
1 gut verschließbare Flasche (sterilisiert, s. S. 6)

1 Ingwer waschen und in dünne Scheiben schneiden. 1 Zitrone oder Limette heiß waschen, abtrocknen und hauchdünn schälen. Rosmarin und die anderen Kräuter waschen und trocken tupfen. Rosmarinnadeln abstreifen, die gemischten Kräuterblättchen grob zerzupfen.

2 Ingwer, Zitronenschale und Rosmarin mit dem Zucker, 400 ml Wasser und den Kamillenblüten in einen Topf geben. Gemischte Kräuterblättchen ebenfalls dazugeben. Alles zum Kochen bringen, dann vom Herd nehmen und abgedeckt 3 Std. ziehen lassen.

3 Den Sirupansatz durch ein mit dem Küchen- oder Mulltuch ausgelegtes Sieb gießen und auffangen. Übrige Zitrone oder Limetten auspressen und den Saft untermischen. Den Kräutersirup noch einmal erhitzen und heiß in die vorbereitete Flasche füllen.

PROFI-TIPP
Zucker konserviert, darum sind Sirupe mit einem hohen **Zuckergehalt** einige Monate haltbar. Sirupe, die mit weniger Zucker hergestellt wurden (wie die drei auf dieser Seite), sollten hingegen rasch verbraucht werden, weil sie leichter verderben.

LINKS Kräutersirup
MITTE Zwetschgensirup
RECHTS Grapefruit-Sirup

MIT FRUCHTGE
MIT REINEM ZUCK
MIT FRUCHTGESCHMACK
UND REINEM ZUCKER ZUBE
HAAR B.

SCHWARZER-JOHANNISBEER-SIRUP

sehr lecker zu Eis

Für 3 Flaschen (je 500 ml)
Zubereitungszeit ca. 30 Min. · Ruhezeit 12 Std.
Kochzeit 40 Min.
pro Flasche 2195 kcal
Haltbarkeit 3–4 Monate

1,5 kg Schwarze Johannisbeeren
3–4 Wacholderbeeren
5–6 Johannisbeerblätter · 1,5 kg Zucker
Außerdem:
1 Küchen- oder Mulltuch
3 gut verschließbare Flaschen (sterilisiert, s. S. 6)

1 Johannisbeeren waschen, von den Rispen streifen und in einen großen Topf geben. Knapp mit Wasser bedecken und aufkochen, bis die Beeren geplatzt sind. Vom Herd nehmen und 10 Min. stehen lassen. Beeren samt Flüssigkeit in ein mit dem Mulltuch ausgelegtes Sieb gießen und am besten über Nacht abtropfen lassen. Nicht ausdrücken, damit der Saft klar bleibt.

2 Die Wacholderbeeren leicht andrücken. Vom Johannisbeersaft 1 l abmessen und zusammen mit den Johannisbeerblättern und Wacholderbeeren in einen Topf geben. Den Zucker unterrühren und alles aufkochen. Bei mittlerer Hitze 30–40 Min. kochen, bis der Saft dicklich wird. Dabei immer wieder rühren.

3 Die Johannisbeerblätter und die Wacholderbeeren aus dem Topf entfernen. Den Sirup heiß in die vorbereiteten Flaschen füllen und diese sofort verschließen.

GENUSS-TIPP

In Frankreich in der Gegend von Dijon wird ein traditioneller Likör aus Schwarzen Johannisbeeren hergestellt: der **»Crème de Cassis«.** Dort wird er hauptsächlich für die Zubereitung von Cocktails verwendet, die man auch bei uns gut kennt: Kir und Kir Royal. Probieren Sie auch unsere Variante: den **Cassis-Grappa** auf Seite 71.

HOLUNDERBLÜTEN-SIRUP

auch für Longdrinks oder Cocktails

Für 4 Flaschen (je 500 ml)
Zubereitungszeit ca. 1 Std. · Ruhezeit 2 Tage
pro Flasche 1540 kcal
Haltbarkeit 3–4 Monate

1,5 kg Zucker
2 Bio-Zitronen
50 g Zitronensäure (aus der Apotheke)
25 Holunderblütendolden
ohne Schmutz und Ungeziefer
Außerdem:
1 Küchen- oder Mulltuch
4 gut verschließbare Flaschen (sterilisiert, s. S. 6)

1 1 l Wasser in einen Topf geben und den Zucker unterrühren, 10 Min. kochen und abkühlen lassen. Die Zitronen in 1 cm dicke Scheiben schneiden und zur Zuckerlösung geben, die Zitronensäure unterrühren.

2 Die Blütendolden möglichst nicht waschen, sondern nur gut ausschütteln, um das Ungeziefer zu entfernen. Die Stiele abschneiden und wegwerfen und die Blüten in ein großes Glasgefäß oder in eine Schüssel geben. Die Zuckerlösung darübergießen, umrühren und alles zugedeckt an einem kühlen Platz 2 Tage stehen lassen. Gelegentlich durchrühren.

3 Ein Sieb mit dem Mulltuch auslegen und über eine Schüssel hängen. Alles durchseihen und die Blüten leicht ausdrücken. Den Sirup 20 Min. sprudelnd kochen lassen, sofort in die vorbereiteten Flaschen füllen und diese verschließen. Kühl aufbewahren.

AROMA-TIPP

Holunder blüht im Juni, manchmal auch noch Anfang Juli. Am aromatischsten sind die Blüten, wenn sie gerade aufgeblüht sind, denn es ist der **Blütenstaub,** der das Aroma ausmacht. Deshalb sollten Sie auch darauf verzichten, die Blüten ab- und damit den Blütenstaub fort zu waschen.

RHABARBERSIRUP

für die Mädelsrunde

Für 2 Flaschen (je 400 ml)
Zubereitungszeit ca. 20 Min.
pro Flasche 695 kcal
Haltbarkeit 2 Wochen

650 g Erdbeer-Rhabarber (geputzt 500 g)
250 g Zucker
50 g Vanillezucker
Saft von 1/2 Zitrone
Außerdem:
2 gut verschließbare Flaschen
(sterilisiert, s. S. 6)

1 Rhabarber waschen, putzen und in fingerdicke Stücke schneiden. Mit 250 ml Wasser in einem Topf zum Kochen bringen, bei mittlerer Hitze in ca. 10 Min. zu einem weichen Mus kochen. Durch ein feines Sieb gießen und den Saft auffangen, die Rhabarberstückchen mit einer Schöpfkelle vollständig auspressen.

2 Den Saft zurück in den Topf geben, Zucker, Vanillezucker und Zitronensaft zufügen und alles unter gelegentlichem Rühren weitere 5 Min. sanft kochen lassen.

3 Rhabarbersirup in die vorbereiteten Flaschen füllen, gut verschließen und dunkel und kühl aufbewahren. Geöffnete Flaschen in den Kühlschrank stellen und innerhalb weniger Tage verbrauchen.

GENUSS-TIPP

Rhabarbersirup mit Mineralwasser aufgießen und fertig ist die **Rhabarberschorle**. Sie ist nicht mehr aus den Straßencafés wegzudenken, aber wer hätte gedacht, dass diese selbst gemachte Variante gleich noch mal so gut schmeckt!

MINZESIRUP

Frischekick im Glas

Für 2 Flaschen (je 350 ml)
Zubereitungszeit ca. 20 Min.
Ruhezeit 12 Std.
pro Flasche 900 kcal
Haltbarkeit 2 Wochen

1 Bund Minze
(es sollten 15 g Minzeblätter sein)
450 g Zucker
Außerdem:
2 gut verschließbare Flaschen
(sterilisiert, s. S. 6)

1 Die Minze waschen und trocken schütteln, die Blätter abzupfen, ganz grob zerreißen und in einen Topf geben. Mit 500 ml Wasser auffüllen und zum Kochen bringen. Topf vom Herd nehmen und den Ansatz abgedeckt über Nacht durchziehen lassen.

2 Den Sud am nächsten Tag durch ein feines Sieb gießen und auffangen, die Minzeblätter mit einem Löffelrücken ausdrücken. Den Minzesud mit dem Zucker wieder in den Topf geben, aufkochen und 5 Min. kochen lassen.

3 Minzesirup in die vorbereiteten Flaschen füllen, gut verschließen und bis zum Verbrauch dunkel und kühl aufbewahren. Gewünschte Menge Sirup mit Leitungs- oder Mineralwasser aufgießen und als Limonade auf Eis trinken. Geöffnete Flaschen in den Kühlschrank stellen und innerhalb weniger Tage verbrauchen.

TAUSCH-TIPP

Auch andere Kräuter eignen sich zum Herstellen eines Sirups. Anstatt der Minze zum Beispiel auch mal **Zitronenmelisse** probieren (s. Rezept S. 16).

LINKS Minzesirup
RECHTS Rhabarbersirup

HIMBEERSIRUP

beerensüßer Sommersirup für fruchtig-frische Drinks

Für 1 Flasche (250 ml)
Zubereitungszeit ca. 30 Min.
Ruhezeit 12 Std.
pro Flasche 1565 kcal
Haltbarkeit 3–4 Monate

500 g Himbeeren
350 g Zucker
Außerdem:
1 Küchen- oder Mulltuch
1 gut verschließbare Flasche (sterilisiert, s. S. 6)

1 Die Himbeeren verlesen, waschen, abtrocknen, mit 100 g Zucker vermischen und zugedeckt am besten über Nacht kalt stellen.

2 Am nächsten Tag die Himbeeren mit dem Pürierstab fein pürieren. Ein Sieb über eine Schüssel hängen und mit dem angefeuchteten sauberen Küchentuch auslegen. Das Beerenmus hineingießen und den Saft abtropfen lassen. Das Tuch kräftig zusammendrehen und den restlichen Saft ausdrücken.

3 Den Beerensaft mit dem übrigen Zucker unter Rühren einmal aufkochen, dann offen ca. 10 Min. sanft kochen lassen. Vom Herd nehmen, noch heiß in die vorbereitete Flasche umfüllen und verschließen.

TAUSCH-TIPP
Für **Kirschsirup** gewaschene, entsteinte Süßkirschen, für **Erdbeersirup** gewaschene, geputzte Erdbeeren verarbeiten wie im Rezept oben.

GRENADINESIRUP

Universalsirup für leuchtend rote Farbe

Für 1 Flasche (150 ml)
Zubereitungszeit ca. 30 Min.
pro Flasche 415 kcal
Haltbarkeit 3–4 Monate

3–4 Granatäpfel
(ersatzweise Granatapfel-Muttersaft aus dem Bioladen oder Reformhaus)
3 EL Zucker
Außerdem:
1 gut verschließbare Flasche (sterilisiert, s. S. 6)

1 Die frischen Granatäpfel quer halbieren, auf der Zitruspresse auspressen (Vorsicht, das spritzt!). Falls Sie den fertigen Saft verwenden: 300 ml Saft abmessen und in einem Topf mit dem Zucker verrühren.

2 Den Saft einmal aufkochen, dann offen ca. 15 Min. sanft kochen lassen, dabei ab und zu umrühren. Vom Herd nehmen, in die vorbereitete Flasche füllen und diese gut verschließen. Dieser Sirup enthält nur wenig Zucker, daher im Kühlschrank aufbewahren.

TAUSCH-TIPP
Nach dem gleichen Rezept können Sie auch andere Fruchtsirupe herstellen – z. B. mit 300 ml frisch gepresstem **Zitrussaft** aus Zitronen, Orangen, Limetten oder Grapefruits.

GEWÜRZ-ZITRUS-SIRUP

schmeckt mit Sekt als Aperitif und süßt heißen Tee

Für 1 Flasche (200 ml)
Zubereitungszeit ca. 25 Min.
pro Flasche 875 kcal
Haltbarkeit 3–4 Monate

3 Zitronen (davon 1 Bio-Zitrone)
3 Limetten (davon 1 Bio-Limette)
1 Zimtstange
3 Gewürznelken
2 Sternanis
200 g Zucker
Außerdem:
1 gut verschließbare Flasche
(sterilisiert, s. S. 6)

1 Je 1 Bio-Zitrone und Bio-Limette waschen und die Schale möglichst dünn abschälen (eventuell mit dem Sparschäler), denn das Weiße ist bitter.

2 Je 3 Zitronen und 3 Limetten auspressen (es sollten insgesamt 200 ml sein). Den Saft mit 1 Zimtstange, 3 Nelken, 2 Sternanis und 200 g Zucker in einem Topf unter Rühren zum Kochen bringen und ca. 6 Min. bei mittlerer bis starker Hitze kochen lassen. Zitrusschalen zugeben und vom Herd nehmen.

3 Den Topfinhalt heiß in die vorbereitete Flasche füllen, abkühlen lassen und im Kühlschrank aufbewahren.

KARAMELL-ZIMT-SIRUP

schmeckt nach Weihnachtsmarkt

Für 1 Flasche (200 ml)
Zubereitungszeit ca. 20 Min.
pro Flasche 800 kcal
Haltbarkeit 3–4 Monate

200 g Zucker
2 Zimtstangen
Außerdem:
1 gut verschließbare Flasche (sterilisiert, s. S. 6)

1 Den Zucker in einem Topf bei mittlerer Hitze goldbraun karamellisieren. Vorsichtig 250 ml Wasser zugießen. Den Karamell bei großer Hitze unter Rühren vom Topfboden loskochen, dann 2 Zimtstangen zugeben und bei mittlerer Hitze 8–10 Min. unter Rühren weiterkochen lassen, bis sich der Karamell ganz aufgelöst hat und die Flüssigkeit dickflüssig und sirupartig wird.

2 Heiß in die vorbereitete Flasche füllen. Eine Zimtstange mit hineingeben und die Flasche gut verschließen. Nach dem Abkühlen im Kühlschrank lagern.

GENUSS-TIPP

Nicht nur zur Weihnachtszeit: Den Karamell-Zimt-Sirup können Sie z. B. **zum Aromatisieren** von Milchshakes, heißer Schokolade, Kaffee oder Sahnecocktails verwenden oder auch über ein leckeres Walnusseis träufeln.

HOLUNDERLIKÖR »FRÜHJAHR UND HERBST«

geschätzt auch in der Klosterheilkunde – braucht Zeit

Für 1 Flasche (750 ml)
Zubereitungszeit ca. 1 Std. · Ruhezeit 3 Monate
pro Flasche 1110 kcal
Haltbarkeit 12 Monate

Im Frühjahr:
6 Holunderblütendolden
(möglichst gerade aufblühende,
ersatzweise 10 EL Holunderblütentee)
200 ml reiner Alkohol (Weingeist 96 %)
300 ml kalkarmes Wasser
Im Herbst:
400 g reife Holunderbeeren
150 ml kalkarmes Wasser
100 g Zucker
1 TL Zitronensaft
30 g heller Blütenhonig
Außerdem:
1 Küchen- oder Mulltuch
1 gut verschließbare Flasche (sterilisiert, s. S. 6)

1 Im späten Frühjahr (ab Anfang Juni) die Holunderblütendolden sammeln. Möglichst nicht waschen, sondern nur gut ausschütteln, um das Ungeziefer zu entfernen. Die Blüten abzupfen und in eine weithalsige Flasche füllen. Den Alkohol und 300 ml kalkarmes Wasser einfüllen, die Flasche gut verschließen und kühl und dunkel bis zum Herbst ruhen lassen.

2 Im frühen Herbst (ca. ab Mitte August) die reifen Holunderbeeren sammeln. Die Beeren waschen und mit einer Gabel von den Stielen in eine Schüssel streifen. In einen Topf geben und ca. 150 ml kalkarmes Wasser dazugießen. Die Beeren aufkochen und zugedeckt bei kleiner Hitze 25–30 Min. kochen.

3 Die Holunderbeeren durch ein feines Sieb streichen. 350 ml Saft abmessen, mit dem Zucker und dem Zitronensaft in einen Topf geben, erhitzen und nun offen bei mittlerer bis kleiner Hitze 15 Min. sanft kochen, dann abkühlen lassen.

4 Den kalten Beerensirup mit dem alkoholischen Blütenansatz und dem Honig mischen. Erst durch ein feines Sieb, dann durch das Küchen- oder Mulltuch seihen, um die Schwebstoffe möglichst gut herauszufiltern.

5 Den Likör in die vorbereitete Flasche füllen und diese gut verschließen. Kühl und dunkel aufbewahren. Eventuell den Likör nach 3 Monaten nochmals durch ein feines Leinentuch oder eine Kaffeefiltertüte seihen.

PROFI-TIPP

Der Holunderstrauch, der bei Bauernhöfen gepflanzt wurde, galt als Sitz der Göttin Holder, die Familie, Tiere und Pflanzen schützte. Blüten und Beeren schätzte auch die Klosterheilkunde, die sie **gegen Erkältungen und Fieber** empfahl. Ein Gläschen unseres schwarzroten Likörs ist spätestens bei aufkommenden Erkältungen angesagt, er stärkt nämlich die Abwehrkräfte.

VORRATS-TIPP

Wenn Sie **reichlich Beeren im Herbst** finden, können Sie auch noch mehr entsaften, den Saft sieben, noch etwas einkochen und in Flaschen füllen. Flaschen fest verschließen und im Einkochtopf sterilisieren (s. S. 105). Der Saft hält sich auf diese Weise mehrere Monate.

APRIKOSENLIKÖR

fruchtig-würzig

Für 1 Flasche (750 ml)
Zubereitungszeit ca. 35 Min.
Ruhezeit 4 Wochen + 2 Monate
pro Flasche 1110 kcal
Haltbarkeit 12 Monate

300 g reife Aprikosen
1/2 Zimtstange
3 Gewürznelken
275 ml reiner Alkohol (Weingeist 96 %)
1/2 Vanilleschote
365 ml Zuckersirup
180 ml trockener Weißwein
Außerdem:
1 Küchen- oder Mulltuch
2 gut verschließbare Flaschen
(sterilisiert, s. S. 6)

1 Die Aprikosen waschen und mit Küchenpapier trocken reiben. Die Früchte längs aufschneiden und entsteinen. 3–4 Steine mit dem Hammer vorsichtig aufschlagen und die Kerne herausnehmen. Die Aprikosen in kleine Stücke schneiden und zusammen mit den Kernen, der halben Zimtstange und den Nelken in eine weithalsige Flasche füllen. Den Alkohol aufgießen, die Flasche fest verschließen und die Mischung an einem warmen und dunklen Ort 4 Wochen ziehen lassen.

2 Danach den Aprikosen-Gewürzextrakt durch eine Kaffeefiltertüte seihen, die Fruchtstücke dabei vorsichtig ausdrücken. Die Vanilleschote mit einem spitzen Messer längs aufschlitzen, das Mark herausschaben und mit der Schote zum Zuckersirup geben. Den Wein zugießen und alles erhitzen. Bei schwacher Hitze 10 Min. ziehen, dann abkühlen lassen.

3 Den kalten Sirup durch ein Tuch filtern und mit dem Aprikosenextrakt mischen. Den Likör in die vorbereitete Flasche füllen und diese gut verschließen. Kühl und dunkel noch mindestens 2 Monate ruhen lassen. Am besten leicht gekühlt servieren.

LIMONCELLO

Italo-Klassiker – ein feiner Digestif

Für 3 Flaschen (je 500 ml)
Zubereitungszeit ca. 30 Min.
Ruhezeit 2 Wochen
pro Flasche 1500 kcal
Haltbarkeit 12 Monate

8 Bio-Zitronen
500 ml reiner Alkohol (Weingeist 96 %)
450 g Zucker
Außerdem:
1 großes Glas (750 ml Inhalt) mit Bügelverschluss (sterilisiert, s. S. 6)
3 gut verschließbare Flaschen (sterilisiert, s. S. 6)

1 Die Zitronen gründlich waschen. Die gelbe Schale mit einem Sparschäler dünn abschneiden, ohne weiße Schalenteile mit abzuschneiden, damit der Likör nicht bitter wird. Die Schalenstreifen in das vorbereitete Bügelverschlussglas geben.

2 Den Alkohol auf die Schalenstreifen gießen und das Glas gut verschließen. An einem dunklen, kühlen Ort 2–3 Wochen durchziehen lassen, dabei den Glasinhalt hin und wieder durchschütteln.

3 Den Zucker mit 700 ml Wasser aufkochen, bis er sich aufgelöst hat. Die Zuckerlösung abkühlen lassen.

4 Den aromatisierten Alkohol durch ein feines Sieb in eine Schüssel gießen, die Schalen wegwerfen. Die kalte Zuckerlösung unterrühren und den Likör in die vorbereiteten Flaschen füllen. Kühl und dunkel aufbewahren. Den Likör vor dem Servieren einige Stunden ins Gefrierfach stellen.

DER LIEBLINGSKLASSIKER

ELF-KRÄUTER-KLOSTERLIKÖR

herb-würzig – gekühlt nach dem Essen servieren

Für 1 Flasche (750 ml)
Zubereitungszeit ca. 45 Min.
Ruhezeit 2 Monate + 6 Monate
pro Flasche 925 kcal
Haltbarkeit 12 Monate

1 große Bio-Orange
275 ml reiner Alkohol (Weingeist 96 %)
11 verschiedene Wiesenkräuter, insgesamt ca. 150 g (z. B. Feldthymian (Quendel), Bachminze, wilder Majoran (Dost), Johanniskraut, Wiesensalbei, Beifuß, Schafgarbe, Rotklee, Gundermann, Wegwarte, Weidenröschen, Giersch, auch Blätter von Brombeeren, Birken oder ein Tannenzweig können dabei sein)
10 g Süßholzwurzel (Apotheke)
8 g Kalmuswurzel (Apotheke)
1 TL Fenchelsamen
1 TL Anissamen
1 TL Kümmel
525 ml kalkarmes Wasser
75 g Zucker
1 TL Zitronensaft
Außerdem:
3 gut verschließbare Flaschen (sterilisiert, s. S. 6)

1 Die Orange heiß waschen, trocken tupfen und die Schale mit einem Sparschäler hauchdünn (ohne weiße Haut) abschälen. Die Schalenstreifen in kochendem Wasser 30 Sek. überbrühen, in ein Sieb abgießen und abtropfen lassen. In eine große weithalsige Flasche füllen und den Alkohol darübergießen. Die Flasche verschließen, Inhalt warm und dunkel 5 Tage ziehen lassen.

2 Danach den Alkohol vorsichtig in einen Becher abgießen, die Schalen wegwerfen. Die Kräuter waschen, gut trocken schütteln oder trocken tupfen. Längere Stängel in Stücke schneiden, alle Kräuter zusammen mit den Gewürzen in die Flasche geben und den Orangenschalen-Alkohol zugießen. Die Flasche fest verschließen, schütteln und den Ansatz 25 Tage warm und dunkel ziehen lassen, währenddessen täglich einmal kräftig schütteln.

3 Am 25. Tag den Kräuter-Gewürz-Extrakt so durch eine Kaffeefiltertüte seihen, dass die Kräuter und Gewürze in der Flasche bleiben. Das kalkarme Wasser mit dem Zucker und dem Zitronensaft unter Rühren aufkochen, 5 Min. sanft kochen lassen, dann heiß über die Kräuter und Gewürze in der Flasche gießen, abkühlen lassen.

4 Den Sirup in der Flasche ebenfalls durch die Kaffeefiltertüte seihen. Extrakt und Sirup vermischen, in eine saubere Flasche füllen und an einem kühlen und dunklen Ort 1 Monat ziehen lassen.

5 Den Likör nochmals durch eine Kaffeefiltertüte seihen, in eine saubere Flasche füllen und kühl und dunkel aufbewahren. Am besten 6 Monate ruhen lassen, erst dann als Digestif gekühlt nach dem Essen servieren.

PROFI-TIPP
Ein Sommer-Likör, für dessen Ansatz Sie am besten einen ausgiebigen Spaziergang über eine ungedüngte **Wildwiese** machen. Es müssen nicht genau die aufgeführten Kräuter sein, es dürfen auch ein paar aus dem Garten dabei sein.

SCHLEHENLIKÖR

edler Tropfen

Für 2 Flaschen (je 500 ml)
Zubereitungszeit ca. 20 Min.
Ruhezeit 8 Wochen
pro Flasche 1575 kcal
Haltbarkeit 12 Monate

750 g reife Schlehen
250 g weißer Kandiszucker
1 Vanilleschote
750 ml Obstbrand
Außerdem:
1 großes Einmachglas (sterilisiert, s. S. 6)
1 Küchen- oder Mulltuch
2 gut verschließbare Flaschen (sterilisiert, s. S. 6)

1 Die Schlehen waschen und verlesen, dabei die Stielansätze entfernen. Die Schlehen auf einem Tuch auslegen und trocknen lassen. Dann zusammen mit dem Kandiszucker in das vorbereitete Einmachglas oder eine weithalsige Flasche mit Schraubverschluss füllen. Die Vanilleschote längs aufschneiden und dazugeben. Den Obstbrand darübergießen.

2 Flasche oder Glas fest verschließen und schütteln, bis sich alles gut vermischt hat. An einen warmen Ort (z. B. Fensterbrett) stellen und täglich einmal durchschütteln. Nach ca. 8 Wochen (dann hat sich der Kandiszucker aufgelöst) den Likör durch ein mit dem Mulltuch ausgelegtes feines Sieb gießen und in die vorbereiteten Flaschen umfüllen.

PROFI-TIPP

Die runden Früchte der Schlehe (auch Schwarzdorn genannt) reifen bereits ab Oktober, sollten aber erst **nach dem ersten Frost** gesammelt werden, denn durch den Frost wird ein Teil der herben **Bitterstoffe** abgebaut. Oder man erntet sie vorher reif und friert sie selbst kurz ein. Der wärmende Schlehenlikör eignet sich auch gut als Verdauungströpfchen.

CASSIS-GRAPPA

fruchtiger Digestif mit toller Farbe

Für 1 Flasche (500 ml) · Zubereitungszeit ca. 30 Min. · Ruhezeit 2 Tage + 1 Woche pro Flasche 1840 kcal · Haltbarkeit 12 Monate

300 g Schwarze Johannisbeeren
1 Vanilleschote · 1 TL Zucker
500 ml Grappa (mindestens 40 %)
150 g weißer Kandiszucker
Außerdem:
1 großes Einmachglas (sterilisiert, s. S. 6)
1 Küchen- oder Mulltuch
1 gut verschließbare Flasche (sterilisiert, s. S. 6)

1 Johannisbeeren waschen und trocken tupfen. Dann die Beeren von den Rispen zupfen, leicht andrücken und in das vorbereitete Einmachglas geben.

2 Die Vanilleschote längs aufschlitzen, das Mark herauskratzen und mit dem Zucker vermischen. Diesen und die Schote zu den Beeren geben, Grappa aufgießen. Verschließen und den Ansatz 1–2 Tage an einem dunklen und kühlen Ort ziehen lassen, dabei das Gefäß ab und zu umdrehen oder schwenken.

3 Den Ansatz durch ein mit dem Mulltuch ausgelegtes Sieb filtern und den Grappa auffangen. Grappa mit dem Kandis zurück in das Gefäß füllen, verschließen und den Grappa reifen lassen. Er ist fertig, wenn sich der Kandis vollständig aufgelöst hat (nach ca. 1 Woche). Schwenkt man das Gefäß in Abständen, geht es etwas schneller. Den Grappa in die vorbereitete Flasche umfüllen und dunkel und kühl aufbewahren.

TAUSCH-TIPP

Experimentieren mit **anderen Früchten** ist ausdrücklich erlaubt! Man nehme einen guten Grappa und versetze ihn mit aromatischen Früchten – heraus kommt ein wunderbar fruchtiger Digestif. Unbedingt beachten: Der verwendete Alkohol sollte mindestens 40 % haben und selbstverständlich von guter Qualität sein.

SCHOKOTRÜFFEL & KUCHEN IM GLAS

Kuchen im Glas – die Vorbereitungen

Kommt Ihnen das bekannt vor? Wenn Sie Zeit zum Backen hätten, ist weit und breit kein Besuch in Sicht, der hilft, das Naschwerk aufzuessen. Geht eh schon alles drunter und drüber, klingelt es auch noch an der Tür, und die Schwiegermutter schaut mal geschwind auf einen Kaffee vorbei. Wie praktisch wäre es da, wenn man einfach in den Keller gehen und ein Einmachglas aus dem Vorratsschrank holen könnte, aus dem dann ein saftiger Rührkuchen plumpst. So unglaublich es klingt, aber selbst Kuchen lassen sich in Gläser »einbacken« und luftdicht verschlossen mindestens sechs Monate an einem kühlen Ort aufbewahren. Damit der Teig möglichst problemlos ins Glas und später als Kuchen wieder herauskommt, sollten Sie sogenannte Sturzgläser verwenden. Sie haben eine weite Öffnung und gerade Seitenwände. Verschlossen werden sie entweder per Glasdeckel und Gummiring oder mithilfe eines Twist-off-Deckels. Wie immer beginnen Sie damit, Gläser, Deckel und Gummis zu sterilisieren (s. S. 6), die Gummis legen Sie anschließend in eine Schüssel mit heißem Wasser, bis die Kuchen aus dem Ofen kommen. Fetten Sie die Gläser innen dick mit weicher Butter oder Margarine ein und streuen Sie sie mit Semmelbröseln, gemahlenen Nüssen oder Kokosflocken aus. Aber Achtung: der obere Glasrand, Deckel und Gummiringe müssen fett-und bröselfrei bleiben! Heizen Sie den Backofen vor und geben Sie, ohne den Rand zu bekleckern den Teig in die Gläser, sodass sie etwa zu zwei Dritteln gefüllt sind – außer es ist im Rezept anders angegeben.

... und ab in den Ofen

Stellen Sie die Gläser unverschlossen auf den Rost des vorgeheizten Backofens. Die ganz großen 750-ml-Gläser auf unterster, die 500-und 250-ml-Gläser auf mittlerer Schiene. Gibt die Stäbchenprobe grünes Licht, sind die Kuchen fertig und dürfen aus dem Ofen direkt auf eine hitzebeständige Unterlage. Ofenhandschuhe nicht vergessen! Legen Sie je einen feuchten Gummiring auf die Innenseite jedes Glasdeckels. Setzen Sie die Deckel passgenau auf die heißen Gläser und fixieren Sie die Deckel mit je vier Klammern, bis die Kuchen kalt sind. Dann hat sich im Glas ein Vakuum gebildet, das den Deckel von ganz alleine hält – die Klammern können weg. Wer mit Twist-off-Gläsern arbeitet, der schraubt diese, sobald sie aus dem Ofen kommen, mit den passenden Deckeln zu. Die Gläser vollständig auskühlen lassen. Der fertig gebackene Kuchen ist in seinem Glas ca. 1 Monat haltbar. Am besten im kühlen, dunklen Keller oder der Vorratskammer aufbewahren.

DREHEN SIE DEN SPIESS UM
Sie planen einen Überraschungsbesuch? Dann nehmen Sie doch einfach einen Kuchen im Glas als Mitbringsel mit – Schleifchen drum, fertig!

Top in Form auf die Kaffeetafel

Hat Ihr Kuchenvorrat seinen Einsatz, öffnen Sie das Glas, fahren mit einem spitzen Messer einmal am Glasrand entlang und stürzen den Kuchen dann vorsichtig auf eine Servierplatte. Puristen vierteln das Gebäck der Länge nach oder schneiden es quer in Scheiben. Sie können den Kuchen aber auch noch mit Puderzuckerguss oder Kuvertüre überziehen. Saftiger wird's mit einem Klecks Sahne dazu, raffiniert, wenn Sie die Kuchenscheiben mit einer Creme und Früchten in eine Schüssel oder gar wieder in ein Glas schichten.

HEISSE BONBONMASSE am besten auf einer geölten Marmorplatte mithilfe eines Spatels oder einer Palette gut kneten.

VERBRENNUNGS-GEFAHR! Vorsicht mit heißem Zucker! Er frisst sich in Ceranfelder und hinterlässt auf der Haut üble Wunden.

Die Bonbon-Alchemie

Mit leuchtenden Augen bleiben Kinder vor dem Bonbonstand auf dem Jahrmarkt stehen, bestaunen den riesigen bunten Zuckerberg und träumen von ihrer eigenen Bonbonfabrik. Mit den richtigen Zutaten und Arbeitsgeräten muss das aber gar kein Traum bleiben. Und umso schöner, wenn die Kinderaugen dann in Ihrer Küche leuchten, sobald das erste selbst gemachte Bonbon direkt von der Arbeitsplatte in den kleinen Mund wandert. Sie werden im Ansehen Ihrer Kinder steigen, denn wer heftig blubbernde klare Flüssigkeit in bunte harte Süßigkeiten verwandeln kann, der muss so etwas Ähnliches wie ein Zauberer oder Alchemist sein. Dabei ist die blubbernde heiße Masse nichts anderes als Zuckersirup, der gekocht wird, bis er karamellisiert. Die Zuckertemperatur ist für den Bonbonkoch übrigens extrem wichtig. Denn sie entscheidet darüber, ob in der Süßigkeitenmanufaktur zu Hause am Ende weiche Toffees oder harte Fruchtbonbons entstehen. Darum sollte man genau auf das Zuckerthermometer achten damit man den richtigen Zeitpunkt erwischt, um den Zucker vom Herd zu nehmen. Das Zuckerthermometer misst entweder digital oder analog Temperaturen von ca. -40° bis ca. 200°. Kocht der Zuckersirup, bis das hineingehaltene Thermometer 125° anzeigt, entsteht beim Abkühlen eine feste, aber dennoch geschmeidige Masse, auch »Ballen« genannt, aus der Kaubonbons (z. B. Karamellen oder Toffees) hergestellt werden. Bei Temperaturen von 135–138° ist der Kochgrad »schwacher Bruch« erreicht – genau richtig für glasierte Früchte oder gesponnenen Zucker. Blubbert diese Masse weiter, bis das Thermometer 145° überschreitet, spricht der Bonbonkoch vom »starken Bruch«. Vielleicht deshalb, weil der erkaltete Sirup dann so hart wird, dass er nicht mehr an den Zähnen klebt. Würde man eine dünne Platte davon biegen, würde sie zerbrechen. Das ist der Stoff, aus dem Krokant und Fruchtbonbons sind.

Zauberer brauchen wundersame Zutaten

Wie wird nun aber aus Ballen oder Bruch ein köstliches Bonbon? Dazu braucht es noch ein paar wunderbare Ingredienzien, die zu Gelingen und Geschmack beitragen.

Ascorbinsäure, besser bekannt unter dem Namen Vitamin C, verkauft der Apotheker als weißes Pulver. Ihre erfrischende Säure gibt langweiligen Fruchtbonbons erst den richtigen Geschmackskick.

Glukosesirup ist eine zähe Masse, die aus Trauben- und Fruchtzucker besteht. Ohne ihn kommt fast kein Bonbonrezept aus, denn aufgrund seiner physikalischen Eigenschaften liefert er die Gelinggarantie in der Bonbonküche. Gibt's bei Konditoren oder in Online-Shops für Back-oder Pralinenzubehör.

Die Fähigkeit des **Pektins**, Gelee zu bilden, nutzen Naschkatzen, um z. B. aus Beeren, Zucker und ein bisschen Zitronensäure sogenannte Geleefrüchte herzustellen. Pektin hat jeder Bioladen im Regal stehen.

Talkumpulver ist zerriebener Speckstein. Und weil der weiße Puder Wasser überhaupt nicht gerne an sich heranlässt, ist er ein beliebtes Trennmittel in der Lebensmittelindustrie. Bonbons, die darin gewälzt wurden, kleben in der Tüte nicht aneinander fest.

Natürliche **ätherische Öle und Gewürze** bestimmen, ob Bonbons nach Zitrone, Orange, Pfefferminze, Zimt, Vanille oder auch Lakritze schmecken. Die Aromaspender aber erst zur Zuckermasse geben, wenn diese auf einer Marmorplatte bereits etwas abkühlen durfte.

Mit **Lebensmittelfarbe** werden viele Süßigkeiten erst so richtig attraktiv. Genau dosierbar und wunderbar farbstark ist flüssige Lebensmittelfarbe aus der Apotheke.

Das Pralinen-Einmaleins

Pralinen sind Kostbarkeiten, die winzig klein ein ganz großes Geschmackserlebnis sein können. Wenn sie gut gemacht sind. Dazu braucht es zunächst qualitativ hochwertige Zutaten. Und da stellt sich schon die erste Frage: Schokolade oder Kuvertüre? Wegen ihres matten Glanzes sammelt Kuvertüre eindeutig Pluspunkte, vor allem, wenn es darum geht, Pralinen zu umhüllen. Profis geben generell der fettreicheren Kuvertüre den Vorzug, selbst wenn sie eine Ganache für zartschmelzende Trüffel herstellen. In eine Trüffelmasse darf aber auch gerne Schokolade. Hochwertige Sorten glänzen seidig-matt, ihre Oberfläche ist frei von Luftblasen und gleichmäßig strukturiert. Ein Blick auf die Zutatenliste von Kuvertüre oder Schokolade ist oft erhellend: Taucht dort der Begriff »Lecithin« auf, kann man davon ausgehen, dass die Schokolade kostengünstig hergestellt wurde. Lecithin ist ein Bindemittel, das die Kakaobutter in der Schokolade festhält. Aufwendig verarbeitete hochwertige Schokoladen kommen oft ohne diesen Zusatzstoff aus. Und zu guter Letzt kann man sagen: Eine Schokolade, die für 30 Cent im Supermarktregal steht, wurde wohl eher nicht mit Hingabe tagelang conchiert, bis ihr Schmelz perfekt ist.

Kuvertüre temperieren

Es wäre schade, wenn der wunderbare Glanz guter Kuvertüre erlischt, weil sie nicht richtig verarbeitet wurde. Das richtige Schmelzen der Kuvertüre ist nicht schwer. Alles, was es dazu braucht, sind Geduld und ein Lebensmittelthermometer. Und wer den Dreh einmal heraushat, der darf sich auf Pralinen aus der eigenen Manufaktur freuen, die das Auge mit ihrem matten Glanz erfreuen und den Gaumen mit genau dem richtigen Verhältnis aus knackigem Biss und zartem Schmelz kitzeln. So geht's: Die Kuvertüre mit einem schweren Messer fein hacken. Die Hälfte davon in eine Metall- oder Glasschüssel geben und über einem heißen Wasserbad (Achtung: das Wasser darf nicht kochen!) schmelzen, dann vom Wasserbad nehmen. Nach und nach die restliche Kuvertüre unterrühren, bis die Kuvertüre anfängt, fest zu werden. Die Schüssel erneut für 3 Sekunden über das Wasserbad stellen, herunternehmen, die Kuvertüre ca. 1 Minute rühren und die Temperatur prüfen. Diesen Vorgang so lange wiederholen, bis das Thermometer für weiße Kuvertüre 29° bis 30°, für Vollmilchkuvertüre 30° bis 31° und für dunkle Kuvertüre 31° bis 32° anzeigt. Jetzt können Sie die Kuvertüre wie im Rezept angegeben weiterverarbeiten. Übrigens: Schokoladen-Hohlkugeln, Pralinengabeln, Abtropfgitter und Spritzbeutel sind nützliche kleine Helferlein für formvollendet schöne Pralinen. Sie finden Sie in gut sortierten Haushaltswarenläden oder in Internetshops für Pralinenzubehör.

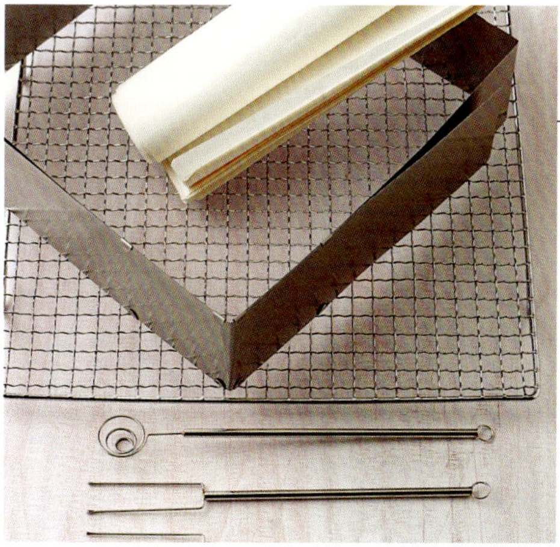

PRALINEN-GABELN Mit Zinkengabeln wälzen Sie Pralinen sanft in Puderzucker oder Kakao, mit der Spiralgabel tauchen Sie sie in die flüssige Kuvertüre.

UND WOHIN MIT DEN KLEINEN FEINEN?

Kühl – ja, aber auf keinen Fall im Kühlschrank. Hier lauern hohe Luftfeuchtigkeit, die auf der Oberfläche kondensiert und hässliche Flecken hinterlässt, sowie Gerüche von Wurst, Käse & Co., die sich in den Pralinen breit machen. Schade um die Mühe. Ideal sind dicht schließende Behälter, die bei Temperaturen zwischen 14° und 18° gelagert werden, zum Beispiel im kühlen Schlafzimmer, im Keller oder in einer Speisekammer.

WHISKYTRÜFFEL

für Geübte – brauchen etwas Muße

Für 60 Stück · Zubereitungszeit ca. 1 Std.
Kühlzeit ca. 2 Std. · pro Stück 75 kcal

Für die Creme:
200 g beste Vollmilchschokolade
200 g beste Zartbitterschokolade
200 g Sahne
80 g weiche Butter
50 g Puderzucker · 60 ml Whisky
Für den Überzug:
300 g beste Zartbitterschokolade
Außerdem:
Backpapier · Spritzbeutel
Pralinengitter · Spiral- und Zinkengabel

1 Ein in den Kühlschrank passendes Tablett mit Backpapier auslegen. Die beiden Schokoladensorten mit einem schweren Messer hacken. Die Sahne erwärmen und darin die Schokolade schmelzen.

2 Die Butter mit dem Puderzucker und dem Whisky cremig rühren. Nach und nach die geschmolzene Schokolade unterrühren und alles 30–60 Min. kalt stellen, bis die Masse zähflüssig ist.

3 Die Whiskytrüffelmasse in einen Spritzbeutel mit mittelgroßer Lochtülle füllen und 60 Tupfen auf das Backpapier setzen. Für 1–2 Std. kalt stellen.

4 Die Zartbitterschokolade für den Überzug hacken und auf einem 45° heißen Wasserbad schmelzen. Die Trüffelportionen mit den Händen rasch zu Kugeln rollen, dann nochmals kurz kalt stellen.

5 Die Trüffelkugeln kurz in die geschmolzene Schokolade tauchen, mit der Pralinenspirale herausnehmen und auf dem Pralinengitter leicht antrocknen lassen. Dann mehrmals hin und her rollen, sodass das typische Trüffelmuster entsteht. Die Trüffeln zum Abkühlen auf Backpapier setzen, anschließend kühl in einer Dose oder Schachtel aufbewahren.

PROFI-TIPP

Für Pralinen wie aus der Confiserie kann man sich im Fachhandel aus Schokolade gegossene **Pralinenhohlkörper** besorgen. Die Hohlkörper gibt es in dunkler, Vollmilch- und weißer Schokolade in den unterschiedlichsten Formen, beispielsweise auch als Ostereier. Die aromatisierte Schokoladencreme wird mit einem **Spritzbeutel** in die Öffnung der Hohlkörper gefüllt. Mit einem guten Tropfen leicht temperierter, gerade eben geschmolzener Schokolade werden die Pralinen dann geschlossen. Zum Schluss kann man sie noch mit dünn aufgespritzten Linien aus andersfarbiger Schokolade überziehen, mit Blattgold oder Nüssen verzieren. Damit die Pralinen keine Fingerabdrücke bekommen, die empfindlichen Köstlichkeiten vorsichtig mit einer Pralinengabel oder einer Gebäckzange aufnehmen und beim direkten Kontakt mit Einmalhandschuhen arbeiten.

TAUSCH-TIPPS

Für **Espressotrüffel** 50 ml sehr starken, abgekühlten Espresso oder Espressolikör statt dem Whisky unter die Trüffelmasse mischen.
Oder die Trüffelmasse mit Cointreau, Marc de Champagne oder **Rum** aromatisieren. Anstelle von Zartbitter- und Vollmilchschokolade kann auch nur eine der beiden Sorten verwendet werden.
Oder aber die Trüffelmasse mit Zartbitterschokolade zubereiten und die geformten Trüffeln mit 250 g **weißer Schokolade,** die mit 40 g Kokosfett geschmolzen wurde, überziehen.

FEURIGE CHILI-TRÜFFEL

exotisch – gelingen leicht

Für 50 Stück
Zubereitungszeit ca. 1 Std.
pro Stück 50 kcal

1 kleine frische rote Chilischote
75 g Sahne
30 g brauner Rohrzucker
150 g Zartbitter-Kuvertüre
(60 % Kakaoanteil)
100 g Vollmilch-Kuvertüre
100 g sehr weiche Butter
Außerdem:
Spritzbeutel · Backpapier
50 g Kakaopulver zum Bestäuben

1 Die Chilischote waschen, längs halbieren, putzen und entkernen. Ein kleines Stück Schote (ca. 2 cm) winzig klein würfeln. Die Sahne mit Chiliwürfeln, den übrigen größeren Chilistücken und 15 g Rohrzucker erhitzen.

2 Beide Kuvertüren in kleine Stücke hacken, in einer Schüssel über dem heißen Wasserbad weich werden lassen. Wenn die Sahne zu kochen beginnt, den Topf vom Herd nehmen, die großen Chilistücke herausnehmen. Die heiße Sahne zur Kuvertüre gießen und gründlich unterrühren. Die Mischung abkühlen lassen, bis sie gerade noch cremig ist, dabei ab und zu umrühren.

3 Die Butter und den restlichen Zucker mit einem Schneebesen weiß-schaumig rühren. Nach und nach die Kuvertüren-Sahne untermischen. Diese Trüffelmasse in einen Spritzbeutel mit glatter Tülle füllen und in den Kühlschrank stellen, bis sie gerade noch spritzfähig ist.

4 Backpapier mit ca. 1/3 des Kakaopulvers bestäuben. Aus der Schokomasse walnussgroße Tupfen auf das Kakaopulver spritzen. Die Chili-Trüffel sofort mit dem restlichen Kakaopulver dick überpudern. An einem kühlen Platz erstarren lassen.

FRUCHTTRÜFFEL

fruchtige Verführung

**Für 30 Stück · Zubereitungszeit ca. 1 Std.
Kühlzeit 1 Std. · pro Stück 80 kcal**

Für die Füllung:
300 g weiße Schokolade · 20 g Sahne
80 g Blaubeerpüree (s. Tipp)
1 Spritzer Zitronensaft
Für die Hülle:
50 g Puderzucker zum Wälzen
150 g temperierte weiße Schokolade (s. S. 75)
Außerdem:
Backpapier · Spritzbeutel

1 Die Schokolade fein hacken und in eine Schüssel geben. Sahne, Fruchtpüree und Zitronensaft in einem Topf bei mittlerer Hitze 1 Min. aufkochen, dann den Topf von der Herdplatte ziehen. Die Fruchtsahne über die Schokolade gießen und so lange rühren, bis sich die Schokolade aufgelöst hat. Diese Masse 1 Std. bei Zimmertemperatur auskühlen lassen.

2 Ein Blech mit Backpapier belegen. Die Masse mit dem Pürierstab aufschlagen, in einen Spritzbeutel füllen und ca. 30 trüffelförmige Tupfen auf das Papier setzen. Diese Tupfen ca. 1 Std. im Kühlschrank aushärten lassen.

3 Puderzucker in eine Schüssel geben und die temperierte Kuvertüre bereitstellen (s. S. 75). Die Handflächen mit etwas temperierter Schokolade bedecken. Einen Trüffel in den Händen rollen, bis er davon umhüllt ist. Trüffel in den Puderzucker legen und darin wälzen, bis er ganz bedeckt ist. Für den nächsten Trüffel wieder Schokolade in die Handflächen geben, Trüffel damit umhüllen, dann im Puderzucker wälzen. Alle Trüffel so zubereiten. Nach je 2 Min. die Trüffel aus dem Zucker heben.

PROFI-TIPP
Für das **Blaubeerpüree** 200 g Blaubeeren verlesen, waschen und mit dem Pürierstab pürieren, dabei eventuell etwas Zitronensaft zugeben. Mit einem Löffel durch ein feines Sieb streichen.

COINTREAU-TRÜFFEL

ganz in Weiß

Für 30 Stück
Zubereitungszeit ca. 1 Std.
Kühlzeit 20 Min.
pro Stück 65 kcal

150 g weiße Schokolade
1 Bio-Orange
80 g Sahne
20 ml Glukosesirup (s. S. 74)
30 ml Cointreau
30 weiße Hohlkugeln (s. Profi-Tipp S. 76)
150 g temperierte weiße Schokolade (s. S. 75)
Außerdem:
Orangeat für die Deko
Spritzbeutel

1 Die Schokolade hacken und in eine Schüssel geben. Die Orange heiß abwaschen und abtrocknen, die Schale dünn abschälen und sehr klein schneiden.

2 Die Sahne zusammen mit Glukosesirup und Orangenschale in einem Topf 1 Min. aufkochen. Die Orangensahne über die Schokolade gießen und rühren, bis sich die Schokolade aufgelöst hat. Den Cointreau unterrühren. Die Ganache ca. 20 Min. abkühlen lassen.

3 Orangeat fein schneiden. Ganache mit dem Spritzbeutel in die Hohlkugeln füllen. Diese mit temperierter Schokolade verschließen und dann darin tauchen (s. S. 75). Jeden Trüffel mit etwas Orangeat verzieren.

HONIG-MARZIPAN-PRALINEN

für Süßschnäbel

Für 30 Stück
Zubereitungszeit ca. 1 Std.
pro Stück 95 kcal

Für die Füllung:
200 g Marzipanrohmasse
160 g dunkler, würziger Honig
Für die Hülle:
30 Vollmilchhohlkugeln (s. Profi-Tipp S. 76)
150 g temperierte Vollmilchkuvertüre (s. S. 75)
Außerdem:
Spritzbeutel
Pralinengabel
Backpapier

1 Die Marzipanrohmasse klein würfeln und in eine Schüssel geben. Den Honig in eine Tasse geben und in der Mikrowelle kurz erhitzen. Honig über das Marzipan gießen und rühren, bis der Honig so weit abgekühlt ist, dass man mit den Händen arbeiten kann. Honig mit den Händen unterkneten.

2 Diese Honig-Marzipan-Masse mit dem Spritzbeutel in die Hohlkugeln füllen. Temperierte Kuvertüre bereitstellen (s. S. 75). Sobald die Marzipanfüllung fest geworden ist, die Kugeln mit der temperierten Kuvertüre verschließen. Kugeln in die Kuvertüre tauchen und mit der Pralinengabel auf Backpapier ablegen.

GEFÜLLTE DATTELN

nicht nur für Marzipan-Fans

Für 30 Stück
Zubereitungszeit ca. 1 Std.
pro Stück 95 kcal

30 getrocknete Datteln
80 g Orangeat
180 g Marzipanrohmasse
20 ml Cointreau
200 g Zartbitterkuvertüre
(60 % Kakaoanteil)
Außerdem:
Backpapier
Spritzbeutel
Papiermanschetten

1 Die Datteln vorsichtig entsteinen, das Orangeat fein hacken. Die Marzipanrohmasse mit dem Orangeat und dem Cointreau gründlich verkneten. Das Marzipan in 30 Portionen teilen und zu Kugeln formen. Diese statt des Steins vorsichtig in die Datteln drücken.

2 Die Zartbitterkuvertüre hacken, schmelzen und temperieren (s. S. 75). Die gefüllten Datteln je zur Hälfte in die Kuvertüre tauchen und auf Backpapier legen.

3 Die restliche Kuvertüre in einen Papierspritzbeutel geben und feine Kuvertürefäden über die Datteln ziehen. Die Kuvertüre fest werden lassen. Die Datteln in Papiermanschetten setzen und kühl aufbewahren.

GEFÜLLTE ZWETSCHGEN

Fruchtkonfekt mit knackigem Kern

Für 30 Stück
Zubereitungszeit ca. 1 Std.
pro Stück 135 kcal

100 g Zucker
30 gehäutete ganze Mandeln
1 Msp. Zimtpulver
einige Tropfen Walnussöl
30 ungeschwefelte Dörrzwetschgen
200 g Zartbitterkuvertüre
(60 % Kakaoanteil)
Außerdem:
Backpapier
Kakaopulver zum Wälzen

1 Den Zucker mit 100 ml Wasser aufkochen. Die gehäuteten Mandeln und das Zimtpulver dazugeben und kochen, bis der Zucker krümelig wird und karamellisiert. Einige Tropfen Walnussöl unterrühren, dann die Mandeln auf ein mit Backpapier ausgelegtes Blech schütten und voneinander trennen.

2 Die Dörrzwetschgen vorsichtig entsteinen, sodass sie nicht auseinanderfallen. In jede Zwetschge statt des Steins 1 karamellisierte Mandel stecken.

3 Die Zartbitterkuvertüre hacken, schmelzen und temperieren (s. S. 75). Die Zwetschgen mit Kuvertüre überziehen, in Kakaopulver wälzen und fest werden lassen.

MARZIPAN SELBST GEMACHT

Grundrezept – für feine Kostbarkeiten

Für 500 g Marzipan
Zubereitungszeit ca. 50 Min.
pro 100 g 475 kcal

300 g Mandeln (s. Profi-Tipp)
150 g Puderzucker · 50 g Glukosesirup (s. S. 74)
20 ml Wasser oder Rosenblütenwasser
Außerdem:
Nussmühle

1 Die Mandeln in einen Topf geben und mit Wasser bedecken. Das Wasser aufkochen, die Mandeln vom Herd nehmen und 1 Min. stehen lassen. Dann in ein Sieb abgießen, abtropfen lassen und die Mandeln mit den Fingern aus den Häuten schnipsen.

2 Die Mandeln durch die Nussmühle drehen, gröbere Stücke aussortieren oder im Blitzhacker sehr fein zerkleinern. Puderzucker, Glukosesirup und Wasser oder Rosenblütenwasser zur Mandelmasse geben und alles mit der Hand oder in der Küchenmaschine so lange kneten, bis die Masse homogen, aber nicht ölig ist.

3 Die Marzipanmasse mit den Händen zu einer Rolle oder einem Block formen. Das Marzipan hält sich in Folie eingewickelt im Kühlschrank gut 2 Wochen.

PROFI-TIPP
Für ein wirklich **aromatisches Marzipan** sollten Sie nicht kalifornische Mandeln, sondern Mandeln aus dem Mittelmeerraum verwenden, die noch einen geringen natürlichen Anteil an Bittermandeln enthalten.

TUNING-TIPP
Für **Marzipankartoffeln** das Marzipan in walnussgroße Stücke teilen und zu »Kartoffeln« formen. 150 g Kakaopulver auf einen tiefen Teller sieben, die Kartoffeln darin wälzen. Überschüssiges Kakaopulver vorsichtig mit dem Pinsel entfernen.

MARZIPANCREME-PRALINEN

cremiger geht's nicht

Für 30 Stück
Zubereitungszeit ca. 55 Min.
pro Stück 90 kcal

Für die Füllung:
150 g Marzipanrohmasse
50 g weiße Schokolade
100 g Sahne
50 ml Amaretto
Für die Hülle:
30 Zartbitterhohlkugeln (s. Profi-Tipp S. 76)
150 g temperierte Zartbitterkuvertüre (s. S. 75)
Außerdem:
Spritzbeutel
Pralinengabel
Butterbrotpapier

1 Die Marzipanrohmasse klein würfeln. Die weiße Schokolade fein hacken. Die Sahne in einem kleinen Topf 1 Min. aufkochen, den Topf zur Seite ziehen und den Amaretto zur Sahne geben. Die Marzipanwürfel dazugeben und so lange rühren, bis sie sich aufgelöst haben.

2 Die gehackte Schokolade mit in den Topf geben und umrühren, bis sie sich aufgelöst hat. Die Mischung in einen Spritzbeutel geben und in die Hohlkugeln füllen, dabei einen 2 mm hohen Rand lassen.

3 Für den Überzug die temperierte Kuvertüre bereitstellen (s. S. 75). Sobald die Füllung fest ist, etwas Kuvertüre in einen Spritzbeutel aus Butterbrotpapier geben und die Kugeln mit je 1 Tupfer verschließen. Die Kugeln in die Kuvertüre tauchen und mit der Pralinengabel auf Butterbrotpapier ablegen.

DEKO-TIPP
Gehackte Mandeln in einer Pfanne bei mittlerer Hitze in ca. 3 Min. unter Rühren goldbraun rösten, auf einen Teller geben, 15 Min. abkühlen lassen. Auf die noch feuchte Kuvertüre streuen.

ERDNUSSKARAMELLEN

Kinder lieben sie

Für 18 Stück
Zubereitungszeit ca. 30 Min. · Kühlzeit 2 Std.
pro Stück 160 kcal

160 g weiße Kuvertüre
100 g ungesalzene Erdnusskerne
200 g Zucker · 1 Spritzer Zitronensaft
75 g Sahne · 50 g weiche Butter
Außerdem:
Backpapier · Rahmen von 12 × 18 cm (s. Tipp)
Zellophanpapier zum Einwickeln

1 Ein Blech mit Backpapier belegen und den Rahmen daraufsetzen. Die Kuvertüre und die Erdnüsse getrennt hacken. Den Zucker, 80 ml Wasser und einen Spritzer Zitronensaft in einem großen Topf aufkochen. So lange kochen, bis ein heller Karamell entstanden ist. Gleichzeitig die Sahne aufkochen.

2 Den Karamell mit einem Drittel der kochend heißen Sahne ablöschen. Vorsicht, der Karamell kann dabei stark hochschäumen! Dann die Sahne in zwei weiteren Portionen dazugeben und unterrühren.

3 Die Karamellsahne vom Herd nehmen, die gehackte Kuvertüre hineingeben und unter Rühren schmelzen lassen. Die Butter zugeben und rühren, bis sich alle Zutaten gut verbunden haben.

4 Die Erdnüsse untermengen und die Mischung in den Rahmen füllen. Den Erdnusskaramell in ca. 2 Std. fest werden lassen, dann in 2 × 6 cm große Stücke schneiden. Diese einzeln in Zellophan wickeln und die Enden zudrehen. Luftdicht aufbewahren.

PROFI-TIPP
Als Rahmen eignen sich am besten vier **Vierkantleisten** aus Aluminium oder Edelstahl, die man sich im Baumarkt zuschneiden lassen kann. Auf dem Blech so aneinanderlegen, dass sie die jeweils gewünschte Größe ergeben.

SCHOKOKARAMELLEN

mit Nostalgiefaktor

Für 12 Stück
Zubereitungszeit ca. 30 Min. · Kühlzeit 2 Std.
pro Stück 185 kcal

150 g Zartbitterkuvertüre
200 g Zucker
1 Spritzer Zitronensaft
80 g Sahne
ausgekratztes Mark von 1/2 Vanilleschote
50 g weiche Butter
Außerdem:
Backpapier · Rahmen von 12 × 15 cm (s. Tipp)
Zellophanpapier zum Einwickeln

1 Ein Blech mit Backpapier belegen und den Rahmen daraufsetzen. Die Kuvertüre mit einem schweren Messer hacken. Zucker, 80 ml Wasser und Zitronensaft in einem großen Topf aufkochen. So lange kochen, bis ein hellbrauner Karamell entstanden ist. Gleichzeitig die Sahne mit dem Vanillemark aufkochen.

2 Den Karamell mit einem Drittel der kochenden Sahne ablöschen. Vorsicht, der Karamell kann dabei stark hochschäumen! Dann die Sahne in zwei weiteren Portionen dazugeben und unterrühren.

3 Die Karamellsahne vom Herd nehmen, dann die Kuvertüre hineingeben und unter Rühren schmelzen. Die Butter zugeben und so lange rühren, bis sich alle Zutaten gut verbunden haben.

4 Die Mischung in den Rahmen füllen und an einem kühlen Ort in ca. 2 Std. kalt und fest werden lassen. In 2 × 6 cm große Stücke schneiden, die Schokokaramellen einzeln in Zellophan wickeln und die Enden zudrehen. Luftdicht aufbewahren.

HELL Erdnusskaramellen
DUNKEL Schokokaramellen

SCHOKOLADEN-KAFFEE-FUDGES

softer als Toffees – für Naschkatzen

Für 30 Stück
Zubereitungszeit ca. 30 Min.
Kühlzeit ca. 2 Std.
pro Stück 65 kcal

100 g Zartbitterschokolade oder -kuvertüre
75 g Butter
125 g Zucker
75 g Honig
2 EL Instant-Espressopulver
1 Prise Zimtpulver
50 g Doppelrahmfrischkäse
Außerdem:
Backpapier · Rahmen von 16 × 16 cm (s. S. 84)

1 Die Schokolade oder Kuvertüre fein reiben. Die Butter in kleine Würfel schneiden und zusammen mit dem Zucker und dem Honig in einem Topf erhitzen. Offen bei schwacher Hitze ca. 10 Min. sanft kochen lassen.

2 Ein Blech mit Backpapier belegen und den Rahmen daraufsetzen. Die Schokolade mit Espressopulver, Zimt und Frischkäse unter die Buttermischung rühren und darin schmelzen lassen. Die Schokomischung gut 1 cm hoch in den Rahmen füllen und abkühlen lassen. Dann 1–2 Std. in den Kühlschrank stellen.

3 Die kalte Fudgemasse auf ein Brett stürzen und das Papier abziehen. Den Fudge in knapp 2 cm große Würfel schneiden. Kühl aufbewahren.

PROFI-TIPP
Um zu probieren, ob die Toffeemasse die **richtige Konsistenz** hat, 1/2 TL davon aus dem Topf nehmen und kurz abkühlen lassen. Wenn die Masse klebrig wird und beim Abbeißen an den Zähnen haften bleibt, passt alles.

HIMBEERGELEEWÜRFEL

hübsch Rot und schön fruchtig

Für 28 Stück
Zubereitungszeit ca. 1 Std. 15 Min.
Kühlzeit 1 Std.
pro Stück 55 kcal

500 g aufgetaute TK-Himbeeren
330 g Zucker
9 g Apfelpektin (s. S. 74)
50 ml Glukosesirup (s. S. 74)
1/2 TL Zitronensaft
Kristallzucker zum Wälzen
Außerdem:
Backpapier · Rahmen von 21 × 12 cm (s. S. 84)
Zuckerthermometer (s. Tipp)

1 Ein Blech mit Backpapier belegen und den Rahmen daraufsetzen. Die aufgetauten Himbeeren durch ein feines Sieb passieren, 300 g Himbeermark abwiegen und in einen Topf geben.

2 30 g Zucker mit dem Pektin mischen und unter das Himbeermark rühren. Alles unter Rühren aufkochen. Den Glukosesirup dazugeben und den restlichen Zucker nach und nach zum Himbeermark geben. Alles unterrühren und auf 107° erhitzen. Den Zitronensaft unterrühren und die Himbeermasse sofort in den Rahmen füllen. In mindestens 1 Std. fest werden lassen.

3 Das feste Gelee in ca. 3 cm große Würfel schneiden. Den Kristallzucker in einen tiefen Teller geben und die Geleewürfel darin rundherum wälzen. Luftdicht verschlossen aufbewahren.

PROFI-TIPP
Für die Zubereitung von Bonbonspezialitäten ist ein **Zuckerthermometer** unerlässlich. Es misst Temperaturen bis 200° und wird deshalb zur Überwachung der Temperatur (und damit der Konsistenz) von geschmolzenem Zucker eingesetzt.

DER LIEBLINGSKLASSIKER

ZITRONEN-BONBONS

wie aus dem Tante-Emma-Laden

Für 350 g Bonbons
Zubereitungszeit ca. 50 Min.
pro 100 g 525 kcal

300 g Zucker
150 g Traubenzucker
2 TL Ascorbinsäure (s. S. 74)
15 Tropfen naturreines Zitronenöl
3 Tropfen gelbe Lebensmittelfarbe
1 gute Msp. Talkumpulver (s. Profi-Tipp)
Außerdem:
große Marmorplatte (ca. 50 × 35 cm)
geschmacksneutrales Öl
Zuckerthermometer
Spachtel

1 Alle Zutaten abwiegen und bereithalten. Eine große Marmorplatte dünn mit Öl einstreichen.

2 Den Zucker mit Traubenzucker und 100 ml Wasser in eine Stielkasserolle geben und aufkochen. Mit höchster Konzentration arbeiten, denn die Zuckermasse wird sehr heiß und Spritzer davon auf der Haut können schwere Verbrennungen verursachen. Kinder auf Abstand halten! Das Gemisch bei starker Temperatur kochen lassen, bis es 155° erreicht hat, das dauert knapp 10 Min. Die Zuckertemperatur dabei immer wieder mit einem Zuckerthermometer messen.

3 Ab jetzt arbeitet man am besten zu zweit: Die heiße Zuckermasse auf die Marmorplatte gießen. Dabei aufpassen, dass am Rand nichts herunterfließt. Gleichzeitig zügig mit einem Spachtel die Zuckermasse von der Marmorplatte lösen und durchkneten. Ascorbinsäure, Zitronenöl und Lebensmittelfarbe gleichmäßig auf der Zuckermasse verteilen und schnell unterkneten.

4 Die Bonbonmasse so weit abkühlen lassen, dass man sie anfassen kann, dann zu dünnen Strängen ziehen und mit der Haushaltsschere kissenförmige Bonbons abschneiden. Abgekühlte Bonbons mit dem Talkumpulver in einen Gefrierbeutel geben, verschließen und gut durchschütteln, damit die Bonbons nicht aneinander kleben. Die fertigen Bonbons in einer luftdicht schließenden Dose aufbewahren.

TAUSCH-TIPP

Statt mit Zitronenöl und gelber Lebensmittelfarbe kann man nach diesem Rezept auch mit **Orangen-** oder **Mandarinenöl** und orangefarbener Lebensmittelfarbe fruchtig-frische Orangen- oder Mandarinenbonbons zubereiten.

PROFI-TIPP

Damit die Bonbons nicht aneinanderkleben, wendet man sie in **Talkumpulver**. Talkum, eine andere Bezeichnung für Speckstein, ist wasserabweisend und fühlt sich leicht fettig oder seifig an. Das daraus gewonnene Pulver, auch Talkumpuder genannt, kommt in der Lebensmittelindustrie als Trennmittel zum Einsatz, hier findet man es unter der Bezeichnung E 553b auf der Zutatenliste. Mit einer hauchdünnen Talkum-Beschichtung kleben Bonbons nicht zusammen und Tabletten lassen sich besser schlucken. Die Bonbons trotz dieser Behandlung luftdicht verschlossen aufbewahren, denn über kurz oder lang zieht der in ihnen enthaltene Zucker Feuchtigkeit aus der Luft an und macht dadurch die Bonbons klebrig.

KANDIERTE KIRSCHEN

zum Naschen oder Dekorieren – brauchen etwas Zeit

Für 500 g Kirschen
Zubereitungszeit ca. 1 Std.
Ruhezeit 5 Tage
pro 100 g 245 kcal
Haltbarkeit 3 Monate

500 g Sauerkirschen
900 g Zucker
100 g Glukosesirup (s. S. 74)
Außerdem:
Zuckerthermometer
1 luftdicht schließende Dose

1 Die Sauerkirschen waschen, entstielen und mit einer Nadel rundherum mehrmals einstechen. Die Kirschen in ein Spitzsieb aus Metall geben und dieses in eine passende hohe Edelstahlschüssel hängen.

2 In einer großen Stielkasserolle 1 l Wasser mit dem Zucker und dem Glukosesirup aufkochen. Die Zuckermischung offen bei mittlerer Hitze einkochen lassen, bis sie eine Temperatur von 105° erreicht hat (mit dem Zuckerthermometer messen!).

3 Die Zuckerlösung über die Kirschen gießen, sie müssen vollständig davon bedeckt sein, und die Kirschen darin 24 Std. ziehen lassen.

4 Anschließend das Sieb aus der Zuckerlösung nehmen, beiseitestellen. Die Zuckerlösung erneut aufkochen und auf 105° erhitzen. Das Sieb mit den Kirschen wieder in die Edelstahlschüssel stellen, Zuckerlösung darübergießen und wieder 24 Std. ziehen lassen.

5 Diesen Vorgang noch drei Mal wiederholen. Für den letzten Durchgang die Zuckerlösung auf 108° erhitzen. Zum Schluss die kandierten Früchte sorgfältig abtropfen und nebeneinander auf einem Kuchengitter trocknen lassen. Zum Aufbewahren in eine luftdicht schließende Dose legen, einzelne Lagen durch Butterbrotpapier voneinander trennen.

KANDIERTE ROSENBLÄTTER

sehr aparte Deko für Torten & Co.

Für 50 Rosenblätter
Zubereitungszeit ca. 40 Min. · Trockenzeit 12 Std.
pro Stück 10 kcal
Haltbarkeit 6 Monate

50 makellose, große Blütenblätter von stark duftenden, ungespritzten Rosen
3 Eiweiß (Größe M) · 150 g feiner Zucker
Außerdem:
Backpapier · Pinsel
1 luftdicht verschließbares Glas oder Dose

1 Die Blütenblätter vorsichtig mit Küchenkrepp säubern und die hellen Stielansätze mit der Küchenschere abschneiden, denn sie sind bitter. Die Rosenblätter auf mit Backpapier belegten Blechen auslegen.

2 Die Eiweiße aufschlagen, bis sie fest, aber nicht steif sind. Den Zucker in einen tiefen Teller geben.

3 Die Rosenblätter mit einem feinen, fettfreien Pinsel von beiden Seiten mit dem Eiweiß bestreichen. In den Zucker legen und weiteren darüberstreuen, sodass die Blätter beidseitig mit Zucker bedeckt sind. Fällt das Eiweiß während des Arbeitens zusammen, einfach nochmals aufschlagen.

4 Die Rosenblätter auf das Backpapier legen und über Nacht an einem trockenen, warmen Ort trocknen lassen, bis der Zucker fest ist. Zum Aufbewahren in das Glas oder die Dose geben.

AROMA-TIPP

Viele Blüten sind essbar und verschönern mit Zucker kandiert nicht nur Desserts, Kuchen und Torten, sondern geben auch noch zusätzliches Aroma: Probieren Sie auch **Veilchen, Jasmin, Stiefmütterchen** oder **Lavendel.** Aber auch aromatische Kräuterblätter können Sie kandieren, z. B. Minze, Zitronenmelisse und Salbei.

MARONEN-MACARONS

französischer Pâtisserie-Export

Für 55 Stück
Zubereitungszeit ca. 30 Min.
Backzeit 20 Min.
pro Stück 35 kcal

150 g gegarte Maronen (vakuumverpackt)
50 g gemahlene Mandeln
2 Eiweiß (Größe M)
Salz · 1 TL Zitronensaft
200 g Puderzucker
50 g weiche Butter
Außerdem:
Backpapier

1 Den Backofen auf 150° vorheizen. Zwei Backbleche mit Backpapier auslegen. 100 g Maronen mit den Mandeln in einem Blitzhacker möglichst fein zerkleinern.

2 Die Eiweiße mit 1 Prise Salz am besten mit den Quirlen der Küchenmaschine (oder des Handrührgeräts) steif schlagen und dabei den Zitronensaft dazugeben. Dann unter Schlagen nach und nach 150 g Puderzucker dazugeben, bis eine dickschaumige Baisermasse entstanden ist. Die Maronen-Mandel-Mischung mit einem Schneebesen vorsichtig unter die Baisermasse heben.

3 Die Maronenbaisermasse in einen Gefrierbeutel füllen, und eine kleine Ecke von dem Beutel abschneiden. Flache Tupfen (ca. 3 cm Ø) auf die Bleche spritzen.

4 Die Bleche nacheinander in den Ofen (Mitte) schieben und die Plätzchen ca. 20 Min. backen. Herausnehmen und auf dem Blech auskühlen lassen.

5 Die weiche Butter mit dem übrigen Puderzucker und den restlichen Maronen im Blitzhacker oder mit einem Pürierstab zu einer feinen Creme verarbeiten.

6 Jeweils 2 Macarons mit etwas Creme zusammensetzen. Die Macarons möglichst frisch servieren.

BUNTE MINI-BAISERS

ein zuckersüßer Hauch von Nichts

Für 75 Stück
Zubereitungszeit ca. 30 Min. · Backzeit 1–2 Std.
pro Stück 10 kcal · Haltbarkeit 3–4 Wochen

Für die Baisermasse:
2 Eiweiß (Größe L) · 1 Prise feines Meersalz
125 g feinster Zucker (kein Puderzucker)
1 TL Zitronensaft
Für das Aroma (wahlweise):
1–2 EL Kakaopulver oder 1–2 EL lösliches Kaffeepulver oder 1–2 TL Zimtpulver oder Mark von 1 Vanilleschote
Außerdem:
ein paar Tropfen Lebensmittelfarbe (nach Belieben)
Zuckerstreusel · Backpapier

1 Eiweiße und Salz in eine große Schüssel geben und mit den Quirlen des Handrührgerätes (oder mit der Küchenmaschine) bei hoher Geschwindigkeit schaumig schlagen. Schüssel und Quirle müssen absolut sauber und fettfrei sein, sonst werden die Eiweiße nicht steif! Wenn die Eiweiße beginnen fest zu werden, den Zucker langsam einrieseln lassen, dann den Zitronensaft dazugeben. Die Masse so lange weiterschlagen, bis sich richtig steife Spitzen bilden, und die Baisermasse einen schönen Glanz hat (mind. 5 Min.).

2 Für aromatisierte oder bunte Baisers nun nach Wunsch Kakao, Kaffee, Zimt, Vanillemark oder Lebensmittelfarbe vorsichtig unter die Baisermasse ziehen.

3 Den Ofen auf 100° vorheizen, zwei Bleche mit Backpapier auslegen. Die Baisermasse in einen Spritzbeutel füllen, kleine Tupfen auf die Bleche spritzen und nach Belieben mit bunten Zuckerstreuseln verzieren.

4 Beide Backbleche gleichzeitig in den Ofen schieben. Je nach Größe der Baisers 1–2 Std. backen. Dann Ofen ausschalten und die Baisers in dem Ofen vollständig durchtrocknen und auskühlen lassen.

MARZIPANKUCHEN IM GLAS

schön saftig – lange haltbar

Für 5 Gläser (je 500 ml)
Zubereitungszeit ca. 30 Min.
Backzeit 40 Min.
pro Glas 1305 kcal
Haltbarkeit 3 Monate

250 g Marzipanrohmasse
100 g Zartbitterschokolade
250 g Butter
300 g Zucker
Mark von 1 Vanilleschote
9 Eier (Größe M)
250 g Mehl
1/2 Pck. Backpulver · Salz
Außerdem:
5 Einmachgläser (sterilisiert, s. S. 6)
Butter für die Gläser

1 Den Backofen auf 180° vorheizen. Die Gläser mit Butter einfetten. Die Gummiringe in kaltes Wasser legen.

2 Die Marzipanrohmasse in kleine Stücke schneiden. Die Schokolade grob reiben. Die Butter, den Zucker und das Vanillemark mit den Quirlen des Handrührgeräts weißschaumig rühren. Marzipanstückchen unterrühren.

3 Die Eier trennen. Eigelbe nach und nach unter die Masse rühren. Mehl, Backpulver und Schokolade mischen und unter die Eiermasse rühren.

4 Die Eiweiße mit 1 Prise Salz steif schlagen. Den Eischnee unter den Teig heben. Den Teig in die Gläser füllen und im Backofen (Mitte) 40 Min. backen.

5 Herausnehmen und die Gläser sofort verschließen. Dafür je einen Gummiring auf die Innenseite des Glasdeckels legen (s. S. 73). Den Deckel auflegen und jeweils mit vier Klammern sichern.

NUSSKUCHEN IM GLAS

zum Verwöhnen gut

Für 5 Gläser (je 500 ml)
Zubereitungszeit ca. 30 Min. · Backzeit 45 Min.
pro Glas 1320 kcal · Haltbarkeit 3 Monate

250 g Butter
250 g Zucker
150 ml Portwein (oder Orangensaft)
6 Eier (Größe M)
200 g gemahlene Haselnüsse
100 g gehackte Haselnüsse
250 g Mehl
3 EL Kakaopulver
1 1/2 Pck. Backpulver
Außerdem:
5 Einmachgläser (sterilisiert, s. S. 6)
Butter für die Gläser

1 Den Backofen auf 180° vorheizen. Die Gläser mit Butter einfetten. Die Gummiringe in kaltes Wasser legen. Butter und Zucker mit den Quirlen des Handrührgeräts weißschaumig rühren. Erst den Portwein, dann nach und nach die Eier unterrühren.

2 Gemahlene und gehackte Haselnüsse mit Mehl, Kakao- und Backpulver mischen, dann unter die Eiermasse rühren. Den Teig in die vorbereiteten Gläser füllen und im Backofen (Mitte) 40–45 Min. backen.

3 Herausnehmen und die Gläser sofort verschließen. Dafür je einen Gummiring auf die Innenseite des Glasdeckels legen (s. S. 73). Den Deckel auflegen und mit jeweils vier Klammern sichern.

TAUSCH-TIPP

Für **Weihnachts-Feeling:** den Portwein einfach durch Glühwein ersetzen und unter das Mehl 2 gehäufte TL Lebkuchengewürz mischen.

LINKS Nusskuchen im Glas
RECHTS Marzipankuchen im Glas

KIRSCHKUCHEN

sommersüßer Vorrat

Für 6 Gläser (je 250 ml)
Zubereitungszeit ca. 35 Min.
Backzeit 40 Min.
pro Glas 700 kcal
Haltbarkeit 1 Monat

600 g Süßkirschen
100 g Marzipanrohmasse
175 g weiche Butter
150 g Zucker
1 Tropfen Bittermandelöl
4 Eier (Größe M)
250 g Mehl
1 TL Backpulver
Außerdem:
6 Einmachgläser (sterilisiert, s. S. 6)
Öl für die Gläser

1 Die Gläser mit Öl einpinseln. Den Backofen auf 175° vorheizen. Die Kirschen waschen und entsteinen.

2 Die Marzipanrohmasse auf der Gemüsereibe grob reiben, mit Butter, Zucker und Bittermandelöl cremig rühren. Die Eier nach und nach unterrühren. Das Mehl mit Backpulver mischen und unterrühren. Die Kirschen unterheben. Den Teig in die vorbereiteten Gläser füllen und auf dem Rost im Ofen (Mitte) 35–40 Min. backen.

3 Die Gläser herausnehmen und sofort verschließen. Dafür je einen Gummiring auf die Innenseite des Glasdeckels legen (s. S. 73). Den Deckel auflegen und ihn dann mit jeweils vier Klammern sichern.

TAUSCH-TIPP
Wenn die Kirschensaison zu Ende ist können Sie auch **Sauerkirschen aus dem Glas** (700 g Abtropfgewicht) nehmen: Früchte auf einem Sieb abtropfen lassen, mit 2 EL gemahlenen Mandeln vermischen und wie oben unter den Teig heben.

LIMONCELLO-KUCHEN

bleibt lange joghurtfrisch

Für 5 Gläser (je 200 ml)
Zubereitungszeit ca. 20 Min.
Backzeit 30 Min.
pro Glas 550 kcal
Haltbarkeit 1 Monat

100 g weiche Butter
100 g Zucker
2 Eier (Größe M)
150 g Naturjoghurt
75 ml Limoncello-Likör
1 TL abgeriebene Schale einer Bio-Limette
100 g Speisestärke
100 g Mehl
1 TL Backpulver
Außerdem:
5 Einmachgläser (sterilisiert, s. S. 6)
Öl für die Gläser

1 Die Gläser mit Öl einpinseln. Den Backofen auf 175° vorheizen. Die Butter mit dem Zucker cremig schlagen, die Eier nach und nach unterrühren. Joghurt, 50 ml Limoncello-Likör und die Limettenschale dazugeben. Speisestärke, Mehl und Backpulver mischen und unterrühren. Den Teig in die vorbereiteten Gläser füllen und auf dem Rost im Ofen (Mitte) 30 Min. backen.

2 Die Gläser herausnehmen und sofort verschließen. Dafür je einen Gummiring auf die Innenseite des Glasdeckels legen (s. S. 73). Den Deckel auflegen und ihn dann mit jeweils vier Klammern sichern.

3 Zum Servieren die Gläser öffnen, die Kuchen aus den Gläsern stürzen, mit Limoncello-Likör beträufeln und mit Puderzucker bestäuben.

VANILLEEIS SELBST GEMACHT

Grundrezept für den Familienliebling

Für 6 Portionen
Zubereitungszeit ca. 25 Min.
Kühlzeit 30 Min.
Einfrieren 1 Std.
pro Portion 260 kcal

1 Vanilleschote
250 ml Milch (3,8 % Fett)
250 g Sahne
4 Eigelb (Größe M)
90 g Zucker
Außerdem:
Eismaschine (s. Profi-Tipp)
6 Portionsförmchen (je 100 ml)
oder 1 Gefrierbox (ca. 600 ml Inhalt)

1 Die Vanilleschote mit einem scharfen Messer längs aufschlitzen und das Mark herausschaben. Milch und Sahne in einen kleinen Topf geben. Vanillemark und Schote dazugeben, langsam erhitzen, kurz aufkochen lassen und beiseitestellen. Vanilleschote entfernen.

2 Die Eigelbe mit dem Zucker in einem Schlagkessel mit einem flachen Schneebesen glatt verrühren. Die heiße Vanillesahne zügig unter Rühren in die Eigelb-Zucker-Mischung gießen und alles über dem heißen Wasserbad (s. Profi-Tipp) mit einem flachen Schneebesen in ca. 10 Min. cremig aufschlagen (»zur Rose abziehen«, s. Profi-Tipp). Die Eismasse im eiskalten Wasserbad in 6–8 Min. kalt rühren (s. Profi-Tipp) und im Kühlschrank noch 30 Min. durchkühlen lassen.

3 Die Eismasse in die Eismaschine füllen und cremig fest frieren lassen (s. Profi-Tipp). Das Vanilleeis in vorgekühlte Portionsförmchen geben oder zum Aufbewahren in eine vorgekühlte Gefrierbox mit Deckel füllen und ins Tiefkühlfach stellen.

PROFI-TIPPS

Heißes Wasserbad: Einen Topf bis knapp zur Hälfte mit Wasser füllen und dieses zum Sieden bringen. Eine passende Rührschüssel mit rundem Boden (z. B. aus Edelstahl) auf den Topf setzen. Die Schüssel soll das Wasser nicht berühren. Dann die Hitze reduzieren – das Wasser soll nicht mehr kochen. Die Ei-Sahne-Masse wird allein durch den aufsteigenden heißen Dampf erhitzt.

Zur Rose abziehen: Durch das Aufschlagen der Eier-Sahne-Mischung über dem heißen Wasserbad wird sie zu einer puddingähnlichen Masse. Die Masse bindet bei 75–80°, wobei die Temperatur nicht überschritten werden darf, sonst stockt das Ei. Am besten mit einem Küchenthermometer prüfen. Taucht man einen Spatel in die Masse und pustet darauf, entsteht ein Muster, das an eine Rose erinnert – dann ist die Masse richtig.

Eiskaltes Wasserbad: Eine große Schüssel mit kaltem Wasser und Eiswürfeln füllen. Die Schüssel mit der »zur Rose abgezogenen« Ei-Sahne-Masse in das eiskalte Wasserbad stellen. Die warme Eismasse in ca. 6–8 Min. kalt rühren.

Eismaschine: Für cremiges Sahne-Eis brauchen Sie eine Eismaschine, die die Eismasse während des Gefrierens regelmäßig umrührt. Eismaschinen mit Kompressor besitzen ein integriertes Kühlaggregat und verarbeiten die Zutaten schnell zu wunderbar cremigem Eis. Allerdings haben sie auch ihren Preis. Günstiger, aber etwas weniger komfortabel, sind Eismaschinen mit Kühlakku. Hier muss das Kühlelement vorher ca. 18 Std. ins Tiefkühlfach gelegt werden. Je nach Maschine gefrieren die Eiszubereitungen dann in 30–60 Min.

HIMBEERPARFAIT

mit Holunderblütenaroma

Für 8 Portionen
Zubereitungszeit ca. 40 Min.
Kühlzeit 8 Std.
pro Portion 290 kcal

500 g Himbeeren
3 EL Holunderblütensirup (s. Rezept S. 59)
100 g Zucker
4 Eigelb (Größe M)
500 g Sahne
Außerdem:
1 Gefrierbox (ca. 1 l Inhalt)
1 Handvoll Himbeeren zum Garnieren

1 Die Himbeeren verlesen und eventuell vorsichtig waschen. 200 g Beeren in Stücke schneiden und beiseitestellen. Den Rest mit dem Sirup aufkochen und bei schwacher Hitze zugedeckt ca. 5 Min. sanft kochen lassen, bis die Beeren zerfallen. Anschließend pürieren, durch ein feines Sieb streichen und wieder in den Topf geben. Das Püree bei mittlerer Hitze weitere 3 Min. offen einkochen und anschließend abkühlen lassen.

2 Den Zucker mit 50 ml Wasser aufkochen und unter Rühren ca. 3 Min. sprudelnd kochen lassen, dann den Topf von der Herdplatte ziehen. Die Eigelbe mit den Schneebesen des Handrührgeräts in 5 Min. schaumig schlagen. Den heißen Sirup nach und nach dazugießen, dabei mit dem Handrührgerät weiterschlagen, bis die Masse dicklich-cremig und fast kalt ist – das kann durchaus 15 Min. dauern.

3 Die Sahne steif schlagen. Das abgekühlte Beerenpüree vorsichtig unter die Eigelbmasse ziehen, dann die Sahne und die Himbeerstücke unterheben.

4 Die Mischung in die Box geben, diese verschließen und das Parfait im Tiefkühlfach in ca. 8 Std. durchfrieren lassen. Das Parfait vor dem Servieren aus der Form stürzen, leicht antauen lassen und in Scheiben schneiden. Nach Belieben mit Himbeeren garnieren.

HEIDELBEER-JOGHURT-EIS

frischer Sommerhit

Für 8 Portionen
Zubereitungszeit ca. 25 Min.
Kühlzeit 6 Std. 20 Min.
pro Portion 135 kcal

400 g vollreife Heidelbeeren
90 g Puderzucker
1 EL frisch gepresster Zitronensaft
200 g Sahnejoghurt (10 % Fett)
200 g Sahne
Außerdem:
1 Gefrierbox (ca. 1 l Inhalt)
1 Handvoll Heidelbeeren zum Garnieren

1 Die Box mit Deckel im Kühlschrank ca. 20 Min. vorkühlen. Inzwischen die Heidelbeeren verlesen und waschen. Mit Puderzucker und Zitronensaft in einen hohen Rührbecher geben und mit dem Pürierstab pürieren. Das Püree durch ein feines Sieb streichen und mit dem Joghurt verrühren.

2 Die Sahne nicht zu steif schlagen und gut mit dem Heidelbeer-Joghurt-Püree verrühren. Die Masse in die vorgekühlte Box füllen, diese verschließen und im Tiefkühlfach mindestens 6 Std. gefrieren lassen, dabei mit einem Gummispatel immer wieder durchrühren. Oder die Masse in eine Eismaschine füllen, nach Betriebsanleitung cremig fest gefrieren lassen, sofort in eine Tiefkühlbox mit Deckel füllen und bis zum Servieren in das Tiefkühlfach stellen.

3 Das Eis vor dem Servieren im Kühlschrank ca. 10 Min. antauen lassen. Mit dem Eisportionierer Kugeln abstechen und in Schälchen oder Gläsern anrichten, dabei den Eisportionierer immer wieder in heißes Wasser tauchen. Nach Belieben mit Heidelbeeren garnieren.

ZITRONENEIS

sauer macht fröhlich!

Für 6 Portionen
Zubereitungszeit ca. 25 Min.
Kühlzeit 3 Std.
pro Portion 145 kcal

2–3 Zitronen, davon 1 Bio-Zitrone
70 g Zucker
180 g Sahne
Außerdem:
6 kleine Förmchen
(je 50 ml, z. B. Plastikgläser)
6 Stiele (z. B. Eislöffelchen aus Plastik)

1 Die Bio-Zitrone heiß waschen und abtrocknen, die Schale fein abreiben. Alle Zitronen auspressen, 70 ml von dem Saft abmessen und mit 3 EL Wasser in einen Topf gießen. Den Zucker dazugeben, den Saft unter Rühren aufkochen und bei schwacher Hitze 5 Min. sanft kochen. Abkühlen lassen.

2 Die Sahne steif schlagen und zusammen mit der Zitronenschale unter den abgekühlten Zitronensirup heben.

3 Die Eismasse in die Förmchen füllen und 1 Std. anfrieren lassen, dann umrühren, die Stiele hineinstecken und mindestens 2 weitere Std. gefrieren lassen. Zum Genießen aus den Förmchen lösen.

TAUSCH-TIPP
Ersetzen Sie die Zitronen einmal durch Limetten. **Caipirinha-Fans** mischen noch 1–2 EL Zuckerrohrschnaps (Cachaça) oder Rum unter die Eismasse.

MAPLE-WALNUT-ICE

Ice-Pops im Canada-Style

Für 6 Portionen
Zubereitungszeit ca. 25 Min.
Kühlzeit 4 Std.
pro Portion 150 kcal

40 g Walnusskerne
70 g Ahornsirup
200 g saure Sahne
70 g Sahne
Außerdem:
Backpapier
6 kleine Förmchen
(je 50 ml, z. B. kleine Pappbecher)
6 Stiele (z. B. Eislöffelchen aus Holz)

1 Ein Stück Backpapier doppelt falten. Die Walnüsse mittelgrob hacken. Die Hälfte des Ahornsirups in einer kleinen Pfanne mit den Walnüssen erhitzen und so lange sanft kochen lassen, bis der Sirup fest geworden ist und die Nussstückchen überzogen hat. Die Nussmasse auf dem Papier verstreichen und das Papier für 5 Min. ins Tiefkühlfach legen.

2 Die saure Sahne mit dem restlichen Ahornsirup verrühren. Die Nussmasse mit einem Messer durchhacken und unter die saure Sahne rühren. Die Sahne steif schlagen und unter die Nusscreme ziehen.

3 Die Eismasse in die Förmchen füllen und 1 Std. anfrieren lassen, dann umrühren, die Stiele hineinstecken und mindestens 3 weitere Std. gefrieren lassen. Zum Genießen aus den Förmchen lösen.

BANANEN-SANDDORN-EIS

Ice-Pops mit Vitamin C

Für 6 Portionen
Zubereitungszeit ca. 15 Min.
Kühlzeit 3 Std.
pro Portion 80 kcal

2 Mini-Bananen (ca. 80 g Fruchtfleisch)
2 EL Sanddorn-Orange-Fruchtaufstrich
50 g Naturjoghurt
100 g Sahne
Außerdem:
6 kleine Förmchen
(je 50 ml, z. B. Joghurtbecher)
6 Stiele (z. B. Plastiklöffel)

1 Die Bananen schälen und das Fruchtfleisch mit einer Gabel zerdrücken. Den Sanddorn-Fruchtaufstrich und den Naturjoghurt unter die Bananenmasse rühren. Die Sahne steif schlagen und ebenfalls unterrühren. Die Masse abschmecken und bei Bedarf mit Fruchtaufstrich nachsüßen.

2 Die Eismasse in Förmchen füllen, 1 Std. anfrieren lassen, dann umrühren, die Stiele hineinstecken und mindestens 2 weitere Std. gefrieren lassen. Zum Genießen aus den Förmchen lösen.

TAUSCH-TIPP

Mischen Sie 1 EL fein gehackten eingelegten **Ingwer** und 1 1/2 EL Ingwersirup aus dem Glas statt des Sanddorn-Aufstrichs unter die Eismasse.

APRIKOSENSORBET

sommerlich-fruchtig-frisch!

Für 6 Portionen
Zubereitungszeit ca. 25 Min. · Kühlzeit 4 Std.
pro Portion 75 kcal

360 g reife Aprikosen · 60 g Zucker
2 EL Zitronensaft
1–2 EL Aprikosengeist (nach Belieben)
30 g Invertzucker (s. Tipp)
Außerdem:
6 kleine Förmchen
(je 50 ml, z. B. kleine Pappbecher)
6 Stiele (z. B. Zuckerstangen)

1 Die Aprikosen waschen, entsteinen und klein schneiden. Zusammen mit Zucker und Zitronensaft in einen Topf geben. Aufkochen lassen, umrühren und zugedeckt bei schwacher Hitze 3 Min. sanft kochen lassen. Die Aprikosen fein pürieren und abkühlen lassen.

2 Den Invertzucker und nach Belieben den Aprikosenschnaps unter die abgekühlte Masse mischen. Die Eismasse in Förmchen füllen, 1 Std. anfrieren lassen, dann umrühren, die Stiele hineinstecken und mindestens 3 weitere Std. gefrieren lassen. Zum Genießen die Ice-Pops aus den Förmchen lösen.

PROFI-TIPP

Invertzucker ist ein **Flüssigzucker** und wird auch Glukose-Fruktose-Sirup genannt. Er schmeckt etwas milder und fruchtiger als normaler Zuckersirup und bleibt auch gekühlt flüssig, sodass er gut zum Süßen von Cremes und eben Eis geeignet ist.

KIRSCHKOMPOTT & SAURE GÜRKCHEN

Jetzt geht's ans Eingemachte

Genau genommen ist das **Einmachen** ein Pasteurisieren von Obst und Gemüse. Marmelade, Mus, Senfgurke, Gelee, Chutney und Kompott werden haltbar, indem sie ein paar Min. im Topf kochen und dann heiß direkt in die sterilisierten Gläser wandern. Ganz wichtig: Sofort mit einem gut schließenden Deckel die Schotten dicht machen, denn nur so bildet sich das konservierende Vakuum im Glas. Um Obst- und Gemüsestückchen oder Gewürze gleichmäßig zu verteilen, können Sie Twist-off-Gläser nach dem Zuschrauben ein paar Min. auf den Kopf stellen. Erkaltet ihr Inhalt, gibt sich der Unterdruck mit einem deutlich hörbaren »Plopp« zu erkennen.

Vom **Einkochen** dagegen spricht der Fachmann, wenn er Lebensmittel sterilisiert. Dazu braucht es ein Wasserbad, das das Einkochgut im luftdicht verschlossenen Glas auf eine Temperatur zwischen 75° und 100° erhitzt. In der Konserve möchte sich die warme Luft ausdehnen, es bildet sich zunächst ein Überdruck, der sich beim Abkühlen dann aber wieder in ein konservierendes Vakuum verwandelt. Kleine Mengen können Sie in einem großen Topf einkochen. Den Topfboden mit einem Geschirrtuch auslegen, es gibt den Gläsern Halt, damit nichts ins Wanken gerät. Die Gläser in den Topf stellen; Sie können sie auch stapeln, achten Sie nur darauf, dass sie nicht über den Topfrand ragen – der Deckel muss noch schließen. Legen Sie zwischen jede Lage ebenfalls wieder ein Geschirrtuch oder ein Gitter, auf dem die Konserven sicher stehen. Befüllen Sie den Topf nun so hoch mit Wasser, dass das höchste Glas bzw. bei einem Stapel das oberste zu drei Vierteln im Wasser steht. Wenn die darunterliegenden Gläser komplett mit Wasser bedeckt sind, ist das kein Problem. Das Wasser im Topf sollte in etwa dieselbe Temperatur haben wie der Inhalt der Gläser, sprich kalter Inhalt – kaltes Wasser, heißer Inhalt – heißes Wasser. Jetzt erhitzen Sie das Wasser langsam auf die im Rezept angegebene Temperatur – ein Bratenthermometer leistet dabei nützliche Hilfe. Erst wenn die gewünschte Gradzahl erreicht ist, beginnt die Einkochzeit, die je nach Einkochgut zwischen 10 Min. und 2 Std. dauern kann. Die Temperatur sollten Sie dabei aber immer wieder überprüfen. Nach der Garzeit die Gläser noch 10 Min. auf der ausgeschalteten Herdplatte im Topf ruhen lassen, dann herausnehmen und mit einem Hand- oder Geschirrtuch zugedeckt ganz langsam abkühlen lassen. Wer seine Liebe zum Einkochen entdeckt hat, für den lohnt sich auch die Anschaffung eines speziellen **Einkochtopfs**. Diesen gibt es in elektrischer Ausführung oder als Topf für den Herd. Der Vorteil: Ein eingebauter Thermostat spielt für Sie Wachhund und passt auf, dass die Wassertemperatur nicht übers Ziel hinausschießt. In nicht zu großen Gläsern, die noch genügend Abstand zu den Heizstäben haben, können Sie auch im **Backofen** einkochen. Stellen Sie die gefüllten und verschlossenen Gläser mit Abstand zueinander auf die Fettpfanne und schieben Sie diese auf die unterste Schiene des Backofens. Füllen Sie ca. 1 cm hoch Wasser in das Blech. Obst kocht nun bei 150° bis 160°, Gemüse bei 190° bis 200° ein. Wenn es im Glas zu perlen anfängt, schalten Sie den Ofen aus und lassen die Gläser für die im Rezept angegebene Einkochzeit im Ofen stehen.

WARME UNTERLAGE
Um zu verhindern, dass Gläser zerspringen, wenn Sie heißes Einmachgut einfüllen, stellen Sie die Gläser auf ein feuchtes, warmes Geschirrtuch.

EINGELEG-TES GEMÜSE harmoniert gut mit Senfkörnern, Fenchelsamen, Lorbeerblättern, Piment oder auch Kümmel.

EINGELEGTES OBST liebt Gewürze wie Vanille, Zimt, Kardamom, Nelken oder Sternanis als Partner.

Zutaten, die haltbar machen

Salz entzieht Lebensmitteln Wasser, was wiederum Schimmelpilzen und Fäulnisbakterien überhaupt nicht gefällt. Sie brauchen eine feuchte Umgebung, um sich vermehren zu können. Deshalb lässt sich mithilfe von Salz das Mindesthaltbarkeitsdatum von vielen Lebensmitteln um Wochen bis Monate nach hinten schieben. Letzteres vor allem dann, wenn Salz noch mit einem zweiten Konservator kombiniert wird, z. B. Säure oder heißem Rauch (siehe Räuchern, S. 287–288).

Kleine Mengen an **Zucker** sind ein gefundenes Fressen für Mikroorganismen, die Lebensmittel verderben lassen. Ein richtiger Zuckerberg dagegen schlägt ihnen förmlich auf den Magen. Denn auch er bindet Flüssigkeit aus Obst und Gemüse, die den kleinen Genuss-Verderbern dann als Lebensgrundlage fehlt. Auch Zucker wird oft mit Säuren kombiniert, um Gurken, Zucchini, Kürbis & Co. süßsauer einzulegen. Ob sich dadurch die Haltbarkeit noch mal verlängert, sei dahingestellt – auf alle Fälle schmeckt diese Kombination ganz hervorragend.

Sauer macht Keime, Pilze & Co. überhaupt nicht lustig. Je saurer ihre Umgebung, desto weniger können sie sich ausbreiten. **Zitronensäure** und **Essig** vereinen sich oft mit Zucker und/oder Salz plus Gewürzen zu einem lebensverlängernden Sud für Obst und Gemüse und verleihen ihnen diesen speziellen Geschmack, den wir von klein auf aus Omas Vorratsschrank kennen.

Ebenfalls säuerlich im Geschmack sind **milchsauer** eingelegte Gemüse. Der Zucker in Kohl, Bohnen oder Möhren wandelt sich in Milchsäure um, wenn man sie dicht an dicht mit Salz in Gefäße packt und einige Wochen lagert. Auf die Art und Weise verwandelt sich z. B. Weißkohl zu Sauerkraut.

Wer wie die Italiener den Olivenbaum vor der Haustür hat und das dazugehörige **Öl** in rauen Mengen im Vorratskeller, der versiegelt Antipastigemüse, Kräuter in Form von Pesto, Zwiebeln, Artischocken oder Pilze mit einer luftdichten Ölschicht. Daraus wird im Glas ein wunderbares Geben und Nehmen. Gemüse und Kräuter parfümieren sich mit Olivenölwürze, während das Olivenöl seine Aromen mit Chilischärfe, Basilikum-, Zitronen- oder Knoblauchnoten in Einklang bringt.

Der Rumtopf zeigt es ganz anschaulich: **Alkohol** konserviert. Beginnt man doch bereits im Juni, ihn mit den ersten Früchten, Rum und Zucker zu bestücken, um ihn dann bis zum Advent mit den nach und nach reifenden Früchten zu füttern. Es vergeht also gut ein halbes Jahr, bis die Rumfrüchte geerntet werden dürfen. Auch um Likör anzusetzen braucht es hochprozentigen Alkohol und außerdem Gewürze oder Früchte, Zucker – und viel Geduld! Je nach Rezept dauert es einige Wochen oder sogar Monate, bis sich alle Zutaten zu einem harmonischen Ganzen verbunden haben, das den Gaumen erfreuen darf.

In den Mittelmeerländern legen die Hausfrauen Tomatenhälften einfach in die Sonne, um in den entstehenden runzligen Ovalen den Geschmack des Sommers für die kalte Jahreszeit festzuhalten. In **trockener Hitze**, die entweder im Freien, im Dörrapparat oder im Backofen an Obst, Gemüse und Kräutern vorbeiströmt, dörren die Lebensmittel zu tollen Vitaminsnacks für zwischendurch (z. B. Apfelringe oder Dörrpflaumen) oder zu aromatischen Beigaben für Saucen und Suppen.

Neben Hitze konserviert auch **Kälte** hervorragend. Gemüse, Obst oder Kräuter kann man geputzt, gewaschen und klein geschnitten in den Winterschlaf schicken und dann Wochen oder Monate später erst verbrauchen.

Sind die noch gut?

Wer schon mal Omas Keller aufgeräumt hat, der wird sich diese Frage vielleicht Bei dieser Gelegenheit gestellt haben – spätestens, als er ein Glas in der Hand hielt mit der Aufschrift: »Rotweinzwetschgen 1979«. Selbst wenn es ein guter Rotwein war, der damals noch Potenzial hatte als er abgefüllt wurde, hat er dieses wohl nun restlos aufgebraucht. Und die Zwetschgen ähneln nach über 30 Jahren auch eher grauen Steinen als blauvioletten Früchten. Sie würden vielleicht nicht krank machen, aber ein Genuss sind diese Konserven mit Sicherheit nicht mehr.

So lange sind Konserven haltbar

Grundsätzlich liegen Sie mit der Faustregel »etwa ein Jahr« ganz gut. Dunkel und kühl gelagert, sind Marmeladen, Konfitüren, Gelees, Liköre und eingekochtes Obst und Gemüse allerdings oft auch nach zwei Jahren ohne allzu große geschmackliche und optische Einbußen noch ein Genuss. Milchsauer, in Essig und Öl sowie in Salz Eingelegtes genauso wie eingekochte Fleisch- und Wurstkonserven schmecken am allerbesten in den ersten sechs Monaten nach der Abfüllung. Im Zweifel hilft der Schnüffeltest: Riecht das Einmachgut verdorben – weg damit!

ALLES IN ORDNUNG Bevor das Glas ins Regal wandert, auf jeden Fall ein Etikett mit Sorte und Einmachdatum versehen und aufkleben. So vermeidet man späteres Rätselraten.

Gut gelagert ist halb gewonnen

Licht und Wärme rauben den Konserven ihre schöne Farbe, das gute Aroma und auch Haltbarkeit. Ein dunkler, kühler Keller oder ein Platz im Vorratsschrank der Speisekammer sind ideal. Je besser die Qualität der Zutaten, desto langlebiger ist auch ihre Konserve. Und wenn Kirschgelee, Antipastigemüse oder saure Gürkchen einmal geöffnet sind, sollte man das angebrochene Glas stets wieder gut verschließen und im Kühlschrank aufbewahren. Wer dann noch daran denkt, immer einen sauberen Löffel zur Entnahme seiner eingemachten Köstlichkeiten zu verwenden, kann unbeschwert die Früchte seiner Arbeit genießen.

SAISONKALENDER FÜR EINGELEGTES GEMÜSE

FRÜHLING	Artischocken, Fenchel, Gurken, Meerrettich, Möhren, Paprika, Perlzwiebeln, Pfifferlinge, Radieschen, Rettich, Schalotten, Spargel, Tomaten, Weißkohl, Zucchini
SOMMER	Auberginen, Fenchel, Gurken, Kürbis, Möhren, Paprika, Peperoni, Perlzwiebeln, Pfifferlinge, Radieschen, Rettich, Rote Bete, Steinpilze, Tomaten, Weißkohl, Zucchini
HERBST	Fenchel, Gurken, Kürbis, Meerrettich, Möhren, Oliven (frische), Paprika, Perlzwiebeln, Pfifferlinge, Radieschen, Rettich, Rote Bete, Schalotten, Steinpilze, Tomaten, Weißkohl, Zucchini
WINTER	Meerrettich, Möhren, Oliven (frische), Radieschen, Rettich, Rote Bete, Schalotten

DER LIEBLINGSKLASSIKER

ROTE GRÜTZE

ein Fest für die schönsten Beeren des Gartens

Für 4 Gläser (je 250 ml) · Zubereitungszeit ca. 35 Min. · pro Glas 400 kcal Haltbarkeit 2–3 Wochen

250 g Rote Johannisbeeren
250 g Schwarze Johannisbeeren
250 g Erdbeeren
250 g Himbeeren
40 g Speisestärke
400 ml roter Johannisbeernektar (ersatzweise Sauerkirschsaft)
100–150 g Zucker
1 Zimtstange
Außerdem:
4 Twist-off- oder Einmachgläser (sterilisiert, s. S. 6)

1 Die Johannisbeeren in stehendem kalten Wasser waschen. Abtropfen lassen und von den Rispen streifen. Die Erdbeeren waschen, abtropfen lassen und ohne die Blütenansätze halbieren oder vierteln. Die Himbeeren verlesen, aber möglichst nicht waschen.

2 Die Speisestärke mit 5 EL Nektar oder Saft glatt rühren. Den Rest davon zusammen mit 100 g Zucker und der Zimtstange aufkochen. Die Johannisbeeren dazugeben und 2 Min. kochen lassen. Die angerührte Speisestärke in die Flüssigkeit rühren und einmal aufkochen, bis die Mischung bindet. Dann die Erdbeerstückchen und Himbeeren untermischen. Die Zimtstange entfernen, die Grütze nach Belieben mit restlichem Zucker nachsüßen und abkühlen lassen.

3 Zum Servieren können Sie ganz nach Geschmack der Gäste die süß-herbe Säure der Früchte durch eine sanfte Vanillesauce (s. Tipp: Das schmeckt dazu) oder auch einen Schuss flüssige Sahne mildern.

4 Wenn Sie die Grütze nicht sofort genießen wollen, dann die noch heiße Masse in die vorbereiteten Gläser füllen und gleich verschließen. So hält sich die frisch-fruchtige Grütze im Kühlschrank 2–3 Wochen. Für längere Haltbarkeit ist es notwendig, die Grütze für ca. 20 Min. einzukochen (s. S. 105), wodurch die Früchte allerdings etwas an Form verlieren.

DAS SCHMECKT DAZU

Für eine selbst gemachte **Vanillesauce** 1 Vanilleschote samt ausgekratztem Mark mit 200 ml Milch und 200 g Sahne offen bei schwacher Hitze ca. 5 Min. sanft kochen lassen, dabei öfter umrühren. 50 ml Milch, 1 EL Speisestärke, 60 g Zucker und 2 Eigelbe (Größe M) mit einem Schneebesen gut verrühren, zu der Sahnemilch gießen und gründlich unterrühren. Bei mittlerer Hitze aufkochen. Vom Herd ziehen und abkühlen lassen. Die Vanilleschote vor dem Servieren entfernen.

PROFI-TIPP

Alle sämigen Fruchtgrützen werden auf diese Art zubereitet. Bei der Flüssigkeit können Sie auch mal Wein statt Saft nehmen. Die Zuckermenge richtet sich immer nach der fruchteigenen Säure, also entsprechend mehr oder weniger zugeben. Und: Wer die Grütze fest werden lassen und stürzen will, braucht insgesamt 60 g Speisestärke.

RHABARBERKOMPOTT

mit Grießbrei eine schöne Kindheitserinnerung

Für 2 Gläser (je 400ml)
Zubereitungszeit ca. 40 Min.
pro Glas 390 kcal
Haltbarkeit 2–3 Monate

750 g Rhabarber
1 Msp. Natron · 175 g Zucker
1–2 TL Zitronensaft
Außerdem:
2 Twist-off- oder Einmachgläser (sterilisiert, s. S. 6)

1 Den Rhabarber putzen, waschen, abtropfen lassen und die Stangen in ca. 4 cm lange Stücke schneiden. Dabei hartfaserige Fäden abziehen. Rhabarber in ein Sieb geben. 1 l Wasser aufkochen, das Natron unterrühren und den Rhabarber damit übergießen (Natron mildert die Säure des Rhabarbers). Abtropfen lassen.

2 Den Zucker mit 125 ml Wasser in einem weiten Topf aufkochen, die Rhabarberstücke hineingeben und 5–10 Min. kochen. Die Stücke sollen zwar weich sein, aber noch nicht zerfallen. Dann die Rhabarberstücke mit einer Schaumkelle herausnehmen und in eine Schale geben. Den Sud in ca. 10 Min. bei großer Hitze sirupartig einkochen, mit Zitronensaft abschmecken und über den Rhabarber gießen.

3 Abkühlen lassen und gleich genießen oder das noch heiße Kompott in die vorbereiteten Gläser füllen und sofort verschließen. So hält es sich 2–3 Monate. Für längere Haltbarkeit muss das Kompott für ca. 30 Min. eingekocht werden (s. S. 105).

HIMBEERGRÜTZE

erfrischende Grütze, die auch Anfängern gelingt

Für 3 Gläser (je 250 ml)
Zubereitungszeit ca. 30 Min.
pro Glas 240 kcal
Haltbarkeit 2–3 Wochen

500 g Himbeeren
250 ml roter Traubensaft
1 EL Limetten- oder Zitronensaft
70 g Zucker
Pfeffer (nach Belieben)
40 g Speisestärke
Außerdem:
3 Twist-off- oder Einmachgläser (sterilisiert, s. S. 6)

1 Die Himbeeren verlesen und, nur falls nötig, kurz vorsichtig waschen. Mit Traubensaft, Zitrussaft, Zucker und 1 Prise Pfeffer zum Kochen bringen und offen bei mittlerer Hitze ca. 5 Min. sanft kochen lassen.

2 Die Stärke in einem kleinen Schälchen mit 2–3 EL kaltem Wasser anrühren, unter die Beeren mischen und alles noch einmal aufkochen lassen.

3 Die Himbeergrütze gleich frisch genießen oder in die vorbereiteten Gläser füllen und verschließen. Im Kühlschrank hält sie sich so 2–3 Wochen. Für eine längere Haltbarkeit ist es notwendig, die Grütze für ca. 20 Min. einzukochen (s. S. 105), wodurch die Früchte allerdings ziemlich matschig werden.

SOMMERKOMPOTT

Sommersüße für den Vorrat

Für 6 Gläser (je 500 ml)
Zubereitungszeit ca. 45 Min.
Einkochzeit 40 Min.
pro Glas 465 kcal
Haltbarkeit 12 Monate

1 kg kleine Zwetschgen
1 kg Sauerkirschen
1 kg Brombeeren
1 Vanilleschote · 400 g Zucker
Außerdem:
6 Twist-off- oder Einmachgläser
(sterilisiert, s. S. 6)

1 Die Zwetschgen, Kirschen und Brombeeren waschen. Kirschen entsteinen, Zwetschgen vierteln und entsteinen, Brombeeren verlesen. Die Früchte in die vorbereiteten Gläser schichten: unten die Zwetschgen, dann die Kirschen und zuletzt die Beeren.

2 Die Vanilleschote mit einem kleinen spitzen Messer längs aufschneiden und in ca. 2 cm große Stücke teilen. Mit 400 g Zucker und 1,5 l Wasser zu einem Sirup einkochen, diesen heiß auf den Früchten verteilen.

3 Die Gläser verschließen und in ein tiefes Backblech stellen. Heißes Wasser fingerhoch in das Blech gießen. Den Backofen auf 150° vorheizen und das Kompott im Ofen (unten) ca. 40 Min. einkochen (s. S. 105). Alternativ im Kochtopf einkochen.

KIRSCHKOMPOTT

feinsäuerliches Dessert

Für 4 Gläser (je 500 ml)
Zubereitungszeit ca. 30 Min.
Einkochzeit 20 Min.
pro Glas 360 kcal
Haltbarkeit 12 Monate

1 kg Sauerkirschen · 1/2 Bio-Zitrone
1 Vanilleschote · 100 g Zucker
125 g Gelierzucker (1 : 1)
Außerdem:
4 Twist-off- oder Einmachgläser (sterilisiert, s. S. 6)

1 Die Sauerkirschen waschen und die Stiele entfernen. Die Zitronenschale mit dem Sparschäler dünn abschälen, dann den Saft auspressen. Kirschen und Zitronenschale in die vorbereiteten Gläser füllen.

2 Vanilleschote aufschlitzen. Zucker und Gelierzucker mit 500 ml Wasser und Zitronensaft und der Vanilleschote aufkochen. Kochen, bis der Zucker aufgelöst ist.

3 Den Sirup in die Gläser füllen. Diese verschließen und anschließend im Kochtopf oder im Backofen (s. S. 105) ca. 20 Min. einkochen.

TUNING-TIPP
Wodka-Kirschen: 500 g Süßkirschen waschen, rundherum mehrmals anstechen und die Stiele entfernen. Kirschen in Gläser füllen. 75 g Zucker in 150 ml Wasser auflösen, mit 100 ml Kirschlikör oder Kirschbrandy und 500 ml Wodka mischen. In die Gläser füllen und 2–3 Wochen ziehen lassen.

EINGEKOCHTE APRIKOSEN

Sommerglück aus wenigen Zutaten

Für 4 Gläser (je 500 ml)
Zubereitungszeit ca. 40 Min.
Einkochzeit 1 Std. 25 Min.
pro Glas 1060 kcal
Haltbarkeit 12 Monate

400 g Zucker
3 EL Zitronensaft
2 kg reife, aber nicht zu weiche Aprikosen
Außerdem:
4 Twist-off- oder Einmachgläser (sterilisiert, s. S. 6)

1 Den Zucker und den Zitronensaft mit 1 l Wasser in einem Topf aufkochen. Gleichzeitig Wasser im Wasserkocher erhitzen. Den Backofen auf 200° vorheizen.

2 Die Aprikosen waschen und abtropfen lassen, die Schale über Kreuz leicht einritzen und die Früchte in eine Schüssel legen. Mit dem kochend heißen Wasser übergießen, ca. 30 Sek. stehen lassen, dann in ein Sieb geben und kalt abschrecken. Die Früchte häuten, halbieren und entkernen.

3 Die Früchte dicht an dicht in die vorbereiteten Gläser füllen, anschließend mit dem heißen Zuckersirup bis 2 cm unter den Rand aufgießen. Die Glasränder säubern, die Deckel mitsamt Gummiringen aufsetzen und die Gläser mit den Klammern verschließen.

4 Die Gläser in einen Bräter stellen, ohne dass sie sich berühren. Den Bräter mit heißem Wasser ca. 2 cm hoch auffüllen und in den Ofen schieben. Wenn der Sirup in den Gläsern zu sprudeln beginnt (nach ca. 1 Std.), den Ofen ausschalten und die Gläser für weitere 25 Min. im heißen Wasserbad stehen lassen (s. auch S. 105).

5 Die Gläser herausnehmen und zum Abkühlen auf ein Küchentuch stellen. Ganz abkühlen lassen (am besten über Nacht), dann erst die Klammern abnehmen.

AROMA-TIPP
Es gibt Obstsorten, die frisch gegessen ganz nett sind, zu Höchstform aber erst durch Hitze auflaufen. Aprikosen gehören auf jeden Fall dazu. Ob eingeweckt, als Konfitüre oder in Marillenknödeln – immer ist es das Kochen, das ihnen den **unvergleichlichen Geschmack** entlockt.

VARIANTE

KOMPOTT OHNE EINKOCHEN

Für 4 Gläser (je 500 ml)
Zubereitungszeit ca. 40 Min.
Haltbarkeit 6 Monate

- 2 kg Obst (feste Früchte) waschen, ggf. häuten und/oder entkernen. 400 g Zucker, 500 ml Wasser und 3 EL Zitronensaft in einem großen Topf aufkochen und bei mittlerer Hitze in ca. 15 Min. sirupartig einkochen. Das Obst dazugeben, erhitzen und 5 Min. in dem Sirup kochen lassen.
- Das heiße Obst mitsamt Sirup in sterilisierte Gläser (s. S. 6) mit Twist-off-Deckeln einfüllen, die Gläser gleich verschließen und für 20 Min. umgedreht auf ein Küchentuch stellen. Dann die Gläser umdrehen und ganz abkühlen lassen.
- Die hier beschriebene Methode ohne Einkochen eignet sich vor allem für **feste Früchte,** wie z. B. Kirschen, Stachelbeeren oder Birnen. Die Früchte halten sich so ca. 6 Monate. Weicheres Obst sollte man besser auf die im Aprikosen-Rezept oben beschriebene traditionelle Art einkochen, dann hält es sich bis zu 1 Jahr.

QUITTENKOMPOTT MIT GEWÜRZEN

für Überraschungsdesserts

Für 4 Gläser (je 500 ml)
Zubereitungszeit ca. 45 Min. · Garzeit 30 Min.
pro Glas 515 kcal
Haltbarkeit 6 Monate

2 kg große, reife Quitten
1 Zitrone
400 g Zucker
8 Gewürznelken
4 kleine Zimtstangen
Außerdem:
4 Twist-off- oder Einmachgläser
(sterilisiert, s. S. 6)

1 Die Quitten waschen, schälen und vierteln. Stiel- und Blütenansätze sowie die Kerngehäuse herausschneiden. In dem sehr festen Quittenfleisch geht das am besten mit einem Kugelausstecher. Die Zitrone auspressen.

2 Die Früchte in einen Topf geben, Zitronensaft, Zucker und Gewürze daraufgeben. So viel Wasser aufgießen, dass es ca. 2 Fingerbreit über den Quitten steht. Alles gut durchrühren, bis sich der Zucker aufgelöst hat.

3 Die Quitten in 20–30 Min. bei mittlerer Hitze weich kochen. Dann die Quittenstücke sofort in die vorbereiteten Gläser füllen. Den Saft noch einmal aufkochen und über die Quitten gießen, sodass sie davon bedeckt sind. In jedes Glas einen Teil der Gewürze füllen, dann diese sofort verschließen.

MIRABELLEN-KOMPOTT

super-aromatischer Klassiker

Für 5 Gläser (je 500 ml)
Zubereitungszeit ca. 50 Min. · Einkochzeit 30 Min.
pro Glas 620 kcal
Haltbarkeit 12 Monate

2,5 kg Mirabellen
2 Zimtstangen · 400 g Zucker
Außerdem:
5 Twist-off- oder Einmachgläser
(sterilisiert, s. S. 6)

1 Die Mirabellen waschen, entstielen und entsteinen. Die Zimtstangen in jeweils 5 Stücke brechen.

2 Den Zucker mit 1 l Wasser in einen Topf geben und aufkochen, sodass sich der Zucker löst. Die Mirabellen dazugeben und einmal mit aufkochen, vom Herd nehmen. Die Zimtstangenstücke untermischen.

3 Die Mirabellen mit dem Sud und den Zimtstücken bis 2 cm unter den Rand in die vorbereiteten Gläser füllen und sofort verschließen. Zum Haltbarmachen bei 90° Wassertemperatur 30 Min. im Backofen oder im Topf einkochen (s. S. 105).

DAS SCHMECKT DAZU

Die Mirabellen passen bestens zu **Grießpudding** oder Milchreis, als Füllung für Kuchen und Torten oder einfach so als Dessert. Dafür den Saft mit Speisestärke etwas eindicken.

ÄPFEL MIT VANILLE

das schmeckt nach Heimat

Für 5 Gläser (je 500 ml)
Zubereitungszeit ca. 50 Min. · Einkochzeit 30 Min.
pro Glas 530 kcal
Haltbarkeit 12 Monate

2 kg kleine aromatische Äpfel
(z. B Gravensteiner, Boskop, Cox Orange)
2 Zitronen · 2 Vanilleschoten
500 g Zucker
Außerdem:
5 Twist-off- oder Einmachgläser
(sterilisiert, s. S. 6)

1 Die Äpfel schälen, vierteln und die Kerngehäuse herausschneiden. Die Zitronen auspressen. Die Hälfte des Zitronensafts über die Äpfel träufeln und untermengen. Die Vanilleschoten aufschlitzen.

2 In einem großen Topf 1 l Wasser mit dem Zucker, dem restlichen Zitronensaft und den aufgeschlitzten Vanilleschoten aufkochen. Die Apfelviertel zugeben und im kochenden Sirup 3 Min. garen.

3 Die Apfelstücke aus dem Sirup heben, abtropfen lassen und in die vorbereiteten Gläser schichten. Den Sirup durch ein feines Sieb gießen. Die Vanillesschoten in je 5 Stücke schneiden und zu den Äpfeln geben.

4 Den Sirup bis 2 cm unter den Glasrand auf die Äpfel gießen und die Gläser verschließen. Die Äpfel zum Haltbarmachen bei 90° Wassertemperatur 30 Min. im Backofen oder im Topf einkochen (s. S. 105).

KÜRBIS IN INGWERSIRUP

mit Zitrus- und Ingwerfrische

Für 4 Gläser (je 250 ml)
Zubereitungszeit ca. 20 Min. · Garzeit 40 Min.
pro Glas 565 kcal
Haltbarkeit 6 Monate

1 kg junger Kürbis mit festem Fleisch
(z. B. Hokkaidokürbis)
2 Bio-Limetten oder Bio-Zitronen
60 g frischer Ingwer · 500 g Gelierzucker (1 : 1)
Außerdem:
4 Twist-off- oder Einmachgläser
(sterilisiert, s. S. 6)

1 Den Kürbis entkernen und das Fruchtfleisch mitsamt der Schale in ca. 1 cm dicke Scheiben schneiden. Ältere Kürbisse schälen.

2 Die Limetten oder Zitronen waschen, die Schalen dünn abschälen, den Saft auspressen. Den Ingwer schälen und in Scheiben schneiden.

3 Alle Zutaten mit Zucker und 500 ml Wasser zum Kochen bringen. Kürbis bei ganz schwacher Hitze 30–40 Min. kochen, bis die Stücke glasig sind und beginnen zu zerfallen. Kürbis mit einem Schaumlöffel aus dem Sirup heben und in die vorbereiteten Gläser verteilen.

4 Den Ingwersirup bei starker Hitze um ein Viertel einkochen lassen und auf die Gläser verteilen. Sofort verschließen, kühl und dunkel lagern.

ZWETSCHGENKOMPOTT

mit Schuss und Mandelaroma

Für 4 Gläser (je 500 ml)
Zubereitungszeit ca. 50 Min. · Einkochzeit 30 Min.
pro Glas 860 kcal
Haltbarkeit 12 Monate

1,5 kg Zwetschgen
1/2 Bio-Zitrone
200 g Zucker
1 Zimtstange
300 ml Weißwein (ersatzweise Zwetschgen- oder Kirschsaft)
3 EL Amaretto (ital. Mandellikör, nach Belieben)
Außerdem:
4 Twist-off- oder Einmachgläser (sterilisiert, s. S. 6)

1 Die Zwetschgen waschen, vierteln und entsteinen. Zitrone heiß waschen und abtrocknen, 1 Msp. Schale abreiben, den Saft auspressen. Zitronensaft und -schale mit Zucker, Zimtstange und Wein oder Saft in einem großen Topf zum Kochen bringen.

2 Dann die Zwetschgen zugeben und bei kleiner Hitze 5–15 Min. kochen lassen (je nachdem wie stückig man das Kompott möchte). Zuletzt nach Belieben den Amaretto unterrühren.

3 Zum Haltbarmachen das noch heiße Kompott in die vorbereiteten Gläser füllen und bei 90° Wassertemperatur 30 Min. im Backofen oder im Topf einkochen (s. S. 105). Zum Servieren nach Belieben ungesalzene Pistazien grob hacken und über das Kompott streuen.

DAS SCHMECKT DAZU

Zum Kompott passt bestens eine **Marzipansauce:** Dafür 100 g Marzipanrohmasse grob zerkleinern und mit 100 ml Milch vorsichtig mit dem Pürierstab oder im Mixer schaumig pürieren, dabei nach und nach weitere 100 ml Milch dazugießen. 1 Pck. Vanillezucker, 200 g Mascarpone und nach Belieben 2 EL Amaretto (ital. Mandellikör) zugeben und pürieren, bis die Sauce schön cremig ist.

APFELMUS

preiswertes Herbstvergnügen

Für 2 Gläser (je 400 ml)
Zubereitungszeit ca. 30 Min. · Einkochzeit 30 Min.
pro Glas 970 kcal
Haltbarkeit 6–12 Monate

1 Bio-Zitrone
750 g Äpfel (kann auch Fallobst sein, Hauptsache die Früchte haben reichlich Aroma)
80 g Zucker
125 ml Cidre oder naturtrüber Apfelsaft
1 Prise Zimtpulver oder Muskatnuss, frisch gerieben (nach Belieben)
Außerdem:
2 Twist-off- oder Einmachgläser (sterilisiert, s. S. 6)

1 Die Zitrone heiß waschen, die Hälfte der Schale fein abreiben, den Saft beider Hälften auspressen.

2 Die Äpfel vierteln und schälen, die Kerngehäuse herausschneiden. Die Äpfel in Schnitze schneiden.

3 In einem Topf 60 g Zucker mit 250 ml Wasser und dem Cidre oder Apfelsaft, der Zitronenschale und dem Zitronensaft aufkochen. Den Zuckersirup offen ungefähr 5 Min. sprudelnd kochen lassen.

4 Dann die Hitze ganz klein stellen, die Apfelschnitze unter den Sirup mischen und den Deckel auflegen. Die Äpfel ca. 10 Min. garen, bis sie zerfallen.

5 Äpfel im Zuckersirup mit dem Kartoffelstampfer zerdrücken oder alles mit dem Pürierstab durchmixen. Übrigen Zucker und Zimt oder Muskat (unbedingt mal ausprobieren!) dazugeben, unterrühren.

6 Wollen Sie das Apfelmus nicht sofort genießen, noch einmal aufkochen, heiß in die vorbereiteten Gläser füllen und diese gleich verschließen. So hält sich das Apfelmus ca. 6 Monate. Für eine noch längere Haltbarkeit ist es notwendig, das Apfelmus für ca. 30 Min. im Backofen oder in einem Topf einzukochen (s. S. 105).

DER LIEBLINGSKLASSIKER

RUMTOPF

ein Klassiker für die Winterzeit

Für 1 großes Gefäß (5 l Inhalt)
Zubereitungszeit ca. 1 Std. pro Obstsorte
Ruhezeit 3 Wochen
bei 30 Portionen pro Portion 700 kcal
Haltbarkeit 12 Monate

500 g makellose Erdbeeren
ca. 3 kg Zucker
5–6 Flaschen brauner Rum (54 %)
500 g aromatische Aprikosen
500 g Kirschen
700 g aromatische gelbe Pfirsiche
2 vollreife Mangos
1 vollreife Ananas und/oder 500 g Weintrauben
600 g Zwetschgen
Außerdem:
1 großer Tontopf (sterilisiert, s. Tipp)

1 Im Juni mit dem Ansetzen des Rumtopfs beginnen: Die Erdbeeren waschen, putzen und sorgfältig trocken tupfen. Große Früchte halbieren. Die Erdbeeren in den vorbereiteten Tontopf geben und 1 kg Zucker darauffüllen. Die Früchte 2 Std. Saft ziehen lassen, dann so viel Rum daraufgießen, dass die Erdbeeren zweifingerhoch bedeckt sind. 3–4 Wochen durchziehen lassen, dabei zwischendurch mit einem Edelstahllöffel umrühren, damit sich der Zucker auflöst.

2 Die weiteren oben genannten Früchte in ihrer jeweiligen Saison vorbereiten und mit je 250 g Zucker zum Rumtopfansatz geben: Die Aprikosen waschen, trocken tupfen, vierteln und entsteinen. Die Kirschen waschen, trocken tupfen und entsteinen. Die Pfirsiche mit kochendem Wasser überbrühen, häuten und in mundgerechte Stücke schneiden, Pfirsichsteine dabei entfernen.

3 Die Mangos schälen, das Fruchtfleisch in mundgerechten Stücken von den Steinen schneiden. Die Ananas schälen, den harten Strunk in der Mitte herausschneiden. Ananas in Stücke schneiden. Die Zwetschgen waschen, halbieren, Stiele und Steine entfernen.

4 Immer so viel Rum angießen, dass die Früchte zweifingerhoch damit bedeckt sind. Den Rumtopf nach alter Tradition bis zum ersten Advent stehen lassen, dann darf zum ersten Mal probiert werden.

PROFI-TIPPS

Damit der Rumtopf gelingt: Das Gefäß für den Rumtopf sollte aus Steinzeug oder Keramik sein und einen gut schließenden Deckel besitzen. Glasgefäße sind nicht gut geeignet, da sie lichtdurchlässig sind. Zum **Sterilisieren** den Topf mit kochend heißem Wasser und einigen Spritzern Essigessenz ausspülen und umgedreht auf einem sauberen Geschirrtuch trocknen lassen. Den Rumtopf, wenn er einmal befüllt ist, immer an einem dunklen, kühlen Ort aufbewahren. **Regelmäßig kontrollieren**, damit nichts schimmelt. Früchte, die nach oben steigen mit einem sorgfältig gereinigten Teller beschweren.
Pannenhilfe: Bilden sich kleine Bläschen an der Oberfläche des Rumtopfs, hat er angefangen zu gären. In diesem Fall 150 ml **reinen Weingeist** (96 %) darunterrühren. Der hochprozentige Alkohol unterbricht den Gärungsprozess. Falls sich bereits Schaum an der Oberfläche bildet und der Rumtopf gärig riecht, sollten Sie den Inhalt einmal aufkochen und alsbald verbrauchen.

SCHWARZER BEERENTOPF

herb-würzig mit Lakritze-Kick

Für 1 großes Gefäß (2 l Inhalt)
Zubereitungszeit ca. 40 Min.
Ruhezeit 1 Monat
bei 20 Portionen pro Portion 185 kcal
Haltbarkeit 12 Monate

250 g Zwetschgen · 200 g Heidelbeeren
150 g Brombeeren
100 g Schwarze Johannisbeeren
100 g rote Stachelbeeren · 2 frische Feigen
ca. 400 g brauner Rohrzucker
40 g reine Bio-Lakritze (Reformhaus)
1 Stück Bio-Orangenschale (ca. 5 cm)
1 Zimtstange
650 ml Zwetschgenwasser
(40 %, ersatzweise Wodka)
60 ml reiner Alkohol (Weingeist 96 %)
Außerdem:
1 großer Tontopf (sterilisiert, s. Tipp S. 118)

1 Das Obst und die Beeren vorsichtig waschen, auf einem Küchentuch ausbreiten und trocknen lassen. Die Zwetschgen halbieren und entsteinen. Die Johannisbeeren mit einer Gabel von den Rispen streifen und verlesen. Von den Beeren die Blütenansätze und Stielchen entfernen. Die Feigen vierteln. Das gesamte Obst wiegen und in den vorbereiteten Tontopf füllen. Mit der halben Gewichtsmenge braunem Zucker bestreuen und dann 1 Std. Saft ziehen lassen.

2 Lakritze in kleine Stücke schneiden und mit Orangenschale und Zimtstange zum Obst geben. Zwetschgenwasser und Alkohol darübergießen. Das Gefäß gut verschließen und den Beerentopf mindestens 4 Wochen im Dunkeln ziehen lassen. Damit er sich über längere Zeit hält, die Profi-Tipps auf Seite 118 beachten.

GENUSS-TIPP
Der **dunkle Beerentopf** sieht toll aus auf Vanillepudding oder Grießflammeri.

APRIKOSEN IN APRIKOSENGEIST

feiner Nachtisch für den Vorrat

Für 2 Gläser (je 500 ml)
Zubereitungszeit ca. 1 Std.
Einkochzeit 30 Min.
pro Glas 1250 kcal
Haltbarkeit 12 Monate

150 g Zucker
Saft von 1 Limette
1 Vanilleschote
1 Stück frischer Ingwer (3 cm)
3 EL frische Cranberrys
125 ml Grand Marnier
125 ml Aprikosengeist
750 g feste aromatische Aprikosen
2 dünne Scheiben einer Bio-Limette
Außerdem:
2 Twist-off- oder Einmachgläser (sterilisiert, s. S. 6)

1 250 ml Wasser mit Zucker und Limettensaft unter Rühren aufkochen. Vanilleschote der Länge nach aufschlitzen, Ingwer schälen und in Scheiben schneiden. Vanille, Cranberrys und Ingwer zugeben. Mit Grand Marnier und Aprikosengeist unter das Zuckerwasser rühren. Beiseitestellen.

2 Die Aprikosen waschen und bis auf 3–4 Stück mit einer Gabel rundum mehrmals einstechen. Diese in die vorbereiteten Gläser füllen. Die beiseitegelegten halbieren, die Steine herausnehmen und knacken. Die Häutchen der Kerne abstreifen. Fruchthälften in die vorbereiteten Gläser geben.

3 Kerne, Limettenscheiben und Vanilleschote zwischen die Aprikosen schieben. Alkoholmischung aufkochen, über die Aprikosen gießen und die Gläser schließen. In eine mit warmem Wasser halb gefüllte Form stellen. Backofen auf 160° einstellen und die Aprikosen auf dem Rost (Mitte) 30 Min. einkochen (s. S. 105). Herausnehmen und auf einem Küchentuch erkalten lassen.

KIRSCHKOMPOTT MIT MARASCHINO

Früchtchen mit Schwips

Für 5 Gläser (je 500 ml)
Zubereitungszeit ca. 50 Min. · Einkochzeit 30 Min.
pro Glas 655 kcal · Haltbarkeit 12 Monate

2 kg Süßkirschen · 1 Bio-Zitrone
5 Gewürznelken · 500 g Zucker
200 ml Maraschino (Kirschlikör)
Außerdem:
5 Twist-off- oder Einmachgläser (sterilisiert, s. S. 6)

1 Die Kirschen waschen, die Stiele entfernen und die Früchte auf Geschirrtüchern trocknen. Die Kirschen mit dem Kirschentsteiner entsteinen und dicht an dicht in die vorbereiteten Gläser schichten. Die Zitrone heiß abwaschen, abtrocknen und die Schale in 1 cm breiten Streifen dünn abschneiden.

2 In jedes Glas zwischen die Kirschen 1 Gewürznelke und 1 Stück Zitronenschale stecken, den Zucker und den Maraschino auf die Gläser verteilen. Die Gläser mit den Deckeln verschließen. Die Gläser in einen großen, mit kaltem Wasser gefüllten Topf stellen und langsam erhitzen. Sobald das Wasser 90° heiß ist, die Kirschen 30 Min. bei dieser Temperatur einkochen.

GENUSS-TIPP
Die nach diesem Rezept eingekochten Kirschen schwimmen nicht im Saft und eignen sich damit besonders gut als **Kuchenbelag**. Aber auch pur schmecken sie ganz köstlich.

FEIGEN IN PORTWEIN

macht aus schlichtem Eis ein raffiniertes Dessert

Für 2 Gläser (je 700 ml)
Zubereitungszeit ca. 35 Min. · pro Glas 835 kcal
Haltbarkeit 2–3 Monate

800 g nicht zu reife blaue oder grüne Feigen
500 ml Portwein
2 Bio-Orangen · 1 Bio-Zitrone
4 Gewürznelken
100 g Gelierzucker (1 : 1)
Außerdem:
2 Twist-off- oder Einmachgläser (sterilisiert, s. S. 6)

1 Die Feigen waschen und abtropfen lassen. Die Stiele abschneiden und dort, wo sie saßen, die Früchte kreuzweise 1 1/2 cm tief einschneiden. Den Portwein in einen Topf mit breitem Boden gießen.

2 1 Bio-Orange waschen und mit einem Zestenreißer ca. 10 lange Streifen abziehen. Orangen und Zitrone auspressen. Zesten, Zitrussaft und Gewürznelken zum Portwein geben. Den Gelierzucker unterrühren und alles 1 Min. aufkochen. Den Topf beiseiteziehen und die Feigen mit den Einschnitten nach oben in den Sud setzen. Zugedeckt 1–2 Min. kochen und die Feigen anschließend im Sud abkühlen lassen.

3 Die abgekühlten Früchte, Orangenzesten und Gewürznelken mit einem Löffel aus dem Sud heben und in die vorbereiteten Gläser setzen. Den Sud kräftig aufkochen und über die Feigen gießen. Die Gläser sofort mit Twist-off-Deckeln verschließen, kühl stellen.

BIRNEN IN VIN SANTO

für Italien-Fans

Für 2 Gläser (je 500 ml)
Zubereitungszeit ca. 40 Min. · Garzeit 20 Min.
pro Glas 805 kcal · Haltbarkeit 1–2 Monate

1 kg reife, möglichst kleine Birnen
2 Gewürznelken · 2 EL Zitronensaft
50 g große Sultaninen · 750 ml Vin Santo
Außerdem:
2 Twist-off- oder Einmachgläser
(sterilisiert, s. S. 6)

1 Die Birnen schälen, aber die Stiele nicht abschneiden. In 2 Birnen je 1 Gewürznelke stecken. 1 l Wasser mit Zitronensaft aufkochen und die Birnen darin – je nach Dicke – 15–20 Min. im Ganzen garen. Sie dürfen nicht zerfallen. Währenddessen die Sultaninen in warmem Wasser 15 Min. einweichen und abtropfen lassen.

2 Den Vin Santo mit den Sultaninen in einem Topf kurz aufkochen. Die Birnen aus dem heißen Sud heben und in die vorbereiteten Gläser füllen. Mit Vin Santo und Sultaninen bis 2 cm unter den Rand auffüllen, bei zu wenig Flüssigkeit etwas heißes Birnenkochwasser zugeben. Die Gläser sofort verschließen und mindestens 3–4 Tage durchziehen lassen.

GENUSS-TIPP
Die Birnen pur mit etwas Wein aus dem Einmachglas genießen oder zu Schokoladen-Mousse oder Nusseis **als Dessert** reichen.

ZWETSCHGEN IN ROTWEIN

mit knackiger Mandelüberraschung

Für 3 Gläser (je 400 ml)
Zubereitungszeit ca. 40 Min. · Ruhezeit 3 Wochen
pro Glas 965 kcal · Haltbarkeit 6 Monate

1 kg aromatische Zwetschgen
100 g abgezogene Mandeln
1 l trockener Rotwein
250 g brauner Zucker · 1 Zimtstange
1 TL Pimentkörner
3 kleine Stücke getrockneter Ingwer
Außerdem:
3 Twist-off- oder Einmachgläser
(sterilisiert, s. S. 6)

1 Die Zwetschgen waschen und trocken reiben. Die Früchte längs einmal einschneiden. Die Steine aus den Zwetschgen lösen und an ihrer Stelle jeweils eine Mandel in die Früchte stecken.

2 Den Rotwein mit dem Zucker und den Gewürzen aufkochen. Die Zwetschgen in den Wein geben und 5 Min. bei mittlerer Hitze kochen. Die Zwetschgen anschließend kochend heiß in die vorbereiteten Gläser füllen und den heißen Sud daraufgießen.

3 Die Gläser verschließen und die Zwetschgen auf den Deckeln stehend 5 Min. abkühlen lassen. Dann richtig herum stellen und komplett abkühlen lassen. Die Zwetschgen mindestens 3 Wochen ziehen lassen, kühl und dunkel aufbewahren.

ESSIGKIRSCHEN MIT PFEFFER

frisch-würzig und trotzdem süß

Für 6 Gläser (je 250 ml)
Zubereitungszeit ca. 1 Std. 10 Min.
Ruhezeit 3 Std.
pro Glas 785 kcal
Haltbarkeit 6 Monate

1250 g Süßkirschen
100 ml Aceto balsamico
1 kg Gelierzucker (1 : 1)
1 TL schwarze Pfefferkörner
Außerdem:
6 Twist-off- oder Einmachgläser
(sterilisiert, s. S. 6)

1 Die Kirschen waschen und entsteinen. 1 kg abwiegen, die Hälfte davon mit dem Essig pürieren, den Rest klein würfeln – für die Stückchen in der Konfitüre. Kirschwürfel, Kirschpüree und Gelierzucker in einem großen Topf mischen und mindestens 3 Std. ziehen lassen.

2 Den Topf auf den Herd stellen, die Mischung aufkochen, dabei häufig umrühren. Nach Packungsanweisung ca. 4 Min. sprudelnd kochen lassen.

3 Die Pfefferkörner im Mörser zerkleinern oder in einer Pfeffermühle grob mahlen, dann zu den fast fertigen Essigkirschen geben. Den Topf vom Herd nehmen, die Kirschkonfitüre sofort in die vorbereiteten Gläser füllen und diese verschließen.

GENUSS-TIPP
Süßkirschen sind so süß, dass sie selbst im Tiefkühlfach weich bleiben. Der hohe Fruchtzuckergehalt in der vollreifen Süßkirsche wirkt wie ein natürlicher Frostschutz. Und so schmecken Kombinationen von Süßkirsche mit Essig besonders frisch und trotzdem süß. Ganz traditionell zum Beispiel diese bayerischen Essigkirschen, eine **süßsaure Konfitüre**, die zu Wild, Schmorbraten und Ente sehr gut passt.

EINGELEGTE SALZZITRONEN

eine Delikatesse aus Marokko

Für 4 Gläser (je 500 ml) · Zubereitungszeit ca. 45 Min. · Wässern 6 Tage · Ruhezeit 3 Wochen pro Glas 60 kcal · Haltbarkeit 6 Monate

10 dünnschalige Bio-Zitronen
grobkörniges Meersalz
Außerdem:
4 Twist-off- oder Einmachgläser (sterilisiert, s. S. 6)

1 8 von den Zitronen gründlich waschen und in eine Schüssel legen. Mit kaltem Wasser bedeckt 6–8 Tage stehen lassen. Täglich das Wasser wechseln.

2 Die gewässerten Zitronen abtropfen lassen und mit einem spitzen Küchenmesser längs einritzen – ca. 1 cm unterhalb des Blütenansatzes bis 1 cm oberhalb des Stielansatzes – so als wollte man sie in Viertel schneiden. Die Früchte in diesen Markierungen vorsichtig durchschneiden, sodass sie quasi geviertelt sind, aber oben und unten noch zusammenhalten.

3 Jede der aufgeschnittenen Zitronen mit der Hand von oben und unten zusammendrücken. In die entstehenden Spalten je 1/4 TL Salz füllen. Je 2 Salzzitronen in die vorbereiteten Gläser geben. Die beiden übrigen Zitronen auspressen und den Saft auf die 4 Gläser verteilen. Je 1/2 EL Salz darüberstreuen.

4 Die Zitronen mit kochendem Wasser bedecken. Die Gläser sofort verschließen. Nach 3–4 Wochen sind die Schalen weich und gebrauchsfertig. Angebrochene Gläser im Kühlschrank aufbewahren.

GENUSS-TIPP
Salzzitronen sind eine unverzichtbare Zutat in der **marokkanischen Küche**. Verwendet werden nur die Schale und der Saft. Die Schalen, in Streifen geschnitten, geben roh oder kurz mitgegart Salaten oder Tajines, Schmorgerichten oder Reis- und Couscousgerichten ein apartes Aroma.

KÜRBIS SÜSSSAUER

fein zu Käsefondue und Raclette

Für 5 Gläser (je 500 ml)
Zubereitungszeit ca. 50 Min.
Ruhezeit 12 Std.
pro Glas 795 kcal
Haltbarkeit 3 Monate

2 kg Muskatkürbis
200 g getrocknete, ungeschwefelte Aprikosen
1 Bio-Zitrone
600 ml Apfelessig (6 % Säure)
750 g Zucker
2 TL Salz
1 EL schwarze Pfefferkörner
1 EL Korianderkörner
5 Stücke getrockneter Ingwer (je ca. 2 cm)
5 kleine frische rote Chilischoten
Außerdem:
5 Twist-off- oder Einmachgläser
(sterilisiert, s. S. 6)

1 Kürbis schälen, Fasern und Kerne entfernen. Kürbisfleisch 2 cm groß würfeln. Die Aprikosen in kochendem Wasser kurz stehen lassen, dann abgießen und halbieren. Die Zitrone heiß waschen, die Schale ohne das Weiße in 1 cm breiten Streifen dünn abschneiden.

2 Kürbis, Aprikosen und Zitronenschalen in eine hohe Schüssel geben. Den Apfelessig mit 250 ml Wasser, Zucker und Salz aufkochen und auf den Kürbis gießen. Alles mit einem Teller beschweren und mit einem Tuch zugedeckt über Nacht ziehen lassen.

3 Dann die Kürbismischung abgießen, den Sud in einem Topf auffangen und mit den Gewürzen aufkochen.

4 Die Früchte bis 3 cm unter den Rand in die vorbereiteten Gläser füllen. Den kochenden Sud bis 2 cm unter den Rand auf den Kürbis gießen, sodass dieser damit bedeckt ist. Die Gläser sofort verschließen und kühl und dunkel aufbewahren.

SÜSSSAURE PFIRSICHE

bringt Abwechslung auf den Abendbrottisch

Für 4 Gläser (je 500 ml)
Zubereitungszeit ca. 1 Std.
pro Glas 715 kcal
Haltbarkeit 3–4 Monate

1 Zitrone
2 kg reife, aber nicht zu weiche Pfirsiche
(oder Nektarinen)
500 g Zucker
400 ml Weißweinessig
1 Stück frischer Ingwer (ca. 10 g)
1 Zimtstange, in 4 Stücke gebrochen
8 Gewürznelken
Außerdem:
4 Twist-off- oder Einmachgläser
(sterilisiert, s. S. 6)

1 Die Zitrone auspressen, den Saft mit 2 l kaltem Wasser in eine Schüssel gießen. Die Pfirsiche mit kochend heißem Wasser überbrühen, häuten und halbieren. Die Steine entfernen, beiseitelegen. Pfirsiche in das Zitronenwasser legen, damit sie nicht braun werden.

2 Den Zucker und den Essig in einem Topf mit breitem Boden aufkochen. Die Pfirsichhälften hineinlegen und kurz durch und durch heiß werden lassen. Herausnehmen, kurz abtropfen lassen und dann mit den Rundungen nach oben in die vorbereiteten Gläser legen.

3 Den Ingwer schälen und in Stücke schneiden. Gewürze und Ingwer in den Essigsud geben. Die Pfirsichsteine knacken und die Häutchen von den Kernen streifen. Die Kerne zum Sud geben. Diesen noch einmal aufkochen und sofort über die Pfirsiche gießen. Die Gläser verschließen, kühl und dunkel aufbewahren.

HINTEN Kürbis süßsauer
VORNE Süßsaure Pfirsiche

SPARGEL IN WEINSUD

feiner Spargelsalat für den Vorrat

Für 3 hohe Gläser (je 700 ml)
Zubereitungszeit ca. 35 Min.
pro Glas 105 kcal
Haltbarkeit 4 Monate

1 1/2 kg weißer Spargel
Salz · 500 ml Essig
250 ml trockener Weißwein
50 g Zucker
1 EL schwarze Pfefferkörner
3 Zweige frischer Estragon
Außerdem:
3 hohe Twist-off- oder Einmachgläser (sterilisiert, s. S. 6)

1 Den Spargel waschen und mit dem Sparschäler schälen, die unteren holzigen Enden abschneiden. Die Spargelstangen auf gleiche Länge so zurechtschneiden, dass sie aufrecht in die Gläser passen.

2 750 ml Wasser zum Kochen bringen, knapp 1 EL Salz dazugeben. Den Spargel darin je nach Dicke 3–6 Min. blanchieren. Die Spargelstangen mit einem Schaumlöffel herausheben und in einem Sieb abtropfen lassen.

3 Das Spargelwasser bei starker Hitze offen um ca. die Hälfte reduzieren. Dann mit dem Essig, dem Weißwein, dem Zucker und den Pfefferkörnern mischen und das Ganze noch einmal zum Kochen bringen.

4 Die Estragonzweige waschen und trocken schütteln. Den Spargel aufrecht in die vorbereiteten Gläser stellen und in jedes Glas einen Zweig Estragon geben. Mit dem kochenden Sud übergießen. Die Gläser sofort verschließen, kühl und dunkel aufbewahren.

SENFGURKEN MIT APFEL

auch süßsauer macht lustig!

Für 5 Gläser (je 450 ml)
Zubereitungszeit ca. 50 Min.
Ruhezeit 24 Std. + 1 Woche
pro Glas 110 kcal · Haltbarkeit 6 Monate

3 große Salatgurken (je ca. 600 g)
2 säuerliche Äpfel · 500 ml Reisessig
(Asienladen; ersatzweise milder Weinessig)
150 g Zucker · 1 großes Bund Dill
50 g Senfkörner · 5 Lorbeerblätter
Außerdem:
5 Twist-off- oder Einmachgläser
(sterilisiert, s. S. 6)

1 Die Gurken schälen und längs halbieren, die Kerne mit einem Löffel herauskratzen. Die Gurkenhälften in fingerlange, dünne Streifen schneiden. Die Äpfel schälen und vierteln, dabei die Kerngehäuse entfernen. Viertel in ca. 1 cm dicke Scheiben schneiden.

2 Den Essig mit 500 ml Wasser und dem Zucker zum Kochen bringen. Die Gurken und die Äpfel hineingeben, einmal aufkochen lassen. Vom Herd nehmen und ca. 24 Std. im Essigsud ziehen lassen.

3 Die Gurken und die Äpfel aus dem Essigsud heben. Den Dill waschen, trocken schütteln und in ca. 3 cm lange Stücke schneiden. Die Gurken und Äpfel mit dem Dill, den Senfkörnern und den Lorbeerblättern in die vorbereiteten Gläser schichten.

4 Den Essigsud nochmals aufkochen und bis 2 cm unter den Glasrand über die Gurken gießen, sodass diese vollständig damit bedeckt sind. Dann die Gläser sofort verschließen. Die Gurken mindestens 1 Woche ziehen lassen, kühl und dunkel aufbewahren.

SENFFRÜCHTE

schmecken gut zu Käse als Dessert

Für 2 Gläser (je 500 ml)
Zubereitungszeit ca. 25 Min.
pro Glas 565 kcal
Haltbarkeit 2–3 Wochen

700 g gemischte Früchte
(z. B. Feigen, Aprikosen und Pfirsiche)
1 EL gelbe oder braune Senfkörner
1 Vanilleschote
1 Stück Zimtstange (ca. 4 cm)
50 ml Ahornsirup
1 EL Zitronensaft
1 TL englisches Senfpulver
(aus dem Gewürzladen oder der Feinkostabteilung großer Kaufhäuser)

Außerdem:
2 Twist-off- oder Einmachgläser
(sterilisiert, s. S. 6)

1 Die Früchte waschen und putzen, falls nötig entsteinen. Die Früchte in Viertel oder in Achtel teilen.

2 Senfkörner in einen Topf schütten und bei mittlerer Hitze ca. 1 Min. rösten, bis sie anfangen zu duften. In den Mörser füllen und leicht andrücken. Wieder in den Topf rieseln lassen und 250 ml Wasser angießen.

3 Die Vanilleschote längs aufschlitzen und aufklappen, das Mark mit dem Messerrücken herauskratzen. Mark und Schote mit Zimtstange und Ahornsirup zum Wasser geben und alles aufkochen.

4 Die Früchte in den Sud legen und zugedeckt bei schwacher Hitze ca. 5 Min. darin garen. Den Zitronensaft und das Senfpulver untermischen und probieren. Wenn die Senffrüchte zu sauer sind, mit Ahornsirup nachsüßen.

5 Falls Sie die Senffrüchte nicht sofort genießen wollen, dann die noch heiße Masse in die vorbereiteten Gläser füllen und gleich verschließen. So halten sich die Früchte im Kühlschrank 2–3 Wochen.

EINGELEGTE ROTE BETE

pikanter Genuss aus dem Ofen

Für 2 Gläser (je 500 ml)
Zubereitungszeit ca. 1 Std. 30 Min.
Ruhezeit 4 Wochen
pro Glas 245 kcal · Haltbarkeit 6 Monate

750 g kleine Rote Bete
100 g Zwiebeln
1 aromatischer Apfel
2 Bio-Orangen
200 ml Rotweinessig
20 g Salz · 1 EL Zucker
1 TL Pfefferkörner
1 TL Pimentkörner oder 2 Gewürznelken
1/4 Zimtstange
1 Lorbeerblatt
Außerdem:
2 Twist-off- oder Einmachgläser (sterilisiert, s. S. 6)

1 Den Backofen auf 180° vorheizen. Rote Bete gründlich waschen, Wurzeln und Stiele bis auf 2 cm kürzen. Einzeln in Alufolie wickeln. Auf einem Blech im Ofen in 45–60 Min. weich garen. Zur Probe mit einer Rouladennadel in die Knollen stechen.

2 Zwiebeln schälen und in Ringe schneiden. Den Apfel waschen, vierteln, putzen und in Scheiben schneiden.

3 Große Rote Beten schälen und in Scheiben schneiden, bei kleinen Exemplaren nur Stiele entfernen und die Rote Bete ungeschält mit Äpfeln und Zwiebeln in die vorbereiteten Gläser schichten.

4 Eine Orange waschen, ca. die Hälfte der Schale dünn abschneiden, den Saft beider Orangen auspressen. Saft mit Wasser auf 400 ml ergänzen und mit Essig, Salz, Zucker und Gewürzen aufkochen.

5 Die Gläser mit der heißen Flüssigkeit füllen und verschließen. Mindestens 4 Wochen lang durchziehen lassen, kühl und dunkel lagern.

ROSA RETTICH UND RADIESCHEN

japanisch inspiriert

Für 2 Gläser (je 500 ml)
Zubereitungszeit ca. 30 Min.
Ruhezeit 3 Tage
pro Glas 395 kcal
Haltbarkeit 6 Monate

400 g Radieschen (ca. 2 Bund)
500 g Eiszapfenrettiche
400 ml Weißweinessig
250 ml trockener Weißwein
(ersatzweise Wasser)
1 gehäufter EL Salz · 1 TL Zucker
2–3 Anissterne · 1 kleines Stück Zimtstange
1 TL Korianderkörner · 1 EL Senfkörner
Lorbeerblätter · 4 EL Nussöl
Außerdem:
2 Twist-off- oder Einmachgläser
(sterilisiert, s. S. 6)

1 Radieschen und Rettiche putzen, dabei ca. 5 mm vom Stielansatz stehen lassen. Früchte waschen und abtropfen lassen. Große bzw. dickere längs halbieren.

2 Den Essig mit Wein, Salz, Zucker und den Gewürzen aufkochen. Rettiche und Radieschen dazugeben und kurz aufkochen lassen. Alles in die vorbereiteten Gläser füllen. Das Gemüse muss vollständig vom Sud bedeckt sein. Obenauf einige Lorbeerblätter legen und mit einer dünnen Schicht Öl luftdicht abschließen. Die Gläser sofort verschließen und kühl und dunkel lagern.

SÜSSSAURE PEPERONI

kleine Scharfmacher

Für 2 Gläser (je 500 ml)
Zubereitungszeit ca. 25 Min. · pro Glas 205 kcal
Haltbarkeit 6 Monate

750 g rote und grüne milde Peperoni
2 Zweige Rosmarin · 2 Knoblauchzehen
150 ml Weißweinessig · 60 g Zucker
Salz · 1 EL schwarze Pfefferkörner
2 getrocknete Chilischoten
Außerdem:
2 Twist-off- oder Einmachgläser (sterilisiert, s. S. 6)

1 Peperoni und Rosmarin waschen. Knoblauch schälen. Essig und 350 ml Wasser mit Zucker, 2 TL Salz, Pfefferkörnern, Knoblauch, Rosmarin und Chili aufkochen und 5 Min. sanft kochen lassen.

2 Peperoni im Sud in 3 Min. bissfest garen und abgießen, den Sud auffangen. Die Peperoni in die vorbereiteten Gläser füllen. Sud noch einmal aufkochen, auf die Peperoni gießen und die Gläser sofort verschließen.

PROFI-TIPP

Richtig variieren: Bei eingelegtem Gemüse sollten Sie das Verhältnis zwischen Zucker, Salz, Essig und Wasser immer beibehalten, da sich sonst die **Haltbarkeit** verändern kann. Mit **Kräutern und Gewürzen** können Sie dagegen wunderbar experimentieren. Gebräuchlich sind z. B. Dill, Estragon, Minze, Rosmarin, Bohnenkraut, Senfsamen, Koriander, Kreuzkümmel, Piment, Fenchelsamen, Pfeffer, aber auch Meerrettich- oder Ingwerwurzel.

ESSIGGURKEN MIT MEERRETTICH

Gruß aus dem Spreewald

Für 3 Gläser (je 500 ml)
Zubereitungszeit ca. 30 Min.
Ruhezeit 24 Std. + 4 Wochen
pro Glas 80 kcal · Haltbarkeit 6 Monate

1 kg Einlegegurken (je ca. 8 cm lang)
150 g grobes Salz · 10 Perlzwiebeln oder kleine Schalotten · 2–3 cm Meerrettichwurzel
1 Peperoni · 2–3 Dillblüten · 2 EL Senfkörner
3–4 Lorbeerblätter · 250 ml Weißweinessig
1–2 EL Zucker (nach Belieben)
Außerdem:
3 Twist-off- oder Einmachgläser (sterilisiert, s. S. 6)

1 Die Gurken waschen, abtrocknen und von allen Seiten mehrmals mit einer dicken Nadel einstechen. Die Gurken in einer Schüssel dick mit Salz bestreuen und zugedeckt 24 Std. ziehen lassen.

2 Die Gurken abwaschen und abtrocknen. Zwiebeln und Meerrettich schälen, Meerrettich in dünne Scheiben schneiden. Peperoni waschen, Kerne entfernen und die Schoten in Scheiben schneiden. Den Dill waschen und trocken schütteln. Gurken, Kräuter und Gewürze in die vorbereiteten Gläser schichten.

3 Den Essig mit 500 ml Wasser, den Zwiebeln und dem Zucker aufkochen und 5 Min. kochen lassen. In die Gläser füllen, diese sofort verschließen. An einem kühlen dunklen Ort mindestens 4 Wochen durchziehen lassen.

PIKANTE PERLZWIEBELN

würziger Klassiker

Für 2 Gläser (je 400 ml)
Zubereitungszeit ca. 30 Min.
Ruhezeit 24 Std. + 4 Wochen
pro Glas 160 kcal
Haltbarkeit 6 Monate

600 g Perlzwiebeln · 75 g Salz
3–4 scharfe Chilischoten
250 ml Weißweinessig
3 EL Zucker · 2 Lorbeerblätter
2 El Senfkörner · 1 EL Fenchelsamen
Außerdem:
2 Twist-off- oder Einmachgläser (sterilisiert, s. S. 6)

1 Die Zwiebeln 30 Sek. in kochendem Wasser blanchieren, abgießen und kalt abschrecken – so lassen sie sich leichter schälen. Zwiebeln schälen und mit Salz und 1 l Wasser in eine Schüssel geben. Zugedeckt 24 Std. an einem dunklen Ort stehen lassen.

2 Die Zwiebeln abgießen. Die Chilischoten in Scheiben schneiden. Essig mit Zucker, Gewürzen, 100 ml Wasser und den Zwiebeln je nach Größe 2–5 Min kochen, die vorbereiteten Gläser damit füllen und sofort verschließen. Mindestens 4 Wochen ziehen lassen.

TAUSCH-TIPP
Statt Chilischoten 1 TL **schwarzen Pfeffer** verwenden, dann sind die Zwiebeln immer noch pikant, aber nicht mehr scharf.

SAUERKRAUT SELBST GEMACHT

köstlicher als jedes andere

Für 1 Gefäß (2 l Inhalt)
Zubereitungszeit ca. 2 Std.
Gärzeit 3 Wochen
bei 20 Portionen pro Portion 25 kcal
Haltbarkeit 4 Wochen

2 kg Weißkohl (am besten Spitzkohl)
1/2 TL Kümmel
1/2 TL helle Senfkörner
1 TL Wacholderbeeren
2 Lorbeerblätter · 20 g Meersalz
100 ml Weißwein
Außerdem:
1 Tontopf oder Glas mit weiter Öffnung (sterilisiert, s. S. 6)

1 Den Kohl abspülen. Die harten Außenblätter beiseitelegen. Den Kohlkopf vierteln, den Strunk entfernen und die Viertel auf dem Gurkenhobel in dünne Streifen hobeln. Kümmel und Senfkörner im Mörser fein, die Wacholderbeeren grob zerdrücken. Die Lorbeerblätter in kleine Stücke brechen. Gewürze und Salz mischen.

2 Das Gefäß mit einem Kohlblatt auslegen und eine Schicht gehobelten Kohl einfüllen. Mit dem hölzernen Kartoffelstampfer sehr fest stampfen. Etwas Gewürzsalz aufstreuen und weiteren Kohl einschichten und feststampfen, bis Saft entsteht.

3 So weitermachen, bis Kohl und Gewürze aufgebraucht sind und darüber Saft steht. Die Oberfläche mit einem Kohlblatt bedecken, den Wein aufgießen und einen Teller auflegen. Diesen mit einem ca. 1 kg schweren Gewicht (z. B. Stein oder Konservendose) beschweren.

4 Den Tontopf oder das Glas mit einem Tuch bedecken, 1 Woche bei Raumtemperatur stehen lassen. Am Rand bilden sich eine trübe Flüssigkeit und Schaum, die abgenommen werden. Den Teller waschen, wieder auf das Kraut legen und beschweren. Diesen Vorgang alle 4–5 Tage wiederholen, jetzt kühlstellen.

5 Nach ca. 3 Wochen ist es fertig und kann verbraucht oder weiter aufgehoben werden. Jede Woche den Topf oder das Glas öffnen und die Oberfläche sowie den Teller sorgfältig säubern und das Sauerkraut erneut mit Wasser bedecken (s. Vorrats-Tipp).

PROFI-TIPP

Eine sinnvolle Anschaffung für alle, die am Sauerkrautmachen Freude haben, ist ein **Gärtopf:** ein Tontopf mit Überlaufrille, der den austretenden Gärsaft aufnimmt. Dazu gehört zum Abdecken des Sauerkrauts eine passende Holz- oder Tonscheibe. Beide Hilfsmittel gibt es im gut sortierten Haushaltswarengeschäft.

VORRATS-TIPP

Sauergemüse richtig pflegen: Ob Sauerkraut oder Schnippelbohnen, sauer eingelegtes Gemüse braucht regelmäßige Pflege, damit es über den Winter haltbar bleibt und nicht verdirbt. Dazu muss jede Woche die weiße **Kahmschicht**, die sich auf der Oberfläche gebildet hat, entfernt werden. Das Abdecktuch abnehmen, dann das Gewicht, den Deckel und das Mulltuch entfernen und gründlich mit Wasser waschen. Vor allem das Mulltuch in heißem Wasser spülen oder besser noch auskochen. Die am Topfrand verbliebenen Kahmreste auf dem Kraut oder den Bohnen mit einem sauberen feuchten Tuch entfernen.
Dann das Gemüse mit dem sauberen Mulltuch bedecken, mit Deckel und Gewicht erneut beschweren. 250 ml abgekochtes, erkaltetes Wasser angießen. Den Topf mit dem Tuch bedecken und wieder kühl stellen.
Nach 3–4 Wochen sollte das Gemüse verzehrbereit durchgegoren sein, und es kann nun nach und nach portionsweise entnommen werden.
Das Gemüse wie beschrieben jede Woche weiterpflegen, bis es ganz aufgebraucht ist.

MIXED PICKLES

schön zum Verschenken

Für 4 Gläser (je 500 ml)
Zubereitungszeit ca. 1 Std. · Einkochzeit 30 Min.
pro Glas 155 kcal
Haltbarkeit 12 Monate

300 g Cornichons · 200 g Perlzwiebeln
200 g Babymaiskolben · 1 rote Paprikaschote
2 Möhren · 200 g Blumenkohl · Salz
4 Stängel Dill · 2 cm frische Meerrettichwurzel
500 ml milder Weißweinessig (6 % Säure)
2 EL Zucker · 2 TL schwarze Pfefferkörner
2 TL Senfkörner · 4 kleine Lorbeerblätter
Außerdem:
Eiswürfel · 4 Twist-off- oder Einmachgläser (sterilisiert, s. S. 6)

1 Die Cornichons unter fließend kaltem Wasser abbürsten. Die Perlzwiebeln schälen und die Wurzeln abschneiden. Die Maiskölbchen waschen. Die Paprikaschote waschen, halbieren, putzen und in 3 cm große Stücke schneiden. Die Möhren schälen und in dünne Scheiben schneiden. Den Blumenkohl waschen und in kleine Röschen teilen.

2 Das Gemüse nach Sorten getrennt in gesalzenem Wasser 2–3 Min. blanchieren, in Eiswasser rasch abkühlen und dann abtropfen lassen. Das Gemüse in die vorbereiteten Gläser schichten. Den Dill waschen und trocken schütteln, große Stängel halbieren. Den Meerrettich schälen, in 4 Stücke schneiden. Meerrettich und Dill auf die Gläser verteilen.

3 Den Essig mit 250 ml Wasser, dem Zucker und den Gewürzen aufkochen. Den Sud heiß auf die Gläser verteilen, bis ca. 1 cm hoch über dem Gemüse. Die Gläser sofort sorgfältig verschließen.

4 Zum Einkochen die Gläser in einen großen Topf stellen und heißes Wasser bis 2 cm unter den Rand der Gläser gießen. Die Mixed Pickles bei 90° Wassertemperatur 30 Min. einkochen (s. S. 105).

SOLEIER

einfacher Wirtshausklassiker

Für 1 großes Glas (1,5 l Inhalt)
Zubereitungszeit ca. 15 Min. · Ruhezeit 24 Std.
bei 10 Eiern pro Ei 90 kcal
Haltbarkeit 2 Wochen

60 g Salz
2 EL Zucker
1 EL ganzer Kümmel
1 Lorbeerblatt
1 TL schwarze Pfefferkörner
3 Pimentkörner
200 ml Weißweinessig
10 hart gekochte Eier (Größe M)
3 Zweige Estragon
1/2 Bund Dill
Außerdem:
1 großes Schraubglas
(sterilisiert, s. S. 6)

1 In einem Topf 1,2 l Wasser mit Salz, Zucker, Gewürzen und Essig aufkochen und bei schwacher Hitze 5 Min. sanft kochen. Dann den Sud etwas abkühlen lassen.

2 Die Eier pellen, die Kräuter waschen und trocken schütteln. Die Eier mit den Kräuterstängeln in das vorbereitete Schraubglas schichten. Den lauwarmen Sud darübergießen, sodass alle Eier gut bedeckt sind. Das Glas verschließen und die Eier mindestens 24 Std. – besser noch 2 Tage – im Kühlschrank durchziehen lassen.

DAS SCHMECKT DAZU

Zum Servieren die Soleier längs halbieren und die Eigelbe herauslösen. Die Mulden im Eiweiß mit Salz, Pfeffer, einem Spritzer Essig, ein paar Tropfen Öl und etwas Senf würzen und die Eigelbe mit der runden Seite nach oben wieder daraufsetzen.

PFIFFERLINGE IN OLIVENÖL

edle Vorspeise für Gäste – gelingt leicht

Für 4 Gläser (je 250 ml)
Zubereitungszeit ca. 35 Min.
pro Glas 650 kcal
Haltbarkeit 4 Monate

500 g Pfifferlinge
5 Knoblauchzehen
4 Zweige Rosmarin
600 ml Weißweinessig
1 TL Pfefferkörner
3 TL Salz
ca. 400 ml Olivenöl zum Auffüllen
Außerdem:
4 Twist-off- oder Einmachgläser
(sterilisiert, s. S. 6)

1 Die Pilze putzen, große Exemplare in Stücke schneiden. Die Knoblauchzehen schälen und in Stifte schneiden. Die Rosmarinzweige waschen.

2 In einem Topf den Essig mit 150 ml Wasser sowie Knoblauch, Rosmarin, Pfeffer und Salz aufkochen und 3 Min. sanft kochen lassen. Pilze 3 Min. im Sud garen.

3 Die Pfifferlinge herausheben und zusammen mit dem Knoblauch in die vorbereiteten Gläser füllen. Mit Olivenöl auffüllen und sofort verschließen.

GENUSS-TIPP
Eingelegte Pilze eignen sich hervorragend als **kulinarisches Mitbringsel.** Sie schmecken als Antipasti, verfeinern Salate und passen perfekt zu geröstetem Ciabatta- oder Knoblauchbrot. Auch das **Pilzöl** können Sie verwenden: für Salatsaucen zu mediterranen Blatt- und Gemüsesalaten. Sie können auch – nach diesem oder dem Rezept rechts – ganz nach Saison und Geschmack **andere Pilzsorten** wie Maronen, Champignons, Stockschwämmchen oder Austernpilze einlegen.

MARINIERTE STEINPILZE

herbstlicher Hochgenuss auf Vorrat

Für 5 Gläser (je 500 ml)
Zubereitungszeit ca. 40 Min.
Kühlzeit 1 Std.
Marinierzeit 2–3 Tage
pro Glas 1005 kcal
Haltbarkeit 4 Monate

2 kg kleine, feste Steinpilze
8 Knoblauchzehen
3 Zweige Rosmarin
4 Zweige Thymian
1/2 Bund Petersilie
400 ml Weißweinessig
600 ml trockener Weißwein
150 g Waldhonig · 4 TL Salz
ca. 20 schwarze Pfefferkörner
ca. 500 ml Olivenöl zum Aufgießen
Außerdem:
5 Twist-off- oder Einmachgläser
(sterilisiert, s. S. 6)

1 Die Steinpilze putzen und trocken abreiben. Die Knoblauchzehen schälen. Rosmarin, Thymian und Petersilie abspülen und trocken schütteln.

2 In einem großen Topf 500 ml Wasser mit Essig, Wein, Honig, Salz, Knoblauch und Pfefferkörnern zum Kochen bringen. Die Pilze und die Kräuter hinzufügen und alles ca. 8 Min. sprudelnd kochen lassen. Die Steinpilze mit dem Schaumlöffel aus dem Sud heben, auf Küchenpapier abtropfen und 1 Std. abkühlen lassen.

3 Die Pilze gleichmäßig in die vorbereiteten Gläser füllen, nach Belieben Kräuter und Knoblauch aus dem Sud dazugeben. Jeweils so viel Olivenöl angießen, dass die Pilze vollständig davon bedeckt sind. Dabei die Gläser leicht auf den Tisch stoßen, damit etwaige Luftbläschen aus dem Öl entweichen können. Die gefüllten Gläser gut verschließen und die marinierten Steinpilze vor dem Verzehr mindestens 2–3 Tage durchziehen lassen. An einem kühlen, dunklen Ort aufbewahren.

SCHALOTTEN MIT SHERRY

lecker zu Brot und Käse

Für 2 Gläser (je 300 ml)
Zubereitungszeit ca. 30 Min. · Garzeit 15 Min.
pro Glas 360 kcal
Haltbarkeit 3–4 Monate

500 g Schalotten
5 EL Olivenöl
50 ml Sherryessig
100 ml halbtrockener Sherry
2 Gewürznelken
2 kleine Zweige Thymian
2 Lorbeerblätter
2 kleine getrocknete Chilischoten
1 TL schwarze Pfefferkörner
1 TL Salz
1 gestrichener TL Zucker
Außerdem:
2 Twist-off- oder Einmachgläser (sterilisiert, s. S. 6)

1 Schalotten schälen, Stiel- und Wurzelansätze entfernen. Olivenöl in einer Pfanne mittelstark erhitzen. Die Schalotten darin unter Rühren goldgelb braten. Sherryessig, Sherry und 250 ml Wasser zugießen.

2 Gewürznelken, Thymian, Lorbeerblätter, Chilischoten und Pfefferkörner unterrühren und alles aufkochen. Mit Salz und Zucker abschmecken. Einen Deckel aufsetzen und die Schalotten 10–15 Min. kochen.

3 Die kochend heißen Schalotten mit dem Sud, den Kräutern und Gewürzen in die vorbereiteten Gläser füllen und verschließen. Kühl aufbewahren.

GENUSS-TIPP
Schalotten in Sherry sind eine berühmte **»Tapa«,** ein Snack aus Spanien, den man gerne zwischendurch mit anderen Kleinigkeiten zu Sherry oder Wein genießt. Als Vorrat für eine schnelle Mahlzeit oder den Überraschungsbesuch sind sie ideal.

ANTIPASTIGEMÜSE IN ÖL

mediterrane Aromafülle

Für 3 Gläser (je 500 ml)
Zubereitungszeit ca. 1 Std. · Ruhezeit 3 Tage
pro Glas 1630 kcal
Haltbarkeit 6 Monate

je 1 rote und gelbe Paprikaschote
2 dünne Zucchini · 1 mittelgroße Aubergine
4 kleine Möhren · 1 kleine Fenchelknolle
4 Schalotten · Salz · 1 TL Zucker
Saft von 2 Zitronen · ca. 500 ml Olivenöl
1/2 TL Pfeffer
1/2 TL gemahlener Koriander
3 dünne Streifen Bio-Zitronenschale
3 Blättchen Salbei
je 3 Zweigspitzen von Thymian und Rosmarin
Außerdem:
Eiswürfel
3 Twist-off- oder Einmachgläser
(sterilisiert, s. S. 6)

1 Gemüse waschen und putzen, Fenchelgrün aufbewahren. Paprika in Streifen schneiden, Zucchini und Aubergine in grobe Stücke. Möhren in Stifte, Fenchel längs in 1 cm dicke Scheiben schneiden, Schalotten schälen.

2 2 l Wasser mit 1 EL Salz, dem Zucker und 75 ml Zitronensaft aufkochen. Die Gemüse darin nacheinander je 3–4 Min. sprudelnd kochen, dann in Eiswasser abschrecken, leicht ausdrücken und trocken tupfen.

3 In einer hohen Pfanne 7 EL Olivenöl mittelstark erhitzen, das gesamte Gemüse im Öl wenden und 3–4 Min. anbraten. Mit Pfeffer, Koriander und wenig Salz würzen.

4 Das Gemüse bis 1 1/2 cm unter den Rand fest in die vorbereiteten Gläser schichten. Jeweils etwas Zitronenschale, Salbei, Thymian, Rosmarin und Fenchelgrün daraufgeben. Übriges Olivenöl auf 80° erhitzen und über das Gemüse gießen. Gläser fest verschließen und das Antipastigemüse mindestens 3 Tage ziehen lassen.

FRISCHE OLIVEN SELBST EINLEGEN

Die Mühe lohnt sich!

Für 8 Gläser (je 250 ml)
Zubereitungszeit ca. 1 Std.
Wässern 10 Tage
Ruhezeit 2 Wochen
pro Glas 735 kcal
Haltbarkeit 4–5 Monate

2 kg frische unbeschädigte grüne, violette oder schwarze Oliven (s. Tipp)
140 g Meersalz
2 TL Zitronensäure (aus der Apotheke)
Olivenöl zum Aufgießen
Außerdem:
1 großes Gefäß (2 l Inhalt, Tontopf oder Glas)
8 Twist-off-Gläser (sterilisiert, s. S. 6)

1 Die Oliven waschen und abtropfen lassen. Damit sie schneller ihre Bitterstoffe verlieren, jede Olive mit einem Fleischklopfer leicht anschlagen, sodass sie an einer Seite aufplatzen, oder mit einem Küchenmesser an einer Seite anschneiden bzw. aufschlitzen.

2 Ob grün, violett oder schwarz, frische Oliven vom Baum sind entsetzlich bitter und müssen zunächst 8–10 Tage in einem Tontopf, einem Glas oder einer Schüssel mit reichlich Wasser gewässert werden, nicht angeschlagene oder angeschnittene Oliven sogar bis zu 4 Wochen. Um die Bitterstoffe möglichst gut auszuschwemmen, das Wasser mehrmals wechseln.

3 Nach dem Wässern die Oliven abtropfen lassen und in einen großen Tontopf oder in ein großes Glas füllen. 2 l Wasser mit Salz und Zitronensäure aufkochen und erkalten lassen. Die Salzlösung über die Oliven gießen, sodass sie ganz bedeckt sind. Zum Beschweren einen kleinen Teller auf die Oliven legen. 2–3 Wochen in der Salzlösung stehen lassen, dann sind sie fertig.

4 Für längere Haltbarkeit die Oliven gut abtropfen lassen, auf die vorbereiteten Gläser verteilen und mit Olivenöl bedecken. So bleiben sie 4–5 Monate haltbar.

PROFI-TIPP

Die wichtigste Frage: **Wo findet man frische Oliven?** In südlichen Ländern gibt es von Oktober bis Januar frisch geerntete Oliven auf den Bauernmärkten. Kein Problem also für alle, die im letzten Jahresviertel Urlaub in Spanien, Marokko, Tunesien, der Türkei oder Italien machen oder sich von dort Oliven mitbringen lassen können. Doch wie kommt man in nördlichen Breiten an die Früchte der Ölbäume? Es gibt freundliche Importeure, die Oliven besorgen. Fragen Sie in Ihrem türkischen, griechischen, italienischen Feinkostladen um die Ecke. Das lohnt sich aber nur bei nicht zu kleinen Mengen. Vielleicht lassen sich Freunde dafür begeistern, beim Einlegen mitzumachen …

VARIANTE

GRÜNE OLIVEN IN MAROKKANISCHER MARINADE

Für 8 Gläser (je 250 ml)
Zubereitungszeit ca. 1 Std.
Wässern 10 Tage
Ruhezeit 2 Wochen
pro Glas 415 kcal
Haltbarkeit 3–4 Wochen

- 2 kg grüne Oliven behandeln wie in Schritt 1 bis 3 des Hauptrezepts beschrieben, um die Bitterstoffe zu entfernen. Dann die Oliven in eine pikante Marinade einlegen.
- Dazu je 6 EL gehackte glatte Petersilie und Koriandergrün mit 2 zerdrückten Knoblauchzehen, 1/2 TL getrockneten, zerstoßenen Chilischoten und 1/4 TL gemahlenem Kreuzkümmel vermischen. Mit je 6 EL Olivenöl und Zitronensaft unter die Oliven mischen.
- Alles in sterilisierte Einmachgläser füllen und diese verschließen. Die marinierten Oliven kühl aufbewahren.
- Weitere leckere Rezepte mit eingelegten Oliven finden Sie auf den Seiten 146, 147 und 148.

MARINIERTER FENCHEL

fein und ungewöhnlich – als Vorspeise

Für 8 Portionen
Zubereitungszeit ca. 25 Min.
Marinierzeit 3 Std.
pro Portion 35 kcal
Haltbarkeit 2–3 Tage

4 kleine Fenchelknollen (ca. 700 g)
Salz · 3 Schalotten
2 TL Honig
3 EL Sherry
4 EL Aceto balsamico bianco
1/2 TL gemahlener Koriander
Pfeffer

1 Die Fenchelknollen waschen, putzen und achteln, dabei das Fenchelgrün aufbewahren. Die Fenchelstücke in kochendem Salzwasser zugedeckt 2–3 Min. bei mittlerer Hitze garen. In ein Sieb abgießen, kalt abschrecken und abtropfen lassen.

2 Die Schalotten schälen und in ganz feine Würfel schneiden. Den Honig mit dem Sherry und dem Essig verrühren. Die Schalotten darunterrühren und alles mit Koriander, Salz und Pfeffer kräftig würzen.

3 Den Fenchel in einer flachen Schale mit der Marinade mischen und mindestens 3 Std. durchziehen lassen. In einem geschlossenen Gefäß im Kühlschrank für ein paar Tage haltbar. Zum Servieren das Fenchelgrün fein hacken und darüberstreuen.

DAS SCHMECKT DAZU

Wer es außergewöhnlich liebt, mischt vor dem Servieren 4 frische in Streifen geschnittene **Datteln** unter den Fenchel. Auch fein: Den Fenchel als Vorspeise mit Mozzarellascheiben und/oder klein geschnittener **Fenchelsalami** anrichten.

MARINIERTE MINZE-MÖHREN

mit einem Hauch von Orient

Für 8 Portionen
Zubereitungszeit ca. 35 Min.
Marinierzeit 2 Std.
pro Portion 135 kcal
Haltbarkeit 2–3 Tage

1 kg Möhren
1 frische rote Chilischote
2 Knoblauchzehen
100 ml Olivenöl
Salz · Pfeffer
1/2 TL gemahlener Kreuzkümmel
1 Prise Zimtpulver
1 EL Honig
5 EL Weißweinessig
1/2 Bund Minze

1 Die Möhren schälen und schräg in dünne Scheiben schneiden oder hobeln. Die Chilischote längs halbieren, entkernen und fein hacken. Die Knoblauchzehen schälen und fein hacken.

2 In einer Pfanne 5 EL Olivenöl erhitzen, Möhren, Knoblauch und Chilischote dazugeben und unter Rühren bei großer Hitze 1 Min. anbraten. Dann ca. 75 ml Wasser zu den Möhren geben, mit Salz, Pfeffer, Kreuzkümmel, Zimt und Honig würzen und zugedeckt bei mittlerer Hitze in ca. 15 Min. bissfest garen.

3 Inzwischen übriges Öl und Essig verrühren. Die Minze waschen und trocken schütteln, die Blättchen abzupfen, fein hacken und unterrühren. Die Möhren vom Herd nehmen und mit der Minzemarinade mischen. Abkühlen lassen und mit Frischhaltefolie abgedeckt mindestens 2 Std. durchziehen lassen. In einem geschlossenen Gefäß im Kühlschrank für ein paar Tage haltbar.

PIRIPIRI-KNOBLAUCH

verschärfter Genuss

Für 2 Gläser (je 250 ml)
Zubereitungszeit ca. 30 Min.
pro Glas 1405 kcal
Haltbarkeit 3 Monate

6 Knoblauchknollen
2 rote Chilischoten
1 TL Kreuzkümmelsamen
Salz · 300 ml Pflanzenöl
Außerdem:
2 Twist-off- oder Einmachgläser
(sterilisiert, s. S. 6)

1 Die Knoblauchzehen schälen. Die Chilischoten waschen, längs aufschlitzen und putzen. Die Schoten grob zerkleinern und zusammen mit Kreuzkümmel und 1 Prise Salz im Mörser oder im Mixer pürieren.

2 Das Öl zusammen mit dem Knoblauch und dem Chili-Püree in einem Topf ca. 5–10 Min. erhitzen. Etwas abkühlen lassen, dann in die vorbereiteten Gläser füllen und diese verschließen. Kühl und dunkel aufbewahren.

GENUSS-TIPP

Mit diesem eingelegten Knoblauch im Kühlschrank haben Sie immer einen **Vorrat** parat. Zu Vorspeisen reichen oder bei Gerichten aller Art einfach mitschmoren. Wenn es etwas weniger scharf sein soll: Nehmen Sie statt Chili und Kreuzkümmel **mediterrane Kräuter** wie Thymian oder Rosmarin.

OLIVEN MIT KRÄUTERN

kleiner Snack zum Wein

Für 2 Gläser (je 350 ml)
Zubereitungszeit ca. 30 Min.
pro Glas 425 kcal
Haltbarkeit 3 Monate

2 Knoblauchzehen · Stängel von 1 Bund Dill
350 g entsteinte grüne Oliven
4 EL Olivenöl
ie 1/2 TL getrockneter Thymian und Oregano
1 EL Weißweinessig · Salz
Pfeffer · 1/2 TL Chiliflocken
Außerdem:
2 Twist-off- oder Einmachgläser
(sterilisiert, s. S. 6)

1 Die Knoblauchzehen schälen und grob hacken. Die Dillstängel waschen und klein schneiden, die Blättchen abzupfen und anderweitig verwenden. Den Knoblauch und die Oliven im Olivenöl 4–5 Min. bei mittlerer Hitze anbraten. Getrocknete Kräuter und die Dillstängel zugeben und noch 2–3 Min. weiter braten. Mit dem Essig ablöschen und mit Salz, Pfeffer und Chili würzen.

2 Oliven und Gewürze in die vorbereiteten Gläser füllen und verschließen. Kühl und dunkel aufbewahren.

PROFI-TIPP

Trockene Kräuter und **harte Stängel** dürfen bei Ölzubereitungen, die Sie länger aufbewahren wollen, im Gefäß drin bleiben. Grüne Kräuter und Blätter können dagegen mit der Zeit Schleim bilden, deshalb besser weglassen.

SCHAFSKÄSE MIT SCHWARZEN OLIVEN

mediterranes Vergnügen

Für 2 Gläser (je 300 ml)
Zubereitungszeit ca. 15 Min.
pro Glas 1815 kcal
Haltbarkeit 1–2 Monate

300 g milder Feta
(aus Schafs- und Ziegenmilch)
4 Zweige Thymian · 16 schwarze Oliven
1/2 TL getrockneter Oregano
ca. 300 ml Olivenöl
Außerdem:
2 Twist-off- oder Einmachgläser (sterilisiert, s. S. 6)

1 Den Feta in Würfel schneiden. Den Thymian waschen, trocken schütteln und zusammen mit den Oliven in die vorbereiteten Gläser schichten. Dabei über jede Lage Oregano streuen. So viel Öl aufgießen, dass Feta und Oliven gut bedeckt sind, verschließen.

2 1 Woche an einem kühlen und dunklen Ort ziehen lassen – und auch dort aufbewahren.

GENUSS-TIPP

Eingelegter Käse im Kühlschrank ist die Notfallverpflegung schlechthin: Ein ofenfrisches Baguette auf dem Heimweg gekauft und schon ist das Abendessen gesichert. Und auf keinen Fall vergessen, das aromatische Öl mit dem Brot aufzutunken – es wäre schade drum! Oder das Öl für die nächste Vinaigrette verwenden.

BUNTER MINI-MOZZARELLA

fürs Antipasti-Büfett

Für 1 Glas (400 ml)
Zubereitungszeit ca. 15 Min.
pro Glas 3340 kcal
Haltbarkeit 1–2 Wochen

6–8 getrocknete Tomaten (pur oder in Öl eingelegt)
1 kleines Bund Basilikum
1 große rote Chilischote
175 g Mini-Mozzarellabällchen
(am besten echter Büffelmozzarella)
Außerdem:
Olivenöl zum Aufgießen
1 Twist-off- oder Einmachglas (sterilisiert, s. S. 6)

1 Die Tomaten in dünne Streifen schneiden. Das Basilikum abspülen und mit Küchenpapier trocken tupfen. Die Blätter entweder im Ganzen verwenden oder in feine Streifen schneiden. Die Chilischote waschen, putzen und schräg in möglichst feine Ringe schneiden. Die Lake des Mozzarella abtropfen lassen.

2 Alle vorbereiteten Zutaten zusammen mit den Mozzarellabällchen in die vorbereiteten Gläser schichten. Sind diese zur Hälfte gefüllt, bereits mit ein wenig Olivenöl aufgießen und die Gläser leicht auf den Tisch stoßen, damit keine Luftbläschen im Öl eingeschlossen werden. Dann die übrigen Zutaten fertig einschichten und so viel Öl daraufgießen, dass alles damit bedeckt ist. Gut verschließen und bis zum Servieren im Kühlschrank aufbewahren.

SIZILIANISCHE OLIVEN

Oliven fein aromatisiert – einfach

Für 2 Gläser (je 500 ml)
Zubereitungszeit ca. 30 Min. · Ruhezeit 2 Wochen
pro Glas 4095 kcal · Haltbarkeit 3–4 Monate

1 kg gemischte Oliven in Salzlake
2 Bio-Zitronen mit Blättern · je 1 TL Fenchelsamen und Pfefferkörner · ca. 750 ml Olivenöl
Außerdem: 2 Einmachgläser (sterilisiert, s. S. 6)

1 Die Oliven abtropfen lassen. Die Zitronen waschen und in dünne Scheiben schneiden, Kerne entfernen. Die Oliven und Zitronen in die Gläser schichten. Fenchelsamen und Pfeffer grob zerdrücken und darüberstreuen.

2 In jedes Glas ein abgespültes Zitronenblatt stecken. Die Gläser mit Olivenöl auffüllen, verschließen und an einem kühlen Platz mindestens 2 Wochen ruhen lassen.

AUBERGINEN IN ÖL

typisch italienisch – raffiniert

Für 3 Gläser (je 300 ml)
Zubereitungszeit ca. 45 Min. · Garzeit 10 Min.
pro Glas 820 kcal · Haltbarkeit 2 Monate

800 g möglichst kleine Auberginen
500 ml Weißweinessig · Salz · 4 Knoblauchzehen
3 EL Kapern · 250 ml Olivenöl
Außerdem: 3 Einmachgläser (sterilisiert, s. S. 6)

1 Die Auberginen waschen, putzen und in 1 cm dicke Scheiben schneiden. Die Auberginen in 2 l Wasser mit Essig und 2 EL Salz 10 Min. kochen. Den Knoblauch schälen, in dünne Scheiben schneiden.

2 Auberginenscheiben trocken tupfen, mit Knoblauch und Kapern abwechselnd in die vorbereiteten Gläser schichten. Gut festdrücken. Mit Öl bedecken und verschließen. Im Kühlschrank aufbewahren.

GERÖSTETE PAPRIKA-SCHOTEN

wunderbar süß und fruchtig

Für 3 Gläser (je 300 ml) · Zubereitungszeit ca. 30 Min. · Garzeit 20 Min. · Marinierzeit 4 Std.
pro Glas 1190 kcal · Haltbarkeit 2 Wochen

1,5 kg rote und/oder gelbe Paprikaschoten
4 Knoblauchzehen · 4 EL Kapern · Saft von 1 Zitrone
3 Lorbeerblätter · 250–350 ml Olivenöl
Außerdem:
Backpapier
3 Einmachgläser (sterilisiert, s. S. 6)

1 Den Ofen auf 220° vorheizen. Paprika waschen, halbieren und putzen. Ein Blech mit Backpapier belegen, die Paprika darauf mit der Haut nach oben im Ofen (Mitte) 15–20 Min. rösten, bis sie schwarze Flecken zeigen.

2 Das Blech herausnehmen und die Schoten mit einem nassen Küchentuch bedeckt 10 Min. ruhen lassen. Dann die Schoten häuten. Knoblauch schälen, halbieren, abwechselnd mit Schoten und Kapern in eine Schüssel legen und mit Zitronensaft begießen. Im Kühlschrank 4–5 Std. marinieren.

3 Die Marinade in einen Topf abgießen, dabei die Schoten leicht ausdrücken. Paprika, Knoblauch und Kapern in die vorbereiteten Gläser schichten. In jedes Glas 1 Lorbeerblatt stecken. Olivenöl und Marinade auf 80° erhitzen und bis 2 cm unter den Glasrand über die Paprika gießen. Sofort verschließen. Kühl aufbewahren.

VORNE Oliven silzilianische Art
HINTEN OBEN Geröstete Paprikaschoten
HINTEN UNTEN Auberginen in Öl

SCHARFE ZUCCHINI IN ÖL

perfekt für die sommerliche Zucchiniernte

Für 3 Gläser (je 400 ml)
Zubereitungszeit ca. 45 Min.
pro Glas 260 kcal · Haltbarkeit 3 Monate

1 kg junge Zucchini · 375 ml Weißweinessig
Salz · 3 frische rote Chilischoten
1/2 Bund frischer Thymian · ca. 500 ml Olivenöl
weißer Pfeffer · 1–2 EL Kapern
Außerdem:
3 Twist-off- oder Einmachgläser (sterilisiert, s. S. 6)

1 Die Zucchini waschen, putzen und der Länge nach in ca. 1/2 cm dicke Scheiben schneiden. Falls sie sehr lang sind, die Zucchini quer halbieren.

2 Den Essig, 750 ml Wasser und 1 EL Salz zum Kochen bringen. Die Zucchini darin ca. 2 Min. kochen, dann mit einem Schaumlöffel herausheben und auf einem Küchentuch gut abtropfen lassen.

3 Die Chilischoten waschen, putzen, halbieren und entkernen. Die Schotenhälften nochmals kalt abspülen, trocken tupfen und in feine Streifen schneiden. Anschließend die Hände waschen. Den Thymian waschen, trocken schütteln und die Blättchen von den Stielen streifen.

4 In einer Pfanne 2 EL Öl erhitzen. Nach und nach alle Zucchinischeiben jeweils mit einigen Chilistreifen und etwas Thymian von beiden Seiten goldbraun braten. Die Zucchinischeiben mit Pfeffer würzen und mit den Kapern auf die vorbereiteten Gläser verteilen. Mit Öl begießen, sodass die Zucchini ganz bedeckt sind. Die Gläser verschließen, kühl und dunkel aufbewahren.

PROFI-TIPP
Damit in Öl eingelegtes Gemüse länger haltbar bleibt, muss es zuerst in einer **Essigmarinade** gekocht werden (1 Teil Essig, 2 Teile Wasser). Dann gut abtropfen und in die Gläser schichten. Mit soviel Öl begießen, dass es ganz bedeckt ist.

ARTISCHOCKEN MIT ZITRONEN

eine edle Delikatesse

Für 2 Gläser (je 300 ml)
Zubereitungszeit ca. 45 Min.
Garzeit 20 Min.
pro Glas 1710 kcal
Haltbarkeit 4 Monate

8 kleine Artischocken
3 Bio-Zitronen · Salz
4 kleine Lorbeerblätter
(oder 2 große, halbiert)
1 TL schwarze Pfefferkörner
ca. 375 ml Olivenöl
Außerdem:
2 Twist-off- oder Einmachgläser
(sterilisiert, s. S. 6)

1 Artischocken abspülen. Die Blätter am Stiel abzupfen. Stiele und Unterseiten der Artischocken schälen. Mit einem scharfen Messer die oberen Blattteile bis zu den hellen Ansätzen der Artischockenböden abschneiden. Das »Heu« (die Samenfäden in der Mitte der Artischockenböden) mit einem Teelöffel herauskratzen und die Böden ausspülen. 1 Zitrone halbieren und die Artischocken großzügig damit einreiben.

2 1 Zitrone auspressen. 1 l Wasser mit dem Zitronensaft und 1 TL Salz aufkochen. Die Artischocken hineingeben und 15–20 Min. kochen, bis sich mühelos ein Blättchen abzupfen lässt. Artischocken im Wasser erkalten und in einem Sieb abtropfen lassen.

3 Die letzte Zitrone waschen und in dünne Scheibchen schneiden, diese halbieren und die Kerne entfernen. Die Artischocken in die vorbereiteten Gläser füllen, große Exemplare eventuell halbieren.

4 Zwischen die Artischocken je 4–6 Zitronenstücke und 2 Lorbeerblätter stecken und je 1/2 TL Pfefferkörner darüberstreuen. Jedes Glas bis unter den Rand mit Olivenöl aufgießen und verschließen.

PIZZA-TOMATEN

Für 5 Gläser (je 750 ml)
Zubereitungszeit ca. 25 Min.
Einkochzeit 1 Std. 30 Min.
pro Glas 40 kcal · Haltbarkeit 12 Monate

3 kg reife, feste Eiertomaten
Salz · 1 EL Zucker
2–3 Zweige frischer Estragon
einige Basilikumblätter
1 EL Pfefferkörner
Außerdem:
5 Twist-off- oder Einmachgläser
(sterilisiert, s. S. 6)

1 Die Tomaten kurz überbrühen und häuten, dabei die Stielansätze entfernen. Die Tomaten in die vorbereiteten Gläser schichten. Den Backofen auf 190° vorheizen. Ein tiefes Blech mit einem Küchentuch auslegen.

2 1,5 l Wasser mit 3 TL Salz und dem Zucker aufkochen, Die Kräuter waschen und zusammen mit den Pfefferkörnern dazugeben, nochmals aufkochen. Den Sud über die Tomaten geben. Die Gläser verschließen und auf das Blech stellen. 2 cm heißes Wasser angießen und das Blech in den Ofen schieben.

3 Sobald nach ca. 30 Min. in den Gläsern Luftbläschen aufsteigen, den Ofen ausschalten. Die Tomaten noch mindestens 1 Std. im abgeschalteten Backofen stehen lassen, dann auskühlen lassen.

VORRATS-TIPP

Sie suchen weitere Rezepte, um Ihre üppige Tomatenernte lecker zu verarbeiten? Probieren Sie auch das **Ketchup**-Rezept auf Seite 272 oder kochen Sie den **Tomaten-Sugo** von Seite 268 auf Vorrat – der Rest der Familie wird begeistert sein!

ROSMARIN-OFENTOMATEN

kräuterwürzige Basis für Nudelsaucen

Für 3 Gläser (je 750 ml)
Zubereitungszeit ca. 20 Min.
Garzeit 1 Std. 15 Min.
pro Glas 530 kcal
Haltbarkeit 3 Monate

3 kg Cocktailtomaten
2 TL Salz
Pfeffer
1 EL Zucker
100 ml Olivenöl
100 ml Aceto balsamico
4 Zweige Rosmarin
4 Knoblauchzehen
1 getrocknete Chilischote
Außerdem:
3 Twist-off- oder Einmachgläser (sterilisiert, s. S. 6)

1 Den Backofen auf 180° vorheizen. Die Tomaten waschen, halbieren und in die Fettpfanne des Backofens geben. Mit Salz, Pfeffer, Zucker, Öl, Essig und den Rosmarinzweigen mischen.

2 Knoblauch schälen und über die Tomaten pressen. Die Chilischote darüberbröseln und beides unterheben.

3 Die Tomaten im Backofen (Mitte) ca. 1 Std. 15 Min. schmoren. Die Ofentomaten mitsamt ihrem Saft und dem Rosmarin in die vorbereiteten Gläser füllen und diese sofort verschließen.

GESCHENK-TIPP

Die würzigen Tomaten sind ein willkommenes **Mitbringsel**. Kombiniert mit einer Packung Spaghetti, einem Stück Parmesan und einer Flasche Rotwein kann man sich überall unverhofft sehen lassen.

KRÄUTERCREME & JOGHURTDIP

Kleines Butter-Lexikon

Butter ist nichts anderes als Milchfett. Wird Sahne lange geschlagen, platzen die Fettkügelchen in der Milch auf, das Fett tritt aus und verklumpt. Die einst homogene Flüssigkeit geht getrennte Wege, die feste Butter möchte nichts mehr mit der dünnen Buttermilch zu tun haben. So einfach geht Buttermachen. Hier ein Überblick über die erhältlichen Buttersorten:

Sauerrahmbutter Milchsäurebakterien werden dem Rahm zugesetzt und einen Tag lang bei Temperaturen von 8°–20° untergerührt. So entsteht unter anderem Diacetyl, das das Aroma der Butter maßgeblich beeinflusst. Wegen ihres herzhaften Geschmacks eignet sich Sauerrahmbutter gut zum Kochen, für salziges Gebäck oder als Brotaufstrich.

Süßrahmbutter Sie kommt komplett ohne Zusätze aus. Muss der pH-Wert bei der Sauerrahmbutter unter 5,1 liegen, darf er bei der Süßrahmbutter einen Wert von 6,4 nicht unterschreiten. Rahmig-mild passt sie sich jeder Geschmacksrichtung an. Egal ob süß oder pikant, Süßrahmbutter schmilzt vor Freude dahin, wenn sie Saucen, Quiches, Kuchen, Plätzchen oder Pralinen verfeinern darf und schmiegt sich harmoniesüchtig an Hefezopf aber auch an Bauernbrot.

Mildgesäuerte Butter Hier kommen die Milchsäurebakterien erst zur Butter, nachdem diese aus süßem Rahm gewonnen worden ist. Mit einem pH-Wert zwischen 5,1 und 6,3 liegt sie auch geschmacklich zwischen Süß- und Sauerrahmbutter.

Gesalzene Butter Viele kennen sie aus dem Frankreichurlaub, mittlerweile steht sie auch bei uns in den Kühlregalen gut sortierter Supermärkte: Süßrahmbutter, die mit feinem oder grobem Meersalz bzw. Steinsalz durchzogen ist. Dazu einen Laib knuspriges Sauerteigbrot, und die Seele seufzt zufrieden auf.

DIE BUTTERFARBE
Sie hängt vom Futter der Kühe ab. Saftiges Gras färbt die Butter gelb, Heu und Kraftfutter lassen sie dagegen blass aussehen.

Fettreduzierte Butter Ihr nimmt man einen Teil des Milchfetts, dafür sollen Emulgatoren, Speisegelatine und Konservierungsstoffe für das richtige Mundgefühl sorgen. Ist nicht gut zum Backen geeignet und passt auch sonst nicht so recht in die Homemade-Philosophie.

Butterschmalz Befreit man Butter von Wasser, Milcheiweiß und -zucker, erhält man Butterreinfett, also Butterschmalz, das sich zum Braten bei hohen Temperaturen eignet.

BUTTER SELBST HERSTELLEN

Wirtschaftlich rentabel ist es vielleicht nicht, aber es ist ein schönes Experiment, und man fühlt sich ein bisschen wie der Senner auf der Alm, der seine Gäste mit selbst gemachter Butter bewirten kann. 500 g zimmerwarme Sahne in eine Rührschüssel oder in ein großes Schraubglas füllen. In der Rührschüssel die Sahne mit dem Pürierstab oder mit den Quirlen des Handrührgerätes so lange schlagen, bis sich einzelne Fettklumpen von einer wässrigen Flüssigkeit, das ist übrigens die Buttermilch, trennen. Die Schraubglasfraktion schreitet zum Workout: Glas verschließen und gute 5 Min. gemütlich schütteln – das muss kein hektisches Hin-und-her sein –, und schon setzen sich die Butterklümpchen deutlich ab. Nun die Buttermilch abgießen, die Butter immer wieder mit etwas kaltem Wasser auswaschen, bis dieses klar wieder aus dem Glas oder aus der Schüssel kommt. Die Butter auf ein Mulltuch geben, leicht ausdrücken, nach Belieben noch mit Salz, Gewürzen oder Kräutern abschmecken und mithilfe einer Gabel in eine kompakte Form bringen. Fertig!

GESUNDER SATTMACHER
Mit frischem Obst und Getreideflocken kombiniert, wird aus Joghurt ein Müsli, das viele Vitamine und Ballaststoffe liefert.

KEIN ABFALL
Schütten Sie die Molke nicht weg. Sie ist ein guter Durstlöscher, der Sie mit B-Vitaminen, Proteinen und Mineralstoffen versorgt.

Die Milch macht's

Allem Fettsparen zum Trotz: Wir lieben die gute alte Vollmilch. Wer Joghurt, Frischkäse oder Quark selbst herstellen möchte, der steht auf Naturprodukte. Und die Milch kommt nun mal mit 3,5 % bis 3,8 % Fettgehalt aus der Kuh und nicht mit 0,1 %. Viele Kaffeetrinker schwören, dass Milch mit 1,5 % Fett den besten Milchschaum ergibt. Wer diese Milch aufschäumt bekommt einen Schaum, der so fest ist, dass er beinahe an Eischnee erinnert. Gehen Sie doch einmal in eine italienische Bar und bestellen Sie dort einen Cappuccino. Der Schaum steht hier vielleicht nicht 3 cm über den Tassenrand hinaus, aber er ist feinporig, cremig und verbindet sich im Mund zusammen mit einem perfekten Espresso zu purem Glücksgefühl. Und Glücksgefühl geht nur mit frischer, ausschließlich pasteurisierter Vollmilch, am besten natürlich in Bio-Qualität von glücklichen Kühen. Und was für Milchschaum gilt, gilt auch für alle anderen Milchprodukte. Lassen Sie H- und Magermilch im Regal stehen. Wer die Möglichkeit hat, direkt beim Bauern Rohmilch einzukaufen, der kann diese gerne nutzen. Sie müssen die Milch aber abkochen, bevor Sie sie trinken oder weiterverarbeiten. Ziegen- oder Schafsmilch ist mittlerweile nicht nur im Bioladen, sondern auch in gut sortierten Supermärkten erhältlich. Sie liefert Joghurt und Frischkäse mit einer etwas würzigeren Note.

Vor dem Laben steht das Lab

Junge Wiederkäuer könnten ohne ihren Labmagen die Muttermilch, die ja erst einmal ihre hauptsächliche Nahrung ist, überhaupt nicht verdauen. Erst die Enzymmischung, die dieser vierte Magen produziert, spaltet das Milcheiweiß Kasein so auf, dass die Milch eindickt und für Kälber und Kitze verwertbar wird. Bereits seit der Antike weiß der Mensch um diesen Umstand und macht ihn sich zunutze, um Milch für die Käseherstellung dickzulegen. Es genügen sehr kleine Mengen Lab, um große Mengen Milch fürs Käsen vorzubereiten. Egal ob Sie Lab als Flüssigkeit, Pulver oder Tablette zur Milch geben, innerhalb kürzester Zeit trennt sich die feste Gallerte von der flüssigen Molke. Nun müssen Sie den festen Bestandteil mit einem Messer längs und quer in 2–3 cm Abstand von oben bis unten durchschneiden, damit die Molke besser abfließen kann. Legen Sie ein Sieb mit einem sauberen Mulltuch aus, geben Sie die dicke Milch dort hinein und lassen Sie sie wie im Rezept angegeben gut abtropfen, dabei die Molke in einer Schüssel auffangen. Übrigens: Das Lab aus Kälbermägen eignet sich am besten, um Kuhmilch dickzulegen. Für die Milch anderer Tiere nimmt man das Lab aus deren Mägen, denn das Lab ist in seiner Zusammensetzung auf die jeweilige Milch, die es verdaulich machen soll, abgestimmt. Beziehen können Sie Lab über Internetshops für Käsereibedarf oder über Ihre Apotheke. Beachten Sie aber stets die Hinweise des Herstellers zur Dosierung.

Veggie-freundlicher Käse

Vegetarier aufgepasst! Viele Käsesorten sind mit tierischem Lab hergestellt, was auf der Verpackung nicht zwingend deklariert werden muss. Wer sich an Käse mit besserem Gewissen labt, wenn er mithilfe eines pflanzlich oder mikrobiell erzeugten Labaustauschstoffes entsteht, der sollte sich bei seinem Käsehändler informieren. Auch viele Käsehersteller legen mittlerweile auf ihren Websites offen, welche Sorte Lab für die Herstellung ihrer Käsesorten verwendet wurde. Bei Frischkäse und Quark stellt sich diese Frage nicht – sie werden mithilfe von Sauermilchbakterien hergestellt. Bei fertigen Quarkdesserts oder -aufstrichen aus dem Supermarkt kann aber durchaus Gelatine, die tierischen Ursprungs ist, enthalten sein. Auch dabei gilt also: selbst gemacht schmeckt nicht nur am besten, hier weiß man auch genau, was drin steckt!

Dip-Basics aus Milch

Dips und Aufstriche gehen immer: zu Frühstück oder Brunch, als Snack zwischendurch mit Gemüsestreifen oder Obststückchen serviert oder als deftige Variante zur Brotzeit. Ganz oft mit an Bord im Dipschälchen sind Milchprodukte als Basis. Denn sie haben genau die richtige Konsistenz und können geschmacklich oft sowohl süß, als auch pikant.

Schön reif sollte **Camembert** bzw. **Brie** sein, ehe der Weißschimmelkäse sich zum Beispiel in einen würzig-cremigen Obazden verwandelt. Denn erst dann hat er sein volles Aroma entwickelt und ist weich genug, um ihn mit Butter, Bier, Kümmel und Paprikapulver zum bayerischen Biergartenklassiker zu zermusen.

Leicht säuerlich und dabei wunderbar sahnig kommt **Crème fraîche** mit mindestens 30 % Fett aus dem Becher. Sie entsteht, wenn Sahne mit Milchsäurebakterien versetzt wird. Sie vermengt sich mit Beeren und Honig genauso gerne wie mit Kräutern, Senf und Knoblauch. Ähnlich in Konsistenz und Geschmack ist **Schmand**, den Sie auch jederzeit als Crème-fraîche-Ersatz verwenden können.

Klassischerweise wird **Feta** in Griechenland aus Schafs- und/oder Ziegenmilch gewonnen. Wer aber nicht genau auf die Zutatenliste schaut, dem wird schon mal ein in Salzlake eingelegter Kuhmilchkäse als Feta angedreht. Geschmacklich und in Sachen Konsistenz ist die Schafsmilchvariante aber unschlagbar. Fein zerkrümelt, mit etwas Joghurt oder Milch, Olivenöl, getrockneten Tomaten und Thymian püriert – ein Gedicht.

Frischkäse muss nicht lange reifen, und Sie können ihn mit wenig Aufwand auch selbst herstellen (s. Rezept S. 167). Ob aus ihm ein süßer oder pikanter Aufstrich wird, entscheiden Sie ganz einfach nach Anlass, Lust und Laune! Aber welcher Frischkäse darf's denn

sein? **Doppelrahmfrischkäse** oder eine fettreduzierte Sorte? Figurbewusste setzen ganz auf den körnigen **Hüttenkäse**. Fans der italienischen Lebensart können nicht ohne den stichfesten **Ricotta** oder den leicht süßlichen **Mascarpone** auf dem Brot. Sie alle gehören zur Familie der Frischkäse und eignen sich für fruchtige, nussige, schokoladige, kräuterwürzige und feurige Dips gleichermaßen.

Das Wort **Joghurt** stammt aus dem Türkischen und bedeutet so viel wie gegorene Milch. Die in ihm enthaltenen Milchsäurebakterien wirken sich positiv auf die menschliche Darmflora aus. Zudem liefert Joghurt mit 0,1 g bis 3,8 g pro 100 g nur wenig Fett. Nur der Joghurt mit den Zusätzen »griechischer« oder »Sahne« bringt es auf 10 g Fett pro 100 g, dafür aber auch auf ein maximal gutes Mundgefühl.

Legt Milch-, Zitronen- oder Essigsäure die Milch dick, entsteht **Quark**, den Sie als Magerquark, mit 20 % oder 40 % (Sahnequark) Fett im Kühlregal des Supermarktes finden. Mit regionalen Spezialnamen wie »Bibbeleskäs«, »Luckeleskäs« oder »Klatschkies« kriegt er allerdings ganz schön sein Fett weg. Der bayerische Begriff »Topfen« klingt dagegen eher harmlos. Quark ist schön streichfähig – fehlen nur noch ein paar Aromaspender, dann steht dem Dipgenuss nichts mehr im Wege.

DER EINFACHSTE DIP DER WELT
Milchprodukt plus 1 Bund frische gehackte Kräuter, 1–2 zerdrückte Knoblauchzehen, Salz und Pfeffer – mmmmmh!

ERBSEN-BASILIKUM-CREME

mild – schmeckt Kindern

Für 4 Portionen
Zubereitungszeit ca. 25 Min.
Kühlzeit 30 Min.
pro Portion 185 kcal
Haltbarkeit 3 Tage

1 Schalotte
1 kleine Knoblauchzehe
3 EL Olivenöl
200 g TK-Erbsen
2 EL Gemüsebrühe
(selbst gemacht s. Rezept S. 252 oder Instant)
1/2 TL Johannisbrotkernmehl
(z. B. Biobin, Reformhaus)
Salz · Pfeffer
1–2 TL Zitronensaft
4 Stängel Basilikum

1 Schalotte und Knoblauch schälen und fein würfeln. Beides in 1 EL Öl in einem Topf bei mittlerer Hitze in 2–3 Min. glasig dünsten. Die gefrorenen Erbsen dazugeben, Fond oder Brühe angießen, aufkochen und zugedeckt bei milder Hitze 4–5 Min. dünsten.

2 Die Erbsen mit der Flüssigkeit in eine hohe Rührschüssel geben und mit dem Pürierstab fein pürieren. Das übrige Olivenöl in dünnem Stahl dazugießen und das Bindemittel unterrühren. Die Creme mit Salz, Pfeffer und Zitronensaft abschmecken, abkühlen lassen und ca. 30 Min. kalt stellen.

3 Das Basilikum kurz abspülen, trocken schütteln und die Blättchen grob hacken. Unter die erkaltete Erbsencreme ziehen. Frisch genießen oder im Kühlschrank aufbewahren. Dazu passt selbst gebackenes Ciabatta (s. Rezept S. 208) oder Baguette (s. Rezept S. 212).

MÖHREN-SESAM-AUFSTRICH

türkischer Klassiker

Für 4 Portionen
Zubereitungszeit ca. 30 Min.
pro Portion 145 kcal
Haltbarkeit 2–3 Tage

400 g Möhren
250 ml Gemüsebrühe
(selbst gemacht s. Rezept S. 252 oder Instant)
2 EL geschälte Sesamsamen
Salz · Pfeffer
je 1/2 TL gemahlener Ingwer,
Kreuzkümmel (Cumin) und Koriander
1 Prise Zucker
2 EL Zitronensaft
1–2 EL Olivenöl
3 Stängel Petersilie

1 Die Möhren schälen, putzen, klein würfeln und mit der Brühe bedeckt bei mittlerer Hitze in 7–8 Min. weich kochen. Inzwischen den Sesam in einer Pfanne ohne Fett goldbraun rösten und abkühlen lassen.

2 Die Möhren in ein Sieb abgießen und im Mixer oder mit dem Pürierstab glatt pürieren. Die Creme mit Salz, Gewürzen und Zucker abschmecken und abkühlen lassen.

3 Zitronensaft und Olivenöl unterrühren. Die Petersilie abspülen, trocken schütteln, die Blättchen abzupfen und hacken. Petersilie und Sesam (bis auf 1 TL) unterziehen. Die Creme mit dem übrigen Sesam bestreuen. Frisch genießen oder im Kühlschrank aufbewahren. Dazu schmeckt Fladenbrot (s. Rezept S. 206).

LINKS Erbsen-Basilikum-Creme
RECHTS Möhren-Sesam-Aufstrich

FETACREME MIT OLIVEN

sahnig-würzig

Für 4 Portionen
Zubereitungszeit ca. 20 Min.
pro Portion 235 kcal
Haltbarkeit 2–3 Tage

250 g Feta-Käse
100 g fester Schafsmilchjoghurt
1/2 rote Zwiebel
4 getrocknete Tomaten in Olivenöl
3–4 Stängel Minze
3–4 Stängel glatte Petersilie
Salz · Pfeffer
8 schwarze Oliven ohne Stein

1 Den Schafskäse in eine Schüssel geben und mit einer Gabel sehr fein zerdrücken. Den Joghurt unterrühren. Die Zwiebel schälen und klein würfeln, die Tomaten abtropfen lassen und fein hacken.

2 Die Minze- und Petersilienstängel waschen und trocken schütteln, die Blättchen abzupfen und fein hacken. Die gehackten Kräuter unter die Creme rühren und diese mit Salz und Pfeffer abschmecken.

3 Die Oliven nach Belieben ganz lassen oder halbieren und die Creme damit garnieren. Frisch genießen oder im Kühlschrank aufbewahren. Dazu schmeckt selbst gebackenes Zucchinibrot (s. Rezept S. 206).

BRIE-PREISELBEER-CREME

fruchtig-mild

Für 4 Portionen
Zubereitungszeit ca. 15 Min.
pro Portion 125 kcal
Haltbarkeit 1 Tag

150 g reifer Brie-Käse
2 EL Frischkäse
3 EL Quark (20 % Fett)
3 EL Preiselbeerkompott (aus dem Glas)
1/2 TL Meerrettich (aus dem Glas)
Salz · Pfeffer
1/4 Bund Schnittlauch

1 Den Brie nach Belieben entrinden. Den Käse in Stücke schneiden und mit einer Gabel grob zerdrücken. Mit Frischkäse, Quark, Preiselbeeren und Meerrettich verrühren, die Creme darf ruhig etwas marmoriert aussehen. Mit Salz und Pfeffer würzen.

2 Den Schnittlauch waschen, trocken schütteln und in feine Röllchen schneiden, diese unter die Creme rühren. Die Brie-Preiselbeer-Creme frisch genießen oder im Kühlschrank aufbewahren.

DAS PASST DAZU
Dazu schmeckt besonders gut **selbst gebackenes Roggenbrot** (s. Rezept S. 194), Weißbrot (s. Rezept S. 199) oder Laugengebäck (s. Rezept S. 219).

BUNTER KRÄUTERQUARK

frühlingsfrisch

Für 4 Portionen
Zubereitungszeit ca. 20 Min.
pro Portion 185 kcal
Haltbarkeit 1–2 Tage

500 g Schichtkäse (20 % Fett)
125 ml Milch
1 Bund Schnittlauch
3 Stängel glatte Petersilie
3 Stängel Dill
6–8 Radieschen
1/2 rote Paprikaschote
1/2 gelbe Paprikaschote
Salz · Pfeffer
2 hart gekochte Eier (Größe M)

1 Den Schichtkäse mitsamt seiner Molke und der Milch in einer Schüssel glatt rühren. Die Kräuter waschen. Schnittlauch in kleine Röllchen schneiden, die Petersilien- und Dillblättchen hacken und zum Käse geben.

2 Die Radieschen putzen, waschen und in kleine Stückchen schneiden. Die halben Paprikaschoten waschen, putzen und sehr klein würfeln.

3 Das Gemüse unter den Quark rühren. Mit Salz und Pfeffer abschmecken und bis zum Verzehr kühlen. Zum Servieren die Eier hacken und darüberstreuen.

PAPRIKA-CHILI-CREME

pikant-cremig

Für 4 Portionen
Zubereitungszeit ca. 20 Min.
pro Portion 160 kcal
Haltbarkeit 1–2 Tage

1 rote Paprikaschote
2 Knoblauchzehen
2 Scheiben Ciabatta (ca. 60 g)
1 TL Chiliflocken
100 g Doppelrahmfrischkäse
100 g Magerquark
1 EL Weißweinessig · Salz
1 TL geräuchertes Paprikapulver
1 TL edelsüßes Paprikapulver
schwarze Oliven zum Garnieren
Chiliflocken zum Garnieren

1 Die Paprikaschote halbieren, putzen, waschen und in kleine Stücke schneiden. Die Knoblauchzehen schälen und in Stücke schneiden. Das Brot entrinden und in Stücke zupfen.

2 Paprika, Knoblauch, Brot und Chiliflocken in eine Rührschüssel geben und mit dem Pürierstab fein pürieren.

3 Frischkäse, Quark und Essig mit 1 TL Salz und beiden Sorten Paprikapulver dazugeben und alles mit dem Pürierstab zu einer Creme verarbeiten. Frisch genießen oder im Kühlschrank aufbewahren. Zum Servieren mit Oliven und Chiliflocken garnieren.

LIPTAUER

herzhafter Klassiker aus Tschechien

Für 4 Portionen
Zubereitungszeit ca. 20 Min.
pro Portion 125 kcal
Haltbarkeit 1–2 Tage

80 g Schafskäse (Feta)
150 g Quark (40 % Fett)
1 TL Senf
1 kleine grüne Paprikaschote
1 kleine Zwiebel
1 Sardellenfilet (in Öl eingelegt)
1 TL Kapern · Salz · Pfeffer
edelsüßes Paprikapulver

1 Den Schafskäse grob zerschneiden und mit einer Gabel zerdrücken. Mit Quark und Senf verrühren.

2 Die Paprikaschote halbieren, putzen, waschen und fein würfeln. Die Zwiebel schälen und fein würfeln. Sardellenfilet und Kapern fein hacken.

3 Alles unter die Käse-Quark-Masse mischen und mit Salz, Pfeffer und Paprikapulver pikant würzen. Frisch genießen oder im Kühlschrank aufbewahren.

DAS PASST DAZU

Dazu schmeckt besonders gut **selbst gebackenes Krustenbrot** (s. Rezept S. 197), Vollkornbrot (S. 200) oder Laugengebäck (S. 219).

TAUSCH-TIPP

Viele vertragen rohe Paprikaschote nicht besonders gut. Nicht ganz stilecht, aber bekömmlicher und trotzdem fein wird der Dip mit 2–3 klein gewürfelten, in Öl eingelegten, **gegrillten Paprikaschoten** (das Öl vorher gut abtropfen lassen oder sogar leicht mit Küchenpapier abtupfen).

BAYERISCHER OBAZDA

darf im Biergarten nicht fehlen

Für 4 Portionen
Zubereitungszeit ca. 25 Min. · Kühlzeit 1 Std.
pro Portion 370 kcal
Haltbarkeit 1–2 Tage

300 g überreifer Camembert (s. Tipp)
150 g Frischkäse
50 g saure Sahne
30 g weiche Butter · Salz
2 TL edelsüßes Paprikapulver
Cayennepfeffer
1 TL gemahlener Kümmel
1 Spritzer Zitronensaft
1 rote Zwiebel
1/2 Bund Schnittlauch

1 Den Camembert in Stücke schneiden und auf einem tiefen Teller mit einer Gabel sehr fein zerdrücken. Den Frischkäse, die saure Sahne und die Butter dazugeben und gut untermischen.

2 Die cremig gerührte Käsemischung mit 1 Prise Salz, Paprikapulver, 1 Prise Cayennepfeffer, Kümmel und 1 Spritzer Zitronensaft herzhaft würzen. Den Obazdn mit Frischhaltefolie zudecken und im Kühlschrank mindestens 1 Std. durchziehen lassen.

3 Die Zwiebel schälen und in feine Ringe schneiden. Den Schnittlauch abspülen, trocken schütteln und in Röllchen schneiden. Den Obazdn anrichten und mit Zwiebelringen und Schnittlauchröllchen garnieren. Bis zum Biergartenbesuch im Kühlschrank aufbewahren. Mit Laugenbrezen (s. Rezept S. 219) oder Vintschgauer (s. Rezept S. 220) genießen.

AROMA-TIPP
Das Rezept eignet sich ideal, um überreifen Camembert zu verarbeiten. Wer einen kräftigen Obazdn wünscht, sollte deshalb ohnehin schon **reifen Camembert** bei Raumtemperatur weiterreifen lassen, bis er weich ist und kräftig riecht.

DER LIEBLINGSKLASSIKER

JOGHURT SELBST GEMACHT

Grundrezept – fein säuerlich

Für 6 Gläser (je 200 ml)
Zubereitungszeit ca. 30 Min.
Ruhezeit 12 Std.
pro Glas 130 kcal
Haltbarkeit 3–4 Tage

1 l Bio-Vollmilch (3,5–3,8 % Fett)
200 g löffelfester Naturjoghurt
(3,5 % Fett, z. B. Bulgara-Joghurt)
Außerdem:
(Braten-)Thermometer
6 Twist-off-Gläser (sterilisiert, s. S. 6)

1 Die Milch in einen Topf gießen und aufkochen, dann 5 Min. lang auf einer Temperatur von 90–100° halten. Danach die Milch bis auf 50° abkühlen lassen. Die Temperatur mit einem Bratenthermometer messen.

2 Den Ofen auf 50° erhitzen. Den löffelfesten Starter-Joghurt mit dem Schneebesen unter die warme Milch rühren und die Mischung in die vorbereiteten Gläser füllen. Den Backofen ausschalten und die Gläser auf den Backofenrost oder auf ein Blech stellen und in die Ofenmitte schieben.

3 Die Tür schließen und die Joghurtmischung über Nacht reifen und fest werden lassen. Am nächsten Tag die Gläschen mit Deckeln schließen und in den Kühlschrank stellen. Der Joghurt ist fertig und kann verzehrt werden.

PROFI-TIPPS

Die richtige Starterkultur: Nicht geeignet als Starterkulturen zum Impfen der Milch für neuen Joghurt sind gerührter Joghurt oder solche mit Verdickungsmitteln, wie z. B. Stärke oder Guarkernmehl.
Als Alternative zum Backofen gibt es im Haushaltsfachhandel **elektrische Joghurtbereiter** mit Thermostat und passenden Schraubgläsern.

VARIANTE

KEIN KEFIR OHNE KEFIRPILZ

Für 5 Gläser (je 200 ml)
Zubereitungszeit ca. 10 Min.
Ruhezeit 24–48 Std.
pro Glas 130 kcal
Haltbarkeit 3–4 Tage

- Kefir ist einfacher herzustellen als Joghurt, doch ist der dafür notwendige Kerfirpilz schwer zu kommen (Bezugsadressen im Internet). Doch bei guter Pflege verwandelt er dauerhaft Milch in das gesunde Getränk.
- Für 1 l Milch reicht 1 EL bis 1 Handvoll Kefirpilz. Er wird in abgekochter und erkalteter Vollmilch angesetzt und bei Raumtemperatur 1–2 Tage stehen gelassen.
- Der Pilz muss alle 2 Tage unter fließendem kaltem Wasser abgespült werden, damit er sich nicht verändert. Auch das Ansatzgefäß immer gründlich reinigen. Der Kefirpilz lässt sich auch einfrieren, so hält er sich bis zu einem halbem Jahr.

QUARK SELBST GEMACHT

Grundrezept – gesunder Sattmacher

Für 400 g Quark
Zubereitungszeit ca. 10 Min. · Ruhezeit 2 Tage
Garzeit 1 Std. 30 Min. · Abtropfzeit 2 Std.
pro 100 g 315 kcal
Haltbarkeit 3–4 Tage

2 l Bio-Vollmilch (3,5 % Fett)
50 ml Buttermilch
oder 50 g Naturjoghurt (3,5 % Fett)

1 Die Milch mit Buttermilch oder Joghurt in einer flachen Porzellan- oder Tonschale glatt verrühren. Die Schale mit einem sauberen Geschirrtuch bedecken und an einem warmen Ort (aber nicht in der Sonne!) 2 Tage stehen lassen, bis die Milch stockt und dicklich wird.

2 Den Backofen auf 40° vorheizen. Die Schale mit der gestockten Milch (Sauermilch) für ca. 1 Std. 30 Min. auf den Rost in den Ofen (Mitte) stellen, bis sich die gelblich-flüssige Molke vom festen Quark absetzt.

3 Ein großes, feinmaschiges Sieb mit einem sauberen Leinen- oder Baumwolltuch auslegen und in eine Schüssel hängen. Die Quarkmasse hineingeben und an einem kühlen Ort ca. 2 Std. abtropfen lassen. Den Quark leicht ausdrücken, in eine Schüssel geben und abgedeckt im Kühlschrank aufbewahren.

GENUSS-TIPPS

Selbst gemachter Quark ist nicht nur perfekt für Desserts und als Brotaufstrich, man kann ihn natürlich auch **zum Kochen und Backen** verwenden. Allerdings muss man ihn dann vorher gut ausdrücken, sonst ist er zu feucht.
Pikanter **Kräuterquark** (s. Rezept S. 161) schmeckt auf Bauernbrot und zu Pell- oder Ofenkartoffeln.
Für die **fruchtige Variante** verrührt man 250 g Quark mit 4 EL Sahne und 2 EL Puderzucker und hebt 250 g geputzte Him- oder Brombeeren unter.

FRISCHKÄSE SELBST GEMACHT

Grundrezept – unkompliziert und ohne Lab

Für 500 g Frischkäse
Zubereitungszeit ca. 10 Min. · Abtropfzeit 12 Std.
pro 100 g 230 kcal · Haltbarkeit 3–4 Tage

1 kg Naturjoghurt (10 % Fett) · 1 TL Meersalz

1 Den Joghurt mit dem Meersalz glatt verrühren. Ein großes, feinmaschiges Sieb mit einem sauberen Leinen- oder Baumwolltuch auslegen und den Joghurt einfüllen.

2 Das Sieb in eine Schüssel hängen und den Joghurt mit einem zweiten Tuch abdecken. Den Joghurt über Nacht an einem kühlen Ort abtropfen lassen.

PROFI-TIPP
Diese Methode, Frischkäse herzustellen, kommt **ohne flüssiges Lab** aus. Wer seinen Frischkäse öfter selbst machen möchte, für den sind professionelle durchlöcherte Formen hilfreich, in denen der Frischkäse leichter abtropfen kann.

VARIANTE

FRISCHKÄSE MIT BASILIKUM UND PARMESAN

Für 500 g
Zubereitungszeit ca. 15 Min.
pro 100 g 260 kcal

- Den Frischkäse mit 1 EL frisch gepresstem Zitronensaft und 2 EL frisch geriebenem Parmesan verrühren.
- 1 Bund Basilikum waschen und trocken schütteln, die Blätter abzupfen und fein hacken. Mit 1 EL gerösteten und grob gehackten Pinienkernen unter den Frischkäse rühren. Mit Salz und Pfeffer abschmecken.

APRIKOSEN-MANGO-CREME

fruchtig-süß – vegan

**Für 10 Portionen · Zubereitungszeit ca. 25 Min.
pro Portion 70 kcal · Haltbarkeit 4–5 Tage**

400 g Softaprikosen · 30 g kandierter Ingwer
1 vollreife Mango · 350 ml Apfelsaft (oder Orangensaft) · 1 Zitrone · 2 EL Agavendicksaft

1 Die Aprikosen in kleine Stücke schneiden. Den Ingwer fein hacken. Die Mango schälen, das Fruchtfleisch vom Stein schneiden und klein würfeln.

2 Den Apfelsaft erhitzen, Aprikosen, Ingwer und Mango darin bei mittlerer Hitze unter Rühren ca. 10 Min. sanft kochen lassen, bis die Flüssigkeit verdampft ist.

3 Die Zitrone auspressen und den Saft zusammen mit der Aprikosenmasse und dem Agavendicksaft im Mixer pürieren. Die Creme bis zum Servieren kalt stellen.

NUSSCREME

schmeckt auch Kindern

**Für 10 Portionen · Zubereitungszeit ca. 15 Min.
pro Portion 185 kcal · Haltbarkeit 2–3 Tage**

50 g Pekannusskerne · 50 g Walnusskerne
150 g Magerquark · 2 EL Ahornsirup
200 g Erdnussbutter (aus dem Glas)

1 Einige schöne Pekannusskerne und Walnusskerne zum Dekorieren beiseitelegen, die restlichen Nüsse mit einem schweren Messer fein hacken und in einer Pfanne ohne Fett leicht anrösten.

2 Quark und Ahornsirup glatt rühren. Die Quarkmasse mit der Erdnussbutter und den gehackten Nüssen verrühren. In eine Schüssel füllen und zugedeckt kalt stellen. Vor dem Servieren mit den übrigen Nüssen bestreuen.

AVOCADO-ORANGEN-CREME

cremig-frisch

**Für 10 Portionen · Zubereitungszeit ca. 15 Min.
pro Portion 160 kcal · Haltbarkeit 2–3 Tage**

2 reife Avocados · 2 Bio-Limetten
2 EL Orangenmarmelade
200 g Frischkäse mit Joghurt · 30 g Puderzucker

1 Die Avocados halbieren, den Stein entfernen und das Fruchtfleisch mit einem Löffel aus den Hälften lösen. Die Limetten heiß waschen und abtrocknen, 1 TL Schale abreiben, den Saft auspressen.

2 Das Avocadofleisch mit Limettensaft und -schale und Orangenmarmelade im Mixer fein pürieren. Den Frischkäse mit dem Puderzucker verrühren und die Avocadocreme unterrühren. Die Creme in eine Schüssel füllen und zugedeckt bis zum Servieren kalt stellen.

VARIANTE

MARONENCREME

**Für 6 Portionen · Zubereitungszeit ca. 25 Min.
pro Portion 230 kcal · Haltbarkeit 3–4 Tage**

- 200 g vorgegarte Maronen hacken und zusammen mit 125 g Sahne in einen kleinen Topf geben. 1/2 Vanilleschote aufschlitzen, Mark herauskratzen, mit Schote und 1/4 TL Zimtpulver dazugeben. Alles aufkochen und bei schwacher Hitze ca. 10 Min. sanft kochen lassen.
- Leicht abkühlen lassen, Vanilleschote herausnehmen. 25 g Nugatschokolade zerbrechen, zu den Maronen geben und schmelzen lassen. Alles pürieren und nach Wunsch mit 4–5 EL Honig süßen. Die Creme zugedeckt bis zum Servieren kalt stellen.

OBEN Nusscreme
MITTE Avocado-Orangen-Creme
UNTEN Aprikosen-Mango-Creme

SCHOKOLADEN-ORANGEN-CREME

Die bessere Nuss-Nugat-Creme

Für 10 Portionen
Zubereitungszeit ca. 15 Min.
pro Portion 145 kcal
Haltbarkeit 2 Wochen

100 g Zartbitterschokolade
3 EL gewürfeltes Orangeat
125 g Sahne
3 EL Orangenmarmelade
4 EL gemahlene Mandeln
1 TL Kakaopulver
2 EL Butter
Außerdem:
1 Twist-off-Glas (sterilisiert, s. S. 6)

1 Die Schokolade in Stücke brechen. Das Orangeat mit einem großen Messer fein hacken. Beides zusammen mit der Sahne in einen Topf geben und bei mittlerer Hitze unter gelegentlichem Rühren erwärmen, bis die Schokolade vollständig geschmolzen ist.

2 Die Orangenmarmelade, die gemahlenen Mandeln und das Kakaopulver unterrühren, etwas abkühlen lassen.

3 Inzwischen das Glas vorbereiten. Die Butter unter die Schokocreme rühren und die Creme in das Glas füllen. Das Glas verschließen und bis zum Servieren im Kühlschrank aufbewahren.

SESAM-KROKANT-CREME

nussig – ungewöhnlich

Für 4 Portionen
Zubereitungszeit ca. 25 Min.
pro Portion 230 kcal
Haltbarkeit 2 Wochen

50 g Sesamsamen
3 EL Zucker
2 EL Honig · 2 EL Butter
60 g Sahne

1 Die Sesamsamen in einer kleinen Pfanne ohne Fett rösten, bis sie leicht duften und knistern. Auf einen Teller geben und abkühlen lassen. Mit dem Blitzhacker oder im Mörser grob zermahlen.

2 Den Zucker in einem kleinen Topf bei mittlerer Hitze hellbraun karamellisieren. Honig und Butter zugeben, die Sahne vorsichtig angießen. Unter Rühren 7–10 Min. sanft kochen lassen, bis sich die Masse vollständig vom Topfboden gelöst hat und flüssig ist. Die Sesamsamen untermischen und die Creme abkühlen lassen.

DAS SCHMECKT DAZU

Am besten schmeckt die Creme **zum Frühstück** auf selbst gebackenen Milchbrötchen (s. Rezept S. 215), türkischem Fladenbrot (s. Rezept S. 206) oder Baguette (s. Rezept S. 212). Oder rühren Sie die Creme mal in Joghurt mit Früchten!

KOKOS-BANANEN-AUFSTRICH

Südsee-Feeling fürs Brot – vegan

Für 4 Portionen
Zubereitungszeit ca. 10 Min. · Ruhezeit 2 Std.
pro Portion 140 kcal
Haltbarkeit 1/2 Tag

60 g Kokosraspel · 80 ml Kokosmilch (aus der Dose)
1 EL Kokoslikör (nach Belieben)
1 kleine reife Banane · 1 EL frisch gepresster Limettensaft · 1/2 TL gemahlener Kardamom

1 Kokosraspel mit Kokosmilch und nach Belieben mit Likör verrühren. Zugedeckt 2 Std. quellen lassen.

2 Die Banane schälen, grob zerschneiden und sofort mit Limettensaft beträufeln. Mit einer Gabel zu feinem Mus zerdrücken und mit dem Kardamom mischen. Die Kokosmasse zugeben und alles verrühren.

VARIANTE

TOFU-FEIGEN-AUFSTRICH

Für 4 Portionen · Zubereitungszeit ca. 15 Min.
pro Portion 130 kcal · Haltbarkeit 3–4 Tage

- 50 g getrocknete Soft-Feigen grob in Stücke schneiden. 30 g Haselnusskerne in einer Pfanne ohne Fett rösten, abkühlen lassen, grob hacken. 100 g Naturtofu würfeln, mit Feigen, Nüssen, 2 EL Sojacreme, 2 EL Ahornsirup und 1 EL Zitronensaft mit dem Pürierstab glatt pürieren.

ERDBEER-TOFU-CREME

superschnell und fruchtig – vegan

Für 4 Portionen
Zubereitungszeit ca. 15 Min. · Kühlzeit 20 Min.
pro Portion 65 kcal
Haltbarkeit 2–3 Tage

100 g Erdbeeren (aufgetaute TK oder frisch)
1 EL Ahornsirup
1 TL Bourbon-Vanillezucker
1 TL Zitronensaft
1 EL Sojacreme (Sahneersatz aus Sojabohnen)
100 g Naturtofu
2 TL Johannisbrotkernmehl
(z. B. Biobin, Reformhaus)
1 EL ungesalzene Pistazien
Außerdem:
1 Twist-off-Glas (sterilisiert, s. S. 6)

1 Frische Erdbeeren kurz abspülen, putzen, klein schneiden und mit Ahornsirup, Vanillezucker, Zitronensaft und Sojacreme in eine hohe Rührschüssel geben.

2 Den Tofu abtropfen lassen, trocken tupfen und klein würfeln. Tofu und Bindemittel zu den Erdbeeren geben und alles mit dem Pürierstab fein pürieren. Die Pistazien hacken und zum Schluss unterheben. Den Aufstrich vor dem Servieren ca. 20 Min. kalt stellen.

3 Zum Aufbewahren in das vorbereitete Glas füllen und unbedingt in den Kühlschrank stellen. Die Creme ist nicht sehr lange haltbar.

KLASSISCHE KRÄUTERBUTTER

Grillklassiker

Für 4 Portionen
Zubereitungszeit ca. 10 Min.
pro Portion 195 kcal
Haltbarkeit 1 Woche

4 Stängel glatte Petersilie
1 Stängel Basilikum
2 Stängel Dill
1/2 Bund Schnittlauch
100 g weiche Butter
1 TL mittelscharfer Senf
1 Spritzer Worcestersauce
Salz · Pfeffer

1 Die Kräuter waschen und trocken schütteln, Petersilien- und Basilikumblättchen sowie Dillspitzen abzupfen. Gebraucht werden ca. 20 g. Alles fein schneiden.

2 Die Butter mit dem Handrührgerät in ca. 5 Min. weiß-cremig aufschlagen. Mit Kräutern und Senf verrühren und mit Worcestersauce, Salz und Pfeffer würzen.

3 Die Butter auf ein Stück Pergamentpapier geben, dieses aufrollen und an den Enden – ähnlich wie bei einem Bonbon – zusammendrehen. Butter gleich verwenden oder im Kühlschrank aufbewahren.

TUNING-TIPP
Noch würziger wird die Kräuterbutter mit etwas Knoblauch, Schalotten oder roten Zwiebeln.

SENFBUTTER MIT MEERSALZ

Gruß aus Frankreich

Für 4 Portionen
Zubereitungszeit ca. 10 Min.
pro Portion 190 kcal
Haltbarkeit 1 Woche

2 Zweige Thymian
100 g weiche Butter
1 TL grobkörniger Senf
1 TL mittelscharfer Senf
Meersalz, z. B. Fleur de Sel
Pfeffer · Cayennepfeffer

1 Den Thymian waschen, trocken schütteln, die Blättchen abzupfen und grob schneiden.

2 Die weiche Butter mit dem Handrührgerät in ca. 5 Min. weiß-cremig aufschlagen. Beide Senfsorten und den Thymian unterrühren und die Butter mit Meersalz, Pfeffer und Cayennepfeffer abschmecken.

3 Die Butter auf ein Stück Pergamentpapier geben, dieses aufrollen und an den Enden – ähnlich wie bei einem Bonbon – zusammendrehen. Die Butter im Kühlschrank aufbewahren oder, wenn Sie sie gleich verwenden, in Schälchen füllen.

PROFI-TIPP
Die Buttermischungen kann man auch **einfrieren.** Dafür die Butter erst wie beschrieben in Pergament wickeln und dann in einen Gefrierbeutel geben.

TOMATEN-CHILI-BUTTER

Sommerfreude von der Rolle

Für 4 Portionen
Zubereitungszeit ca. 10 Min.
Portion 195 kcal
Haltbarkeit 1 Woche

4 getrocknete Tomaten, in Öl eingelegt
8 große Basilikumblätter
100 g weiche Butter
2 TL Tomatenmark
Chiliflocken
Salz · Pfeffer

1 Die Tomaten etwas abtupfen und in kleine Würfel schneiden. Das Basilikum waschen, trocken schütteln und in feine Streifen schneiden.

2 Die weiche Butter mit dem Handrührgerät in ca. 5 Min. weiß-cremig aufschlagen. Das Tomatenmark, die Tomatenwürfel und die Basilikumstreifen gut unterrühren und die Butter mit 2 Prisen Chiliflocken sowie Salz und Pfeffer pikant abschmecken.

3 Die Butter auf ein Stück Pergamentpapier geben, dieses aufrollen und an den Enden – ähnlich wie bei einem Bonbon – zusammendrehen. Im Kühlschrank aufbewahren. Oder in nette Silikonförmchen drücken und bis zum Servieren kühlen.

ZITRONENGRAS-INGWER-BUTTER

frische Asia-Variante

Für 4 Portionen
Zubereitungszeit ca. 15 Min.
Kühlzeit 30 Min.
pro Portion 285 kcal
Haltbarkeit 1 Woche

1 Stängel Zitronengras
1/2 Knoblauchzehe
1 Scheibe frischer Ingwer (ca. 5 g)
1/2 kleine rote Chilischote
150 g weiche Butter
abgeriebene Schale von 1/2 Bio-Limette
Salz · Pfeffer

1 Zitronengras längs halbieren und fein würfeln. Knoblauch und Ingwer schälen und ebenfalls in feine Würfel schneiden. Die Chilischote entkernen und fein würfeln.

2 In einem kleinen Topf 50 g Butter aufschäumen lassen. Zitronengras, Knoblauch, Ingwer und Chili dazugeben und offen 5 Min. sanft kochen lassen, dabei umrühren. Die flüssige Butter durch ein feines Sieb in eine kleine Schüssel gießen und abgedeckt für 30 Min. ins Tiefkühlfach stellen.

3 Die restliche Butter mit dem Handrührgerät in ca. 5 Min. weiß-cremig schlagen. Die gewürzte kalte Butter aus dem Tiefkühlfach darunterrühren. Alles mit Limettenschale, Salz und Pfeffer abschmecken. Gleich verwenden oder im Kühlschrank aufbewahren.

PILZDIP MIT EIERN

zum Dahinschmelzen gut

Für 4 Portionen
Zubereitungszeit ca. 30 Min.
pro Portion 300 kcal
Haltbarkeit 1 Tag

400 g kleine Egerlinge
1 kleine Zwiebel
je 1/2 Bund Petersilie, Basilikum, Minze und Schnittlauch
100 g Naturjoghurt
100 g Mayonnaise
50 g Sahne
4 hart gekochte Eier (Größe M)
Salz · Pfeffer
einige Spritzer Zitronensaft

1 Die Egerlinge putzen, trocken abreiben und längs in möglichst dünne Scheiben schneiden (das geht am besten auf dem Gemüsehobel). Die Zwiebel schälen und fein würfeln. Die Kräuter waschen und trocken schütteln, die Blätter abzupfen und fein hacken. Den Schnittlauch in feine Röllchen schneiden.

2 In einer Schüssel den Joghurt mit der Mayonnaise und der Sahne verrühren. Die Eier pellen, mit einer Gabel fein zerdrücken und untermischen.

3 Zwiebelwürfel und Kräuter zu der Mayonnaise-Joghurt-Mischung geben und alles zu einer glatten Masse verrühren. Die Pilze dazugeben und unterheben. Den Dip mit Salz, Pfeffer und Zitronensaft abschmecken.

GENUSS-TIPP

Der Pilzdip schmeckt sehr gut auf Weißbrot zu sommerlichen Salaten. Er passt aber auch perfekt zu **Ofenkartoffeln** oder **Gemüsesticks** und ist eine leckere Füllung für Pfannkuchen.

ARTISCHOCKENCREME

wie im Urlaub

Für 5 Portionen
Zubereitungszeit ca. 10 Min.
pro Portion 70 kcal
Haltbarkeit 1 Tag

1 Dose Artischockenböden
(210 g Abtropfgewicht)
1 TL Zitronensaft
3 EL Olivenöl
2 TL Senf
1–2 TL Agavendicksaft
1 Zweig Rosmarin
2 Frühlingszwiebeln
Salz · Pfeffer

1 Die Artischockenböden in ein Sieb geben und gut abtropfen lassen, dann in eine hohe Rührschüssel geben. Zitronensaft und Olivenöl sowie Senf und Agavendicksaft dazugeben und alles mit dem Pürierstab zu einer glatten Creme pürieren.

2 Den Rosmarin waschen, trocken schütteln, die Nadeln abzupfen und fein hacken. Die Frühlingszwiebeln putzen, waschen und sehr fein würfeln.

3 Den Rosmarin und die Frühlingszwiebeln zur Artischockenmischung geben und die Creme mit Pfeffer und Salz pikant abschmecken.

GENUSS-TIPP

Die Artischockencreme passt als Dip perfekt auf jede **Antipastiplatte** mit gegrillten, frischem oder eingelegtem Gemüse. Sie schmeckt aber auch auf geröstetem Weißbrot – und zwar besonders gut, wenn man sie noch mit klein gewürfelten getrockneten Tomaten bestreut.

TAUSCH-TIPP

Rosmarin ist nicht Ihr **Lieblingskraut**? Dann verfeinern Sie diesen schnellen Dip stattdessen mit Thymian, Oregano oder auch Petersilie.

MAYONNAISE

unverzichtbar zu Pommes, Burger oder Sandwich

Für 200 g
Zubereitungszeit ca. 10 Min.
pro 100 g 750 kcal
Haltbarkeit 2–3 Tage

2 ganz frische Eigelb (Größe M)
2 EL mittelscharfer Senf
einige Spritzer Tabascosauce
einige Spritzer Worcestersauce
Salz · Pfeffer
150 ml Sonnenblumenöl
Außerdem:
1 Twist-off-Glas (sterilisiert, s. S. 6)

1 Die Eigelbe zusammen mit dem Senf in einen hohen Rührbecher geben und mit einigen Spritzern Tabasco und Worcestersauce sowie etwas Salz und Pfeffer würzen. Alles mit dem Pürierstab leicht anmixen.

2 Das Öl langsam in einem dünnen Strahl dazugießen, dabei beständig weitermixen, bis sich Eigelbe und Öl zu einer glatten Creme verbinden.

3 Die Mayonnaise mit Salz und Pfeffer abschmecken. Zum Aufbewahren in das vorbereitete Glas füllen und in den Kühlschrank stellen.

PROFI-TIPP
Es ist wichtig, dass während der Zubereitung alle Zutaten wirklich **Zimmertemperatur** haben, da die Mayonnaise sonst leicht gerinnen kann.

KNOBLAUCHSAUCE

zu Fleisch und Fisch – auch als Fondue-Sauce

Für 4 Portionen
Zubereitungszeit ca. 10 Min.
pro Portion 325 kcal
Haltbarkeit 2–3 Tage

1 ganz frisches Eigelb (Größe M)
1 EL mittelscharfer Senf
je einige Spritzer Tabasco- und Worcestersauce
Salz · Pfeffer
Zucker
70 ml Sonnenblumenöl
2 kleine Knoblauchzehen
150 g Crème fraîche
1 Msp. abgeriebene Bio-Zitronenschale
einige Spritzer Zitronensaft
Außerdem:
1 Twist-off-Glas (sterilisiert, s. S. 6)

1 Eigelb und Senf in eine Schüssel geben, mit Tabasco, Worcestersauce, Salz, Pfeffer und 1 Prise Zucker würzen. Mit dem Schneebesen glatt rühren.

2 Das Öl langsam dazugießen, dabei beständig weiterrühren, bis eine glatte Creme entsteht.

3 Den Knoblauch schälen und möglichst fein würfeln. Die Mayonnaise mit Crème fraîche, Knoblauch, Zitronenschale und -saft verrühren. Nochmal abschmecken. Zum Aufbewahren die Sauce in das vorbereitete Glas füllen und in den Kühlschrank stellen.

COCKTAILSAUCE

lecker zu Fisch und Meeresfrüchten

Für 4 Portionen
Zubereitungszeit ca. 10 Min.
pro Portion 70 kcal
Haltbarkeit 2–3 Tage

1 ganz frisches Eigelb (Größe M)
1 EL mittelscharfer Senf
je einige Spritzer
Worcester- und Tabascosauce
Salz · Pfeffer
1 Msp. Cayennepfeffer · 70 ml Öl
4 EL Tomatenketchup (selbst gemacht
s. Rezept S. 272 oder Fertigprodukt)
40 g Crème fraîche
1 TL Weinbrand
1 EL roter Portwein
1 TL frisch geriebener Meerrettich
(oder aus dem Glas)
Außerdem:
1 Twist-off-Glas (sterilisiert, s. S. 6)

1 Eigelb mit Senf, Worcestersauce, Tabasco, Salz, Pfeffer und Cayennepfeffer in eine Schüssel geben und mit dem Schneebesen glatt verrühren. Das Öl langsam zugießen, dabei beständig weiterrühren, bis sich Eigelb und Öl zu einer glatten Creme verbinden.

2 Die Mayonnaise mit Tomatenketchup, Crème fraîche, Weinbrand, Portwein und Meerrettich verrühren und pikant abschmecken. Zum Aufbewahren in das vorbereitete Glas füllen und in den Kühlschrank stellen.

REMOULADE MIT PERLZWIEBELN UND EI

zu kaltem Roastbeef – mmmh!

Für 4 Portionen
Zubereitungszeit ca. 20 Min.
pro Portion 310 kcal
Haltbarkeit 2–3 Tage

1 hart gekochtes Ei (Größe M)
100 g Mayonnaise · 100 g Crème fraîche
3 Essiggurken (ca. 80 g, aus dem Glas)
8 Perlzwiebeln (ca. 20 g, aus dem Glas)
3 Sardellenfilets in Öl
1 TL eingelegte Kapern · 1 kleiner Zweig Estragon
2 Stängel glatte Petersilie
1 Spritzer Zitronensaft
Salz · Pfeffer · 1 Msp. Cayennepfeffer · Zucker
Außerdem:
1 Twist-off-Glas (sterilisiert, s. S. 6)

1 Das Ei pellen, halbieren und klein würfeln. Die Mayonnaise mit Crème fraîche in einer Schüssel mit dem Schneebesen glatt verrühren.

2 Gurken und Perlzwiebeln klein schneiden. Die Sardellen kalt abspülen und trocken tupfen. Die Sardellen und Kapern möglichst fein hacken. Die Kräuter waschen und trocken schütteln, die Blätter fein hacken. Alles mit den Eierwürfeln in die Creme rühren. Mit Zitronensaft, Salz, Pfeffer, Cayennepfeffer und 2 Prisen Zucker abschmecken. Zum Aufbewahren in das vorbereitete Glas füllen und in den Kühlschrank stellen.

FRANKFURTER GRÜNE SAUCE

berühmte Sauce aus der Heimatküche

Für 4 Portionen
Zubereitungszeit ca. 15 Min.
pro Portion 200 kcal
Haltbarkeit 3 Tage

2 EL Kräuteressig
1 EL scharfer Senf
Salz · Pfeffer
3 EL Sonnenblumenöl
150 g saure Sahne
4 Eier (Größe M)
2 Bund gemischte Kräuter
(für Frankfurter grüne Sauce üblicherweise: Petersilie, Schnittlauch, Kerbel, Kresse Pimpinelle, Sauerampfer, Borretsch, manchmal auch Dill)

1 Den Essig mit dem Senf glatt verrühren. Mit Salz und Pfeffer kräftig würzen. Mit einem Schneebesen nach und nach das Öl unterschlagen. Zuletzt die saure Sahne unter die Sauce rühren.

2 Die Eier in ca. 10 Min. hart kochen, kalt abschrecken und pellen. Die Eier hacken oder würfeln – am einfachsten geht das mit einem Eierschneider. Dafür die ganzen Eier zuerst in Scheiben, dann in Streifen und zuletzt in kleine Würfel schneiden.

3 Die Kräuter waschen und trocken schütteln, die Blättchen abzupfen und fein hacken. Die Kräuter mit den Eiern unter die Sauce rühren. Die Sauce mit Salz und Pfeffer pikant abschmecken.

DAS PASST DAZU

In Frankfurt isst man sie zu Salzkartoffeln oder gekochtem Rindfleisch wie **Tafelspitz** und Ochsenbrust. Sie passt aber genauso gut zu gekochtem Spargel – warm oder kalt als Spargelsalat. Sie schmeckt auch zu Gemüse wie Möhren und Staudensellerie oder **als Dip** zu Fleischfondue.

GUACAMOLE

Liebling der Mexikaner

Für 4 Portionen
Zubereitungszeit ca. 15 Min.
pro Portion 265 kcal
Haltbarkeit 1 Tag

2 reife Avocados
2 EL Limettensaft
1 Tomate
1 Schalotte
1 Knoblauchzehe (nach Belieben)
1 rote Chilischote
1/2 Bund Koriandergrün
Salz · Pfeffer

1 Die Avocados halbieren, die Steine entfernen und das Fruchtfleisch mit einem Löffel aus der Schale heben. Das Avocadofruchtfleisch sofort mit dem Limettensaft beträufeln, damit es nicht braun wird, und mit einer Gabel zu einer glatten Creme zerdrücken.

2 Die Tomate waschen, halbieren, Stielansatz und gallertartiges Inneres entfernen und das Fruchtfleisch fein würfeln. Die Schalotte und, falls verwendet, die Knoblauchzehe schälen und sehr fein hacken. Die Chilischote längs halbieren, putzen, entkernen, waschen und winzig klein würfeln. Das Koriandergrün abspülen, trocken schütteln, die Blätter abzupfen und grob hacken.

3 Tomaten-, Schalotten- und eventuell Knoblauchwürfel, Chili und Koriander unter die Avocadocreme mischen. Die Guacamole mit Salz und Pfeffer abschmecken.

GENUSS-TIPP

Der Aufstrich schmeckt nicht nur gut zu **Weißbrot** (s. Rezept S. 199) oder **Fladenbrot** (s. Rezept S. 206). Sie können ihn auch zum Füllen von Soft-Tortillas verwenden und Tortilla-Chips hineindippen. Oder zu gegrilltem Fleisch und Fondue.

SCHAFSKÄSE-DIP MIT ZITRONENMELISSE

würzig-mediterran

Für 4 Portionen
Zubereitungszeit ca. 20 Min.
pro Portion 90 kcal
Haltbarkeit 2–3 Tage

1/2 Salatgurke (ca. 250 g)
Salz · 150 g Naturjoghurt
100 g Feta
1 Knoblauchzehe
2 Stängel Zitronenmelisse
2 Stängel Dill
Pfeffer
Cayennepfeffer
Zucker

1 Die Gurke gründlich waschen, ungeschält grob raspeln und in eine Schüssel geben. 2 Prisen Salz gut daruntermischen und 10 Min. stehen lassen.

2 Den Naturjoghurt in einen hohen Rührbecher geben. Den Schafskäse grob zerbröseln. Knoblauch schälen und grob zerkleinern. Beides in den Becher geben und alles mit dem Pürierstab möglichst fein mixen.

3 Die Kräuter waschen und trocken schütteln, die Blätter und Spitzen abzupfen und fein hacken.

4 Die Gurkenraspel gut ausdrücken und zusammen mit den Kräutern in den Dip rühren. Mit Pfeffer, Cayennepfeffer und 1 Prise Zucker und eventuell Salz würzen.

JOGHURTDIP MIT KRESSE

erfrischender Frühjahrs-Hit

Für 4 Portionen
Zubereitungszeit ca. 10 Min.
pro Portion 170 kcal
Haltbarkeit 2–3 Tage

2 Kästchen Gartenkresse · 100 g Crème fraîche
50 g Sahne · 100 g Naturjoghurt
1 TL mittelscharfer Senf
1 TL Sahnemeerrettich (aus dem Glas)
Salz · Pfeffer
brauner Zucker · 1 TL Leinöl (s. Tipp)

1 Die Kresse mit einer Schere vom Beet schneiden und zusammen mit Crème fraîche, Sahne, Joghurt, Senf und dem Meerrettich in einen hohen Rührbecher geben. Alles mit dem Pürierstab fein mixen.

2 Die Sauce mit Salz, Pfeffer, 1 Prise braunem Zucker und dem Leinöl abschmecken.

DAS PASST DAZU

Der Joghurtdip schmeckt großartig zu gekochtem **Rindfleisch,** gedämpftem und gebratenem Fisch, gegrilltem und gebratenem Gemüse, Kartoffeln, Räucherlachs und Räucherforellen.

PROFI-TIPP

Das bittere, aber sehr gesunde **Leinöl** hat einen ganz eigenen Geschmack. Wer's milder mag, kann es durch Olivenöl ersetzen.

PILZ-TOMATEN-CREME

würzig – gut vorzubereiten

Für 4 Portionen
Zubereitungszeit ca. 30 Min.
pro Portion 110 kcal
Haltbarkeit 2–3 Tage

300 g braune Champignons
1 kleine Zwiebel
1 Knoblauchzehe
2 EL Öl · Salz · Pfeffer
60 g getrocknete Tomaten (in Öl)
20 g frisch geriebener Parmesan
etwas abgeriebene Schale und Saft von 1 Bio-Zitrone

1 Die Champignons putzen, eventuell waschen und trocken tupfen, dann in kleine Würfel schneiden. Zwiebel und Knoblauch schälen und fein hacken.

2 Das Öl in einer Pfanne erhitzen und die Pilzwürfel darin braten, bis sämtliche Flüssigkeit verdampft ist. Zwiebel und Knoblauch kurz mitbraten, salzen und pfeffern. Alles aus der Pfanne nehmen und etwas abkühlen lassen.

3 Die Tomaten abgießen, 1 EL Tomatenöl auffangen und zur Seite stellen. Tomaten grob hacken und mit dem Tomatenöl zu den Pilzen geben. Alles fein pürieren. Den Parmesan unterrühren und die Creme mit Salz, Pfeffer, Zitronenschale und -saft abschmecken.

PAPRIKA-MANDEL-DIP

auch fein mit Nudeln

Für 4 Portionen
Zubereitungszeit ca. 25 Min.
Kühlzeit 45 Min.
pro Portion 240 kcal
Haltbarkeit 2–3 Tage

100 g gemahlene Mandeln
2 rote Paprikaschoten
1 Zwiebel
2 Knoblauchzehen
2 EL Öl · Salz
Cayennepfeffer
3–4 EL Sahne

1 Die Mandeln in einer Pfanne ohne Fett bei mittlerer Hitze unter Rühren rösten, bis sie duften, dann herausnehmen. Die Paprikaschoten putzen, waschen und mit einem Sparschäler schälen. Paprika fein würfeln. Zwiebel und Knoblauch schälen und fein würfeln.

2 Das Öl erhitzen, Zwiebel, Knoblauch und Paprikawürfel darin andünsten. Mit Salz und Cayennepfeffer würzen. 150 ml Wasser dazugeben. Alles aufkochen und sanft weiter kochen, bis das Wasser fast verdampft ist.

3 Die Mandeln und die Sahne dazugeben und alles fein pürieren. Die Creme mit Salz und Cayennepfeffer abschmecken und vor dem Servieren auskühlen lassen.

SATÉ-ERDNUSSCREME

typisch zu asiatischen Hähnchenspießen

Für 3 Gläser (je 250 ml)
Zubereitungszeit ca. 15 Min.
Garzeit 30 Min.
pro Glas 400 kcal
Haltbarkeit 1–2 Monate

3 Knoblauchzehen · 2 Zwiebeln
1–3 Chilischoten (s. Tipp)
150 g geröstete, gesalzene Erdnüsse
500 ml Gemüsebrühe (selbst gemacht s. Rezept S. 252 oder Instant)
2 TL Korianderkörner · Pfeffer · Erdnussöl
Außerdem:
3 Twist-off-Gläser (sterilisiert, s. S. 6)

1 Knoblauch und Zwiebeln schälen und klein würfeln. Die Chilischoten mitsamt ihren Kernen und die Erdnüsse hacken. Knoblauch, Zwiebeln, Chilis und Nüsse mit Brühe und Korianderkörnern aufkochen und offen bei kleiner Hitze ca. 30 Min. sanft kochen lassen.

2 Die Sauce im Blitzhacker fein pürieren und mit Pfeffer abschmecken. Falls die Sauce zu flüssig ist, bei starker Hitze noch 1–2 Min. offen unter Rühren einkochen.

3 Die Masse sofort in die vorbereiteten Schraubdeckelgläser füllen und mit einer dünnen Ölschicht bedecken. Die Gläser verschließen und kalt stellen.

PROFI-TIPP

Für viele Rezepte benötigen Sie nur ganz wenige **Chilischoten**, viel weniger als in einem Päckchen stecken. Die übrigen Schoten lassen sich sehr gut einfrieren oder auf einen Faden fädeln und trocknen. Getrocknet lassen sie sich leicht zerbröseln.

DAS SCHMECKT DAZU

Die Saté-Erdnusscreme gehört nicht nur zu den traditionellen indonesischen **Fleischspießchen**, sondern schmeckt auch lecker zu Fondue und zu frischem und gekochtem Gemüse.

HUMMUS

der Lieblingsdip im ganzen Orient

Für 4 Portionen
Zubereitungszeit ca. 15 Min.
pro Portion 390 kcal
Haltbarkeit 2 Wochen

5 EL Sesamsamen · 3 EL Korianderkörner
1 TL Kreuzkümmelsamen · 1 TL Pfeffer
1 Dose Kichererbsen (265 g Abtropfgewicht)
100 ml Olivenöl
1 EL getrockneter Oregano
Muskatnuss, frisch gerieben
1/2 Zitrone · Salz
Außerdem:
1 Twist-off-Glas (sterilisiert, s. S. 6)

1 Sesamsamen, Korianderkörner und Kreuzkümmelsamen in einer Pfanne ohne Fett rösten, bis sie zu duften beginnen. Den Pfeffer unterrühren und die Pfanne vom Herd nehmen. Die Kichererbsen in ein Sieb abgießen, mit kaltem Wasser abspülen und abtropfen lassen.

2 Die gerösteten Gewürze zusammen mit Kichererbsen, Öl, Oregano, 1 kräftigen Prise Muskat und 4 EL lauwarmem Wasser fein pürieren. Den Saft der Zitronenhälfte auspressen und untermixen.

3 Das Hummus mit Salz würzen und entweder gleich genießen oder in das vorbereitete Glas füllen, glatt streichen und mit einer dünnen Schicht Olivenöl bedecken. Das Glas verschließen und kalt stellen.

GENUSS-TIPPS

Hummus, ein feinwürziges Kichererbsenpüree, gehört als Dip zu jeder **orientalischen Vorspeisenplatte** – zum Löffeln oder Stippen mit Fladenbrot oder rohen Gemüsesticks.
Das fertige Hummus kann man mit Kräutern wie Minze, Petersilie, Oregano oder Bohnenkraut **verfeinern** oder mit gerösteten und gehackten Walnüssen, Mandeln oder Pistazienkernen den nussigen Geschmack noch verstärken.

DER LIEBLINGSKLASSIKER

KÜRBIS-INGWER-CHUTNEY

würziger Lichtblick im Herbst

Für 6 Gläser (je 220 ml)
Zubereitungszeit ca. 1 Std.
Garzeit 30 Min.
pro Glas 265 kcal
Haltbarkeit 6 Monate

2 Zwiebeln
1,2 kg Hokkaidokürbis
100 g frischer Ingwer
2 Knoblauchzehen
200 g Zucker
1 TL Chiliflocken · 2 EL Öl
500 ml Orangensaft
(frisch gepresst oder fertig)
Saft von 2 Zitronen (80 ml)
2 EL rosa Pfefferkörner · Salz
Außerdem:
6 Twist-off-Gläser (sterilisiert, s. S. 6)

1 Die Zwiebeln schälen, den Kürbis putzen, waschen, vierteln und entkernen. Hokkaidokürbisse müssen Sie nur schälen, wenn sie sehr groß sind, ansonsten kann man die Schale mitessen. Zwiebeln und Kürbisviertel in ca. 5 mm große Würfel schneiden.

2 Ingwer und Knoblauch schälen, grob hacken und mit dem Zucker und den Chiliflocken im Blitzhacker oder Mörser zu einer Paste pürieren.

3 Das Öl in einen Topf geben und die Zwiebel- und Kürbiswürfel darin 5 Min. dünsten. Die Ingwerpaste unter das Gemüse mischen und alles 3 Min. kochen lassen, anschließend den Orangensaft dazugießen. Das Chutney ca. 20 Min. einkochen. Den Zitronensaft dazugeben und noch einmal etwas einkochen, bis die Konsistenz des Chutneys der einer Konfitüre ähnelt.

4 Inzwischen den rosa Pfeffer in ein Sieb geben und die Außenhaut von den Körnern lösen, indem Sie mit einem Kochlöffel in dem Sieb rühren.

5 Das Chutney salzen und die Häute vom rosa Pfeffer unterrühren (die Körner entsorgen). Das Chutney nochmals mit Salz abschmecken, heiß in die Gläser füllen und sofort verschließen. Kühl und dunkel aufbewahren.

PROFI-TIPP

Säure behindert den **Garprozess von Gemüse** und Früchten. Bei weichen Früchten spielt das keine Rolle, sie zerfallen trotzdem nach kurzer Zeit. Feste Früchte oder Gemüse sollte man aber immer einigermaßen gar kochen, bevor starke Säuren dazukommen, sonst dauert das Garen unter Umständen sehr lang. Das ist auch der Grund, warum Linsen immer erst gesäuert werden sollten, wenn sie schon weich gekocht sind.

GENUSS-TIPP

Probieren Sie dieses einfache Chutney zum Beispiel als Vorspeise mit **geräuchertem Forellenfilet** und einem Blattsalat mit vielen Kräutern.

GRÜNE TOMATENSALSA

gleichzeitig minzefrisch und tomatensüß

Für 3 Gläser (je 250 ml)
Zubereitungszeit ca. 20 Min. · Garzeit 45 Min.
pro Glas 150 kcal · Haltbarkeit 12 Monate

1 kg g reife, grüne Tomaten (s. Tipp) · 3 Zwiebeln
10 Knoblauchzehen · 2 Stangen Staudensellerie
1–2 EL grüner Pfeffer (frisch oder aus dem Glas)
1/2 TL Salz · 3 EL Zucker · 1 TL Senfkörner
3 EL Apfelessig · 1/2 Bund Minze
Außerdem:
3 Twist-off-Gläser (sterilisiert, s. S. 6)

1 Die Tomaten waschen, die Stielansätze entfernen und die Tomaten grob zerkleinern. Die Zwiebeln und den Knoblauch schälen und klein würfeln. Den Staudensellerie waschen, putzen und klein würfeln. Die grünen Pfefferkörner im Mörser leicht zerstoßen.

2 Tomaten, Zwiebeln, Staudensellerie und Knoblauch zusammen mit Salz und Zucker sowie Pfeffer- und Senfkörnern in einen Topf geben und zugedeckt aufkochen, dann bei mittlerer Hitze ca. 25 Min. dünsten. Den Apfelessig dazugeben und alles offen bei großer Hitze unter Rühren in ca. 20 Min. einkochen lassen.

3 Die Masse nach Belieben durchpassieren oder stückig lassen. Die Minze waschen, die Blättchen hacken, mit der Salsa einmal aufkochen. Die kochend heiße Masse sofort in die Gläser füllen und diese verschließen.

PROFI-TIPP

Unreife grüne Tomaten enthalten Solanin, den Stoff, der auch grüne Kartoffeln ungenießbar macht. Solanin ist teilweise hitzebeständig, zerfällt also beim Kochen nicht vollständig. Es gibt aber **grüne Tomatensorten**, die grün bleiben, auch wenn sie schon vollreif sind, zum Beispiel Green Tiger, Green Zebra oder Tigerella. Sie schmecken besonders gut, nicht nur in der Salsa, sondern auch als Tomatensalat.

ZWIEBELKONFITÜRE MIT CHILI UND ROSINEN

grandios gut zusammen mit Käse

Für 3 Gläser (je 250 ml)
Zubereitungszeit ca. 40 Min.
Garzeit 1 Std. 20 Min.
pro Glas 385 kcal
Haltbarkeit 6 Monate

1 kg süße Zwiebeln
1/2–1 TL getrocknete Chiliflocken
3 EL Rosinen (oder getrocknete Cranberrys)
500 ml Orangensaft
(frisch gepresst oder fertig)
150 g Zucker
6 Zweige Bohnenkraut
(oder Thymian oder Ysop)
1 TL Salz · 1 TL Korianderkörner
Außerdem:
3 Twist-off-Gläser (sterilisiert, s. S. 6)

1 Die Zwiebeln schälen und in knapp 1 cm große Würfel schneiden. Die Zwiebelwürfel mit den Chiliflocken, den Rosinen und dem Orangensaft aufkochen und bei schwacher Hitze 1 Std. eher dünsten als kochen.

2 Erst jetzt den Zucker dazugeben. Das Bohnenkraut waschen, die Blättchen abstreifen und grob hacken. Bohnenkraut, Salz und Korianderkörner zu den Zwiebeln geben und offen ca. 20 Min. sämig einkochen.

3 Die Konfitüre sofort in die vorbereiteten Schraubgläser füllen und diese verschließen. Eine Gelierprobe ist unnötig, weil es sich bei dieser Zwiebelzubereitung eher um ein dickes Mus handelt als um eine pektingebundene Konfitüre.

AROMA-TIPP

Etwas **Olivenöl** tut der Zwiebelkonfitüre gut; am besten schmeckt diese Kombination aber, wenn Sie nicht die Zwiebeln im Öl dünsten oder gar braten, sondern erst auf dem Teller einige Tropfen erstklassiges Olivenöl über die Konfitüre geben.

RHABARBER-CHUTNEY

fruchtig-frisch

Für 5 Gläser (je 200 ml)
Zubereitungszeit ca. 40 Min.
Ruhezeit 1 Std.
pro Glas 285 kcal
Haltbarkeit 6 Monate

750 g Rhabarber (geputzt ca. 700 g)
1 Stange Lauch
2 Knoblauchzehen
1 Stück frischer Ingwer (ca. 3 cm)
2 rote Chilischoten
100 g getrocknete Feigen
2 TL Korianderkörner
250 g Zucker
125 ml Apfel- oder Weißweinessig · Salz
Außerdem:
5 Twist-off-Gläser (sterilisiert, s. S. 6)

1 Den Rhabarber waschen. Die Enden abschneiden und sich eventuell lösende Fäden abziehen. Die Stangen in ca. 1 cm breite Stücke schneiden. Vom Lauch dunkelgrüne und welke Blätter sowie das Wurzelende abschneiden. Die Stange längs aufschlitzen, gründlich waschen und in feine Streifen schneiden.

2 Knoblauch und Ingwer schälen und fein würfeln. Chilischoten waschen und ohne Stiele, aber mit den Kernen fein schneiden. Die Feigen ohne harte Stiele klein würfeln. Korianderkörner im Mörser leicht andrücken.

3 Die vorbereiteten Zutaten zusammen mit Zucker, Essig und ca. 1/2 EL Salz in einem Topf mischen, ca. 1 Std. Saft ziehen lassen. Dann die Mischung unter Rühren aufkochen, offen ca. 15 Min. sanft kochen lassen, bis sie dickflüssig ist. Zwischendurch häufig umrühren.

4 Das Chutney abschmecken, in die vorbereiteten Gläser füllen und diese sofort verschließen.

MANGO-CHUTNEY

mit feiner Stachelbeer-Säure

Für 4 Gläser (je 200 ml)
Zubereitungszeit ca. 40 Min.
pro Glas 215 kcal
Haltbarkeit 6 Monate

2 Mangos (ca. 600 g, geputzt ca. 450 g)
250 g Stachelbeeren
4 getrocknete Chilischoten
2 TL gelbe Senfkörner
4 Knoblauchzehen
1 EL Öl · 1 TL gemahlene Kurkuma
100 ml Apfelessig
100 g Zucker · Salz
Außerdem:
4 Twist-off-Gläser (sterilisiert, s. S. 6)

1 Die Mangos schälen, das Fruchtfleisch vom Stein schneiden und klein würfeln. Die Stachelbeeren waschen, die Stiele und Blütenansätze abknipsen. Die Beeren halbieren.

2 Chilis und Senfkörner in einer trockenen Pfanne bei mittlerer Hitze unter Rühren ca. 1 Min. rösten, im Mörser feinstmöglich zerdrücken. Knoblauch schälen, fein würfeln. In einem Topf im Öl die zerdrückten Gewürze und Kurkuma bei schwacher Hitze unter Rühren ca. 1 Min. andünsten. Den Knoblauch kurz mitdünsten.

3 Den Essig, 100 ml Wasser und den Zucker zufügen, alles zum Kochen bringen. Mangowürfel, Beeren und ca. 2 TL Salz dazugeben. Das Chutney offen bei schwacher bis mittlerer Hitze ca. 15 Min. garen, bis es dickflüssig ist. Zwischendurch häufig umrühren.

4 Das Chutney abschmecken, in die vorbereiteten Gläser füllen und diese sofort verschließen.

OBEN Rhabarber-Chutney
UNTEN Mango-Chutney

KRUSTENBROT
& GRÜNE NUDELN

Willkommen im Brotland

Über 3000 verschiedene Brotsorten gibt es in Deutschland. Das deutsche Bäckerhandwerk bietet uns die Brotvielfalt, die wir so sehr lieben. Wir sitzen in Italien vor Focaccia und Ciabatta und sehnen schon wieder unser Bauern- oder Vollkornbrot herbei. Die Qual der Wahl in der Bäckerei rührt übrigens zum einen von der Vielstaaterei, die früher in Deutschland herrschte, zum anderen vom regionalen Getreideanbau. Seit jeher dominiert im Norden der Roggen, während im Süden Weizen und Dinkel besser gedeihen: unterschiedliche Rohstoffe, unterschiedliche Endprodukte. Kriegen Sie nicht auch Lust auf Ihr eigenes Brot, in dem nur Natur pur, Ihre Lieblingszutaten und eine große Portion Leidenschaft stecken?

Sauer macht Power

Brotbacken ist gar nicht so schwer. Das einzige, was man mitbringen muss, ist ein bisschen Zeit, aber Zeit, in der man selbst gar nichts tun muss. Sie verkneten einfach Mehl, eventuell Körner, Kräuter oder Gewürze, Salz, Wasser, Hefe und/oder Sauerteig und lassen dann erst einmal letztere die Arbeit machen. An einem mollig warmen Plätzchen kümmern sich Milch-, Essigsäurebakterien und Hefepilze darum, dass der Teig später eine weiche, luftige Krume ausbildet. Ein Sauerteigbrot zu backen ist kein Hexenwerk. Wer sich nicht traut, selbst einen Sauerteig anzusetzen, der kauft ihn als Extrakt oder flüssig im Supermarkt, Bioladen, Reformhaus, beim Bäcker oder im Drogeriemarkt. Experimentierfreudige verrühren für 400 g Sauerteig 50 g Roggenmehl (Type 997) mit 50 ml warmem Wasser und lassen die Mischung mit einem Tuch oder Frischhaltefolie zugedeckt zwei Tage an einem warmen Ort (25° sind ideal) stehen. Am dritten Tag den Ansatz mit je 50 g Roggenmehl und 40 bis 45° warmem Wasser verrühren, zudecken und weitere 24 Std. an einem warmen Ort ruhen lassen.

SAUERTEIG-KRÜMEL ...

... mit Wasser und Mehl auf die gewünschte Sauerteigmenge bringen, einen Tag ruhen lassen und leckeres Brot daraus backen.

Am vierten Tag je 100 g Roggenmehl und warmes Wasser unter den Ansatz rühren und erneut abgedeckt einen Tag stehen lassen. Und dann ist er endlich da, der Tag der Wahrheit: Wenn Sie am fünften Tag das Tuch lüften, sollte der Ansatz angenehm säuerlich riechen und von vielen kleinen Bläschen durchzogen sein. Nun können Sie ihn nach Rezept weiterverarbeiten. Sticht Ihnen jedoch ein unangenehmer Gestank in die Nase, wenn Sie das Tuch abnehmen, ist von Bläschen keine Spur oder hat sich gar Schimmel gebildet, müssen Sie den Ansatz leider wegwerfen.

Das Spiel beginnt von vorn

Wer Spaß daran gefunden hat, der zweigt vor jedem Backen einen kleinen Teil des Sauerteigs ab, füllt ihn in ein sauberes Schraubglas und kann ihn so gut eine Woche im Kühlschrank aufheben. Bei Bedarf einfach den Sauerteig zur Hälfte mit Wasser, zur Hälfte mit Mehl auf die im Rezept angegebene Sauerteigmenge ergänzen, sprich 20 g Sauerteig plus 150 ml Wasser plus 150 g Mehl ergeben 300 g Sauerteig plus 20 g Überschuss zum Weiterverarbeiten. Diesen Ansatz über Nacht im warmen Raum ruhen lassen, dann verbacken. Mit Mehl zu trockenen Krümeln verrieben hält sich der Ansatz im Kühlschrank mehrere Monate.

HUSCH, HUSCH ins Körbchen. Brote, die im Gärkorb ruhen dürfen, kommen mit einem schönen Muster aus dem Ofen.

ACHTUNG! Laugengebäcke und Brote, die mit Eigelb bestrichen wurden, dürfen nicht beschwadet werden.

Kleines Brotback-ABC

Backstein Für Brotgenuss wie aus dem Steinofen ist ein Backstein aus Schamott Gold wert. Der Stein ist sehr hitzebeständig und kann Wärme lange speichern. Er wird in den kalten Backofen auf den Rost gelegt und mit dem Ofen auf die höchst mögliche Temperatur vorgeheizt. Ein Holzschieber leistet Hilfestellung, das Brot auf den Stein zu heben. In den ersten 10 Min. bäckt das Brot bei starker Hitze – so kann der Stein die hohe Temperatur von unten an das Brot abgeben, was wie ein Lift für den Teig wirkt: Er geht noch mal richtig schön auf. Gleichzeitig verdunstet auf dem offenporigen Stein rasch überschüssige Feuchtigkeit, sodass der Brotboden herrlich knusprig wird. Erst dann bäckt das Brot bei geringerer Temperatur fertig.

Gärkörbchen In den ovalen oder runden Körbchen aus geflochtenem Stroh, Peddigrohr, Holzschliff oder Kunststoff darf Brotteig ausruhen, bevor er in den Backofen kommt. Die Seitenwände stützen ihn, während er noch einmal aufgeht, sodass am Ende ein formschönes Brot auf dem Tisch steht. Damit der Teig nicht darin kleben bleibt, sollten Sie entweder noch einen Baumwollbezug mit dazukaufen, den Sie in das Körbchen spannen und leicht bemehlen (ein Geschirrtuch tut's auch), bevor der Teig hineinkommt, oder Sie streuen das Körbchen gut mit Mehl oder Stärke aus.

Hefe Als Frischware zu Würfeln gepresst oder als Pulver in Tütchen finden Sie sogenannte Reinzuchthefen zum Backen im Kühl- bzw. Backregal jedes Supermarktes. Brote aus Weizen- und/oder Dinkelmehl brauchen Hefe, damit sie aufgehen. Die Hefepilze naschen dabei den Malzzucker, den Mehlenzyme aus der Stärke abgespalten haben, und verwandeln diesen zu Alkohol und Kohlendioxid. Diese und noch weitere Nebenprodukte, die während des Gärprozesses entstehen, lockern den Teig und sorgen für das typische Brotaroma.

Sauerteig Reine Roggenbrote und schwere Vollkornbrote würden ohne ihn überhaupt nicht aufgehen. Sie brauchen die im Sauerteig aus Zucker gebildeten Milch- und Essigsäuren, damit die Schleimstoffe des Getreides quellen können. Daraufhin produzieren teigeigene Hefen Alkohol und Kohlendioxid, die den Teig aufgehen lassen. Sauerteig beschert Broten einen angenehm säuerlich-würzigen Geschmack. Außerdem schließt er die Nährstoffe des Getreides besser auf und macht das Gebäck im Vergleich zu ungesäuerten Broten länger haltbar.

Schwaden Bekommen Brotteiglinge kurz nachdem sie in den Ofen geschoben wurden, eine Portion heißen Wasserdampf ab, bilden sie während der weiteren Backzeit eine besonders rösche Kruste aus. Denn der Dampf kondensiert an der Teigoberfläche und lässt dort enthaltene Eiweiße sofort gerinnen und Stärke verkleistern. Durch die feuchte Oberfläche bleibt der Teig dennoch elastisch und geht auf, ohne dass das Gebäck aufreißt. Nicht zuletzt hinterlässt der Dampf einen appetitlichen Glanz auf der Brotoberfläche. Wer einen Backofen mit Dampfgarfunktion besitzt, ist klar im Vorteil, denn damit gelingt das Beschwaden perfekt. Hobbybäcker heizen entweder ein mit Wasser befülltes Backblech im Ofen mit auf oder sie schütten, gleich nachdem die Teiglinge im Garraum deponiert sind, eine Tasse Wasser auf den heißen Backofenboden.

Mehl & Grieß

Als backfähige Getreide gelten Weizen inklusive Emmer und Einkorn, Dinkel und Roggen. Nur sie gehen unter Zugabe von Hefe oder Sauerteig auf. Gerste, Hafer, Mais, Reis, Hirse, Quinoa, Amarant und Buchweizen dagegen würden keine lockere Krume mit gleichmäßigen Poren ausbilden. Allerdings können sie Brote durchaus mit ihrem Geschmack und ihren positiven ernährungsphysiologischen

Eigenschaften bereichern. Bis zu einem Fünftel des Mehlgewichts kann durch diese Getreide und Pseudogetreide ersetzt werden. Die backfähigen Getreide finden Sie als Mehl in unterschiedlichen Typenzahlen, als Schrot, Grieß und Vollkornmehl im Backregal.

Was sind denn das für Typen?

Je höher die Typenzahl auf der Mehltüte, umso mehr vom Getreidekorn steckt auch drin. Die niedrigste Typenzahl, beim Weizenmehl die Type 405, bedeutet, dass nur der Mehlkörper vermahlen wurde. Die Randschichten des Getreidekorns, die auch die meisten Nähr-und Ballaststoffe enthalten, wurden hier entfernt. Mehle, für die das ganze Korn ausgemahlen wurde, bekommen keine Typenzahl, sie werden unter der Bezeichnung »Vollkornmehl« verkauft. Ist die Körnung des Mehls größer als 0,12 mm, spricht man von Vollkornschrot. Grundsätzlich gilt: Je feiner das Mehl, desto luftiger und stabiler wird der Teig. Darum wird auf Schrot in feinen Backwaren lieber verzichtet, in einem saftigen Vollkornbrot kommt es dagegen ganz hervorragend zur Geltung. Für Grieß stellt der Müller seine Mühle um, es entstehen Kornstücke in einer Größe von 0,3 bis 1 mm, die Mehlanteile werden dabei aber ausgesiebt. Am bekanntesten und wohl in aller Munde ist der Hartweizengrieß. Er ist proteinreich, und mit Wasser oder Eiern verknetet entsteht daraus ein sehr elastischer Teig, der ideal ist, um Tagliatelle, Spaghetti, Fusilli, Rigatoni, Ravioli, kurz: Nudeln in allen Größen und Formen, aus ihm herzustellen.

Pasta in Hülle und Fülle

Und damit sind wir schon beim nächsten Thema: Ravioli – das feinste Versteck aller Zeiten. Aber verstecken müssen sich die leckeren Teigtaschen mit den noch leckereren Füllungen überhaupt nicht. Findige Mönche aus dem Kloster Maulbronn aber sollen einst

MIT DEM TEIGRÄDCHEN schneiden Eilige aus der Ravioliplatte quadratische, recht- oder dreieckige Ravioli aus.

das Fleisch, das ihnen in der Fastenzeit versagt war, quasi in den Nudelteig des Schweigens gehüllt haben, damit der liebe Gott ihren sündigen Genuss nicht mitbekäme. Die sogenannten »Herrgottsbscheißerle«, besser bekannt als Maultaschen, waren geboren. Und die sind schließlich nichts anderes als deutsche Ravioli. Wer sie selbst machen möchte, muss dazu auch kein waschechter Italiener sein. Mit der Nudelmaschine eine gerade Zahl an Teigbahnen oder mit dem Nudelholz zwei etwa gleich große dünne Teigplatten ausrollen. Für runde Ravioli in ausreichendem Abstand je 1 TL Füllung auf eine Teigplatte setzen. Die zweite Teigplatte auflegen und mit den Fingern die Zwischenräume zwischen den Füllungshäufchen fest zusammendrücken. Mit einem Glas oder Ravioliausstecher nun die Teigtaschen ausstechen oder auch mit dem Teigrädchen ausschneiden. Für Halbmonde erst Teigkreise mit ca. 5 cm Ø ausstechen, 1 TL Füllung mittig daraufgeben und die Teigkreise zusammenklappen. Dann mit den Zinken einer Gabel die Ränder fest aneinanderdrücken. Für Tortellini die Ränder der Halbmonde mit den Fingern verschließen, die beiden Zipfel leicht nach außen ziehen, über dem Zeigefinger nach hinten klappen und die Enden zusammendrücken. Und auch, wenn Ihre ersten Versuche noch nicht perfekt gelungen sind – auch hier gilt: Übung macht den Meister.

DER LIEBLINGSKLASSIKER

HUNDERTPROZENTER

reines saftiges Roggenbrot

Für 1 Brot (900 g)
Zubereitungszeit ca. 20 Min.
Ruhezeit 15 Std. 10 Min.
Backzeit 45 Min.
pro 100 g 242 kcal

Für den Vorteig:
100 g Roggenmehl (Type 1150)
75 g flüssiger Natursauerteig
(selbst angesetzt s. S. 191, oder im Beutel)
Für den Brotteig:
gut 3/4 Würfel Hefe (35 g)
500 g Roggenmehl (Type 1150)
20 g Salz (ca. 4 TL)
Außerdem:
Mehl zum Arbeiten
Backpapier für das Blech

1 Am Vortag für den Vorteig das Roggenmehl und den Natursauerteig mit 100 ml Wasser gut verrühren und abgedeckt bei Zimmertemperatur 12–14 Std. (oder über Nacht) reifen lassen.

2 Für den Brotteig am nächsten Tag die Hefe in einer Schüssel in 350 ml lauwarmem Wasser auflösen und mit dem vorbereiteten Sauerteig mischen. Das Mehl und zum Schluss das Salz hinzufügen und alles gut unterarbeiten. Den Teig ca. 8–10 Min. in der Küchenmaschine (4 Min. auf langsamer, 4 Min. auf schneller Stufe) oder von Hand durchkneten.

3 Den fertigen Brotteig auf die bemehlte Arbeitsfläche geben und abgedeckt 30 Min. bei Zimmertemperatur gehen lassen. Zwischendurch zwei- bis dreimal rundwirken (s. Tipp S. 204), damit er eine »wollige« (also eine straff-elastische) Struktur bekommt.

4 Den Teig zu einem ovalen Laib formen. Mit der Naht nach unten auf ein Blech mit Backpapier geben und noch einmal 40 Min. abgedeckt gehen lassen.

5 Inzwischen den Backofen auf 240° vorheizen (Umluft nicht empfehlenswert), dabei ein mit Wasser benetztes Blech mit erhitzen. Sobald die Temperatur erreicht ist, das Blech herausnehmen, das Brot auf seinem Blech in den heißen Backofen (Mitte) schieben und 10 Min. anbacken. Danach die Temperatur auf 220° herunterregeln und das Brot in ca. 35 Min. fertig backen.

PROFI-TIPP

Reine Roggenbrote kommen viel seltener vor als Mischbrote. Das liegt daran, dass **Roggenteige sehr kleben** und deutlich weniger elastisch sind als solche mit Weizenanteil. Lassen Sie sich also durch den klebrigen Teig nicht dazu verleiten, mehr Mehl zuzugeben als im Rezept vorgesehen! Ein Trick fürs Kneten: Schlagen Sie den Teig in eine Silikonbackmatte ein und bearbeiten Sie ihn durch die Matte hindurch. Dann klebt nichts.

AROMA-TIPP

Das Roggenmehl macht dieses Brot besonders saftig. Achten Sie darauf, dass die **Kruste beim Backen** schön dunkelbraun wird, denn dann schmeckt der Hunderprozenter würzig und aromatisch und hält sich länger.

ROSTFREI
SOLINGEN

KRUSTENBROT

knackiger Abendbrot-Klassiker

Für 2 Brote
Zubereitungszeit ca. 30 Min.
Ruhezeit 1 Std. · Backzeit 35 Min.
bei 15 Scheiben pro Scheibe 80 kcal

500 g Buttermilch
1/2 Würfel Hefe (21 g)
75 g flüssiger Natursauerteig
(selbst angesetzt s. S. 191, oder im Beutel)
200 g Roggenvollkornmehl
400 g Weizenmehl (Type 550)
2 1/2 TL Salz (12 g)
Außerdem:
Weizenmehl zum Arbeiten
Backpapier für das Blech

1 Die Buttermilch etwas erwärmen. Die Hefe in die lauwarme Buttermilch bröckeln und darin auflösen. Den Sauerteig unterrühren. Beide Mehlsorten, das Salz und die Hefemischung in eine Rührschüssel geben. Alles mit den Knethaken des Handrührgeräts oder in der Küchenmaschine zuerst auf kleiner Stufe, dann auf höchster Stufe 1–2 Min. kräftig durchkneten, anschließend auf der bemehlten Arbeitsfläche mit den Händen zu einer glatten Teigkugel verarbeiten. Den Teig mit einem Küchentuch abgedeckt bei Zimmertemperatur ca. 30 Min. gehen lassen.

2 Den Teig halbieren und zu zwei frühstückstellergroßen Fladen formen. Jeden Fladen rundwirken, das bedeutet: an einer Seite vom Rand zur Mitte falten, etwas drehen und wieder vom Rand zur Mitte falten. Zwischendurch etwas platt drücken. So fortfahren, bis die Unterseite der Teigstücke schön rund und straff ist. Die Laibe mit der Teignaht nach unten noch einmal abgedeckt auf der Arbeitsfläche 15 Min. gehen lassen.

3 Ein Backblech mit Backpapier auslegen. Die Laibe wenden, mit der Teignaht nach oben auf das Blech legen (so reißen sie später schön auf) und leicht mit Mehl bestäuben. 15 Min. abgedeckt gehen lassen.

4 Eine weite hitzefeste Schüssel mit Wasser auf den Backofenboden stellen. Den Backofen auf 220° (Umluft nicht geeignet) vorheizen. Das Blech in den Ofen (Mitte) schieben und die Brote 10 Min. backen. Die Hitze auf 180° herunterschalten, die Schüssel herausnehmen (Achtung, heiß!) und die Brote in ca. 25 Min. fertig backen (sie müssen hohl klingen, wenn man auf die Unterseite klopft). Die Brote auf einem Kuchengitter auskühlen lassen.

GENUSS-TIPP

Dieses Rezept ergibt ein **Weizenmischbrot**, also ein Brot aus Weizen- und Roggenmehl, bei dem der Weizenanteil überwiegt (51 bis 89 %). Weizenmischbrote schmecken milder und sind auch lockerer als Roggenmisch- oder reine Roggenbrote. Dafür bleiben sie nicht ganz so lange frisch.

PROFI-TIPP

Oft liest man in Rezepten, dass man **Hefeteig** oder Brotteige im warmen Backofen **gehen lassen** soll. Grundsätzlich funktioniert das – aber Vorsicht: Die Temperatur darf nicht höher als 40° sein, sonst vermehrt sich die Hefe nicht mehr. Ein ideales warmes Plätzchen ist z. B. neben der Heizung oder in der Sonne. Aber auch bei kühler Zimmertemperatur oder sogar im Kühlschrank geht der Hefeteig auf – es dauert nur etwas länger. Dafür entwickelt langsam gegangener Hefeteig mehr Geschmack.

MAISBROT

versteht sich gut mit deftigen Eintöpfen

Für 1 Brot (750 g)
Zubereitungszeit ca. 30 Min.
Ruhezeit 2 Std. 15 Min.
Backzeit 45 Min.
pro 100 g 260 kcal

350 g Weizenmehl (Type 550)
150 g Maismehl
1 Würfel Hefe (42 g)
125 ml lauwarme Milch
1 1/2 TL Salz
1 EL Olivenöl
Außerdem:
Mehl zum Arbeiten
Backpapier für das Blech

1 Beide Mehle in eine Schüssel füllen, eine Mulde eindrücken und die Hefe hineinbröckeln. Die Milch und 200 ml lauwarmes Wasser zugießen, mit Hefe und ein wenig Mehl verrühren. 15 Min. ruhen lassen.

2 Alles mit Salz und Olivenöl zu einem Teig vermischen und kräftig kneten, bis sich der Teig vom Schüsselrand löst. Zugedeckt an einem warmen Ort 1 Std. gehen lassen, bis der Teig doppelt so dick geworden ist.

3 Den Teig nochmals durchkneten und zur Kugel formen. Auf ein Backblech mit Backpapier legen und mit etwas Mehl bestreuen. Mit einem leicht angefeuchteten Tuch bedecken und noch 1 Std. gehen lassen.

4 Den Backofen auf 225° vorheizen. Eine hitzefeste Schale mit Wasser auf den Backofenboden stellen. Das Brot kreuzförmig einschneiden, in den Backofen (Mitte) geben und kräftig mit kaltem Wasser besprühen. Das Brot in ca. 45 Min. goldbraun backen. Auf einem Kuchengitter abkühlen lassen.

KASTEN-WEISSBROT

saftig-weiches Brot für Sandwiches

Für 1 Brot (450 g)
Zubereitungszeit ca. 30 Min.
Ruhezeit 2 Std.
Backzeit 50 Min.
pro 100 g 240 kcal

300 g Weizenmehl (Type 550)
1/3 Würfel Hefe (15 g)
1 TL Zucker
100 ml lauwarme Milch
1 TL Salz
Außerdem:
1 Kastenform (25 cm lang)
Butter und Mehl für die Form

1 Das Mehl in eine Schüssel geben, eine Mulde eindrücken. Die Hefe in die Mulde bröckeln, mit Zucker bestreuen. Die lauwarme Milch und 100 ml Wasser dazugießen, alles mit etwas Mehl verrühren und den Vorteig 30 Min. an einem warmen Ort gehen lassen.

2 Salz auf das Mehl streuen, alles zu einem Teig vermischen und mindestens 10 Min. kneten, bis er ganz glatt ist. Den Teig zugedeckt 1 Std. gehen lassen.

3 Eine Kastenform mit Butter fetten und mit Mehl ausstreuen. Den Teig zu einer Rolle formen und in die Form legen. Zugedeckt nochmals 30 Min. gehen lassen, bis der Teig knapp doppelt so dick geworden ist.

4 Den Backofen auf 200° vorheizen. Das Brot im Ofen (Mitte) ca. 50 Min. backen, bis es hell gebräunt ist. Zwischendurch mit Wasser bestreichen.

5 Das Brot aus der Kastenform stürzen und auf einem Kuchengitter ganz abkühlen lassen. In einer Plastiktüte bis zum nächsten Tag ruhen lassen, dann ist die Kruste weicher, und es lässt es sich besser schneiden.

EINFACHES VOLLKORNBROT

das Richtige für Brotbackanfänger

Für 1 Brot (1250 g)
Zubereitungszeit ca. 15 Min.
Ruhezeit 1 Std.
Backzeit 1 Std. 30 Min.
pro 100 g 227 kcal

100 g frische Sprossen
(z. B. Alfalfa- oder Linsensprossen)
500 g Buttermilch
90 g Zuckerrübensirup
1 1/2 Würfel Hefe (60 g)
je 125 g grober Roggen- und Weizenschrot
(Bioladen oder Reformhaus,
ggf. frisch schroten lassen)
250 g Dinkelmehl (Type 630)
50 g Leinsamen
50 g Sesamsamen
75 g Sonnenblumenkerne · 2 TL Salz
1 TL gemahlenes Lieblingsgewürz
(z. B. Anis, Pfeffer, Kümmel, Chili, Fenchel)
Außerdem:
1 Brot- oder Kastenform (35 cm lang)
Mehl zum Arbeiten
Butter und 3 EL Haferflocken für die Form

1 Die Sprossen abspülen und gut abtropfen lassen. Die Buttermilch zusammen mit dem Zuckerrübensirup lauwarm erhitzen. Die Hefe darin auflösen. Beide Sorten Schrot und das Mehl mit den Leinsamen, Sesamsamen und Sonnenblumenkernen in einer Schüssel mischen.

2 Die Buttermilch-Hefe-Mischung und zuletzt Salz und Gewürze zur Mehlmischung geben. Alles mit einem Löffel gut vermischen, sodass ein relativ flüssiger Teig entsteht. Zuletzt die Sprossen unterrühren.

3 Den Teig mindestens 1 Std. bei Zimmertemperatur ruhen lassen, bis er aufgegangen ist.

4 Inzwischen den Backofen auf 220° vorheizen (Umluft nicht empfehlenswert). Dabei ein mit Wasser benetztes Backblech mit erhitzen. Die Backform fetten und mit Haferflocken ausstreuen. Den Teig einfüllen und mit den übrigen Haferflocken bestreuen.

5 Das Blech mit Wasser aus dem Ofen nehmen und das Brot in den heißen Ofen (Mitte) stellen. 15 Min. backen, dann die Temperatur auf 200° herunterregeln. Das Brot in 1 Std. 15 Min. fertig backen. Falls es zu stark bräunt, mit Backpapier abdecken.

VORRATS-TIPP

Dieses Brot lässt sich hervorragend einfrieren und eignet sich deshalb wunderbar zum **Backen auf Vorrat.** Wenn Sie das Brot nach dem Auftauen (bei Zimmertemperatur) noch einmal für 10 Min. bei 180° im Ofen aufbacken, schmeckt es wie frisch aus der Backstube.

TAUSCH-TIPP

Wenn Sie gleich die doppelte Menge Teig ansetzen, können Sie den beiden Broten auch unterschiedliche Geschmacksrichtungen geben, indem Sie unter die eine Hälfte des Teigs Sprossen, unter die andere Hälfte 250 g **Rosinen** mischen.

PROFI-TIPP

Dieses körnerknackige Brot ist genau das Richtige für **Brotbackanfänger**, weil es einfach zu backen ist und ohne alle Hilfsmittel, sogar ohne Sauerteig, auskommt. Noch nicht einmal eine Küchenmaschine braucht man, denn der Teig wird mit dem Löffel gemischt. Das gelingt garantiert!

QUARK-DINKEL-BROTE

gelingen auch in Muffinsförmchen

Für 12 Mini-Brote
Zubereitungszeit ca. 15 Min.
Ruhezeit 1 Std. 15 Min.
Backzeit 35 Min.
pro Stück 120 kcal

1/2 Würfel Hefe (21 g)
1 TL Honig
1 EL Quark (20 % Fett)
100 g Dinkelmehl (Type 630)
300 g Dinkelvollkornmehl
1 TL Salz
je 1 große Prise gemahlener Koriander
und gemahlener Kümmel (nach Belieben)
Außerdem:
12 rechteckige Förmchen von je 100 ml Inhalt

1 Die Hefe in kleine Stücke krümeln und mit Honig und 300 ml lauwarmem Wasser glatt verrühren. Den Vorteig 15 Min. ruhen lassen.

2 Den Quark zusammen mit beiden Sorten Mehl, dem Salz und nach Belieben den Gewürzen in eine Schüssel füllen. Die angerührte Hefe dazugeben und alles mit den Knethaken des Handrührgeräts zu einem glatten, weichen Teig verarbeiten. Den Teig in der Schüssel zugedeckt an einem warmen Ort ca. 1 Std. gehen lassen.

3 Den Teig noch einmal durchrühren und in die Förmchen verteilen. Den Backofen auf 225° schalten. Die Mini-Brote in den kalten Ofen (Mitte) schieben und ca. 35 Min. backen. Die Brote aus der Form lösen und auf einem Kuchengitter komplett abkühlen lassen.

VORRATS-TIPP
Machen Sie ruhig mal die doppelte Menge und **frieren Sie einen Teil der Brote ein.** Dann die Brote in den kalten Backofen schieben und auf 180° aufheizen. Wenn der Ofen die Temperatur erreicht hat, brauchen die Mini-Brote noch ca. 5 Min., dann sind sie aufgebacken und servierfertig.

HASELNUSSBROT

gleich gut zu Konfitüre und Käse

Für 1 Brot (750 g)
Zubereitungszeit ca. 30 Min.
Ruhezeit 6 Std. 45 Min.
Backzeit 1 Std.
pro 100 g 405 kcal

300 g Roggenmehl (Type 997)
300 g Weizenmehl (Type 550)
70 g Roggen-Sauerteig
(selbst angesetzt s. S. 191, oder im Beutel)
1/2 Würfel Hefe (21 g)
125 g Haselnusskerne
2 EL Gerstenmalzextrakt
(Biomarkt, Reformhaus)
1 1/2 TL Salz
Außerdem:
Mehl zum Arbeiten
Backpapier für das Blech

1 Beide Mehle in eine Schüssel füllen und eine Mulde eindrücken. Sauerteig und 300 ml warmes Wasser in die Mulde geben. Hefe einbröckeln und mit etwas Mehl verrühren. Zugedeckt 6 Std. warm ruhen lassen.

2 Die Haselnüsse in einer Pfanne ohne Fett leicht anrösten, dann abkühlen lassen. Zusammen mit Gerstenmalz und Salz unter den Teig mischen, gut verkneten. Den Teig mit Mehl bestreuen und zu einer Rolle formen. Auf ein Backblech mit Backpapier legen, mit einem feuchten Tuch abdecken und ca. 45 Min. gehen lassen, bis die Teigrolle fast doppelt so dick geworden ist.

3 Backofen auf 220° vorheizen, Schale mit Wasser auf den Ofenboden stellen. Das Brot im heißen Ofen (Mitte) 15 Min. backen. Die Hitze auf 180° reduzieren, das Brot kräftig mit Wasser besprühen und 45 Min. backen. Zwischendurch ab und zu mit Wasser besprühen.

DER LIEBLINGSKLASSIKER

HELLES VIERKORNBROT

genau richtig für Kerndlbeißer

Für 2 Brote (je 650 g)
Zubereitungszeit ca. 45 Min.
Ruhezeit 3 Std. 45 Min.
Backzeit 40 Min.
pro 100 g 265 kcal

Für die Einlage:
50 g kernige Haferflocken
50 g Leinsamen
50 g Sonnenblumenkerne
50 g Kürbiskerne
Für den Teig:
1/2 Würfel Hefe (21 g)
350 g Weizenmehl (Type 550)
250 g Roggenmehl (Type 1150)
25 g Salz · 75 g flüssiger Natursauerteig
(selbst angesetzt s. S. 191, oder im Beutel)
Außerdem:
Mehl zum Arbeiten
50 g Sesamsamen zum Wälzen
Backpapier für das Blech

1 Für die Einlage 200 ml Wasser aufkochen. Die Flocken, Samen und Kerne in eine Schüssel geben und mit dem kochenden Wasser übergießen. Alles gründlich verrühren und abgedeckt 2–3 Std. ausquellen lassen.

2 Für den Teig die Hefe in einer Schüssel in 300 ml lauwarmem Wasser auflösen. Erst die gequollenen Körner, dann beide Sorten Mehl und das Salz sowie den Sauerteig dazugeben. Alles gut unterarbeiten und 8–10 Min. in der Küchenmaschine (4 Min. auf langsamer, 4 Min. auf schneller Stufe) oder von Hand kneten.

3 Den fertigen Teig auf die bemehlte Arbeitsfläche geben und abgedeckt 20 Min. gehen lassen. Zwischendurch ein- bis zweimal rundwirken (s. Tipp), damit er eine »wollige« (straff-elastische) Struktur bekommt.

4 Den gegangenen Teig halbieren und die Teigstücke zu länglichen Laiben formen. Mit Wasser bestreichen und in den Sesamsamen wälzen. Auf ein Blech mit Backpapier legen und noch einmal abgedeckt 25 Min. ruhen lassen. Dabei nach 10 Min. der Länge nach mit einem scharfen Messer einritzen.

5 Inzwischen den Backofen auf 240° vorheizen (Umluft nicht empfehlenswert), dabei ein mit Wasser benetztes Blech mit erhitzen. Sobald die Temperatur erreicht ist, das Blech herausnehmen, die Brotlaibe in den heißen Ofen (Mitte) schieben und 35–40 Min. backen.

TAUSCH-TIPPS

Diesem Brot können Sie eine leicht **fruchtige Süße** verleihen, indem Sie zusammen mit der Hefe 100 g Apfelkraut in dem Wasser auflösen. Anstelle von Sesam können Sie für die Kruste auch **Leinsamen** oder **Sonnenblumenkerne** verwenden.

PROFI-TIPP

Einen Brotteig **»rundwirken«** bedeutet: Den Teig zu flachen Fladen formen, dann an einer Seite vom Rand zur Mitte falten, etwas drehen und wieder vom Rand zur Mitte falten. So fortfahren, bis die Unterseite der Teigstücke schön rund und straff ist. Danach die Laibe eventuell noch einmal abgedeckt eine kurze Zeit gehen lassen.

ZUCCHINIBROT

fürs Picknick

Für 1 Brot
Zubereitungszeit ca. 30 Min.
Ruhezeit 30 Min.
Backzeit 45 Min.
bei 15 Scheiben pro Scheibe 165 kcal

500 g Weizenmehl (Type 550)
1 TL Salz · 1 Pck. Trockenhefe
2 EL Olivenöl
1 Ei (Größe M)
4 kleine Zucchini (400 g)
100 g Pecorino
1 TL getr. italienische Kräuter
Außerdem:
Backpapier für das Blech

1 Weizenmehl in einer Schüssel mit Salz und Trockenhefe mischen. 300 ml lauwarmes Wasser, Olivenöl und Ei zum Mehl geben und alles zu einem glatten, geschmeidigen Teig verkneten. Den Teig zugedeckt an einem warmen Ort 15 Min. gehen lassen.

2 Inzwischen Zucchini waschen, putzen und grob raspeln. In einem Küchentuch gut ausdrücken. Pecorino reiben, mit Zucchiniraspeln und den getrockneten Kräutern vermengen, zum Teig geben und alles gut verkneten. Zugedeckt nochmals 15 Min. gehen lassen.

3 Den Backofen auf 200° vorheizen. Den Teig nochmals durchkneten und daraus ein rundes oder ovales Brot formen. Dieses auf ein mit Backpapier belegtes Blech setzen. Im Ofen (Mitte) 45 Min. backen.

TÜRKISCHES SESAM-FLADENBROT

ganz einfacher Partyhit

Für 2 Brote
Zubereitungszeit ca. 35 Min.
Ruhezeit 1 Std. 15 Min. · Backzeit 2 × 20 Min.
bei 8 Portionen pro Portion 325 kcal

500 g Mehl · 1 Würfel Hefe (42 g)
1 TL Zucker · 50 g Butter · 1 TL Salz
2 EL Olivenöl · 1 Eigelb · 2 EL Sesam-Samen
2 TL Schwarzkümmel
Außerdem:
Backpapier für das Blech · Mehl zum Arbeiten

1 Das Mehl in eine Schüssel geben und in die Mitte eine Mulde drücken. Darin die zerbröckelte Hefe, Zucker und 5 EL lauwarmes Wasser verrühren. Den Vorteig 15 Min. zugedeckt gehen lassen. Die Butter schmelzen, leicht abkühlen lassen und zusammen mit 250 ml lauwarmem Wasser, Salz und Olivenöl dazugeben. Alles zu einem glatten Teig kneten. Den Teig zugedeckt an einem warmen Ort 45 Min. gehen lassen.

2 Den Backofen auf 220° vorheizen. Den Teig nochmals durchkneten und halbieren. Auf der bemehlten Fläche zu zwei dicken, runden Fladen ausrollen. Je einen Fladen auf ein mit Backpapier belegtes Blech setzen und 15 Min. gehen lassen. Mit einem Messerrücken ein Rautenmuster eindrücken. Das Eigelb mit 1 EL Wasser verquirlen und die Fladen damit einpinseln. Sesam und Schwarzkümmel darüberstreuen. Im Backofen (2. Schiene von unten) in 15–20 Min. goldbraun backen.

ZWIEBELBROT

würziger Klassiker

Für 1 Brot
Zubereitungszeit ca. 35 Min.
Ruhezeit 1 Std. 30 Min. · Backzeit 40 Min.
bei 20 Scheiben pro Scheibe 110 kcal

300 g feines Weizenvollkornmehl
200 g feines Roggenvollkornmehl
1 Würfel Hefe (42 g)
1 TL flüssiger Honig
250 g saure Sahne
Salz · Pfeffer · 250 g Zwiebeln
1 Knoblauchzehe
2 EL Olivenöl
1 TL Kräuter der Provence
Außerdem:
1 Kastenform (30 cm lang)
Fett und Mehl für die Form

1 Weizen- und Roggenmehl mischen. Eine Mulde in die Mitte drücken, die Hefe hineinbröckeln und mit Honig und 100 ml lauwarmem Wasser verrühren. Abgedeckt 15 Min. gehen lassen. Saure Sahne, 50 ml lauwarmes Wasser, 2 TL Salz und 1 TL Pfeffer dazugeben. Alles gut verkneten. Zugedeckt 45 Min. gehen lassen.

2 Zwiebeln und Knoblauch schälen, klein würfeln und im Öl glasig braten. Abgekühlt samt Bratfett und Kräutern unter den Teig kneten. Form einfetten und mit Mehl bestäuben. Teig in die Form legen, mehrmals schräg einschneiden und 30 Min. gehen lassen. Den Backofen auf 200° vorheizen. Das Brot mit Mehl bestäuben und in 40 Min. (Mitte) goldbraun backen.

BUCHWEIZEN-WALNUSS-BROT

herzhaft – gästefein

Für 2 Brote
Zubereitungszeit ca. 20 Min.
Ruhezeit 1 Std. 15 Min. · Backzeit 2 × 25 Min.
bei 20 Scheiben pro Scheibe 180 kcal

500 g feines Weizenvollkornmehl
150 g Buchweizenmehl
3/4 Würfel Hefe (32 g) · 1 TL Salz
75 g flüssiger Natursauerteig
(selbst angesetzt s. S. 191, oder im Beutel)
150 g grob gehackte Walnüsse · 2 EL Walnussöl
Außerdem:
2 Backbleche · Mehl zum Arbeiten

1 Beide Mehle in einer Schüssel mischen. In die Mitte eine Mulde drücken, die Hefe hineinbröckeln, mit 5 EL lauwarmem Wasser verrühren. Salz und Sauerteig dazugeben. Alles gut verkneten, dabei noch 250 ml lauwarmes Wasser, Nüsse und Öl einarbeiten. Den Teig an einem warmen Ort 45 Min. gehen lassen.

2 Den Teig auf der bemehlten Arbeitsfläche durchkneten, halbieren und zu je einem Laib (ca. 25 cm lang) formen. Auf zwei mit Backpapier belegte Bleche legen. Die Oberfläche mit einem Messer gitterförmig einritzen. Abgedeckt an einem warmen Ort 30 Min. gehen lassen.

3 Den Ofen auf 200° vorheizen. Eine feuerfeste Schale mit kochend heißem Wasser hineinstellen. Die Brote im Ofen (Mitte) 20–25 Min. backen.

WALNUSS-CIABATTA

Büfett-Star aus Italien

Für 2 Brote (je 400 g)
Zubereitungszeit ca. 20 Min.
Ruhezeit 2 Std. 45 Min.
Backzeit 25 Min.
pro 100 g 290 kcal

500 g Weizenmehl (Type 550)
1/2 Würfel Hefe (21 g)
50 g Walnusskerne
2 EL Olivenöl · 2 TL Salz
Außerdem:
Mehl zum Arbeiten
Backpapier für das Blech

1 Das Mehl in eine Schüssel füllen. Die Hefe mit knapp 300 ml warmem Wasser anrühren und 15 Min. ruhen lassen. Die Walnusskerne klein brechen. Das Hefewasser und die Walnusskerne zusammen mit Olivenöl und Salz unter das Mehl mischen, alles kräftig verkneten. Zugedeckt an einem warmen Ort 2 Std. gehen lassen.

2 Den Teig mit Mehl bestreuen, nochmals durchkneten und zu zwei Rollen formen. Die Rollen an beiden Enden packen und gleichmäßig zu länglichen Broten ziehen. Diese auf ein Backblech mit Backpapier legen, mit einem leicht angefeuchteten Tuch abdecken und 30 Min. gehen lassen, bis sie doppelt so dick sind.

3 Den Backofen auf 250° vorheizen. Die Ciabatte im heißen Ofen (Mitte) in ca. 25 Min. mittelbraun backen (dabei mehrmals kräftig mit Wasser besprühen). Auf einem Kuchengitter abkühlen lassen.

TAUSCH-TIPP
Mischen Sie für **Oliven-Ciabatta** anstelle der Walnüsse 50 g entsteinte schwarze Oliven unter den Hefeteig – aber erst nach der ersten Gehzeit, sonst verfärben sie den Teig.

FOCACCIA AL ROSMARINO

leckeres Fladenbrot mit Rosmarin

Für 1 Brot
Zubereitungszeit ca. 20 Min.
Ruhezeit 1 Std. 15 Min. · Backzeit 15 Min.
bei 4 Portionen pro Portion 475 kcal

300 g Weizenmehl · 1 TL Salz
1/2 Würfel Hefe (21 g)
1 TL Zucker · 2 Zweige Rosmarin
60 ml + 2 EL Olivenöl
1–2 EL grobes Salz
Außerdem:
Mehl zum Arbeiten
Öl für das Blech

1 Das Mehl in eine Schüssel geben und das Salz darüberstreuen. Die Hefe zerkrümeln und zusammen mit dem Zucker in 80 ml lauwarmem Wasser auflösen.

2 Rosmarin waschen und trocken tupfen, die Nadeln von den Zweigen streifen und fein hacken.

3 Das Hefewasser zusammen mit 60 ml Olivenöl sowie dem gehackten Rosmarin zum Mehl geben. Alles mit den Knethaken des Handmixers verkneten und dabei in dünnem Strahl noch so viel lauwarmes Wasser zugießen, dass ein fester, elastischer Teig entsteht (noch ca. 2 EL). Den Teig mit Mehl bestäuben und zugedeckt an einem warmen Ort 1 Std. ruhen lassen.

4 Ein Backblech mit Olivenöl bestreichen. Den Teig nochmals gut durchkneten und auf einer bemehlten Fläche zu einem Kreis von ca. 20 cm Ø ausrollen, die Ränder sollen dabei etwas dicker sein als die Teigmitte (ähnlich wie bei einer Pizza).

5 Den Fladen auf das Backblech legen und mit 2 EL Olivenöl beträufeln, die übrigen Rosmarinnadeln sowie das grobe Salz darüberstreuen. Zugedeckt nochmals 15 Min. ruhen lassen. Inzwischen den Ofen auf 250° vorheizen. Die Focaccia im heißen Backofen (Mitte) in 10–15 Min. goldbraun backen.

TOSKANISCHES LANDBROT

Antipasti und eine Flasche Rotwein dazu – fertig

Für 1 Brot (700 g)
Zubereitungszeit ca. 30 Min.
Ruhezeit 5 Std. 30 Min.
Backzeit 45 Min.
pro 100 g 275 kcal

Für den Vorteig:
1/2 Würfel Hefe (21 g)
1 TL Zucker
5 EL Weizenmehl (Type 550)
Für den Hauptteig:
300 g Weizenmehl (Type 550)
50 g Weizenvollkornmehl
50 g Roggenmehl (Type 997)
1 TL Salz · 50 g flüssiger Sauerteig
(selbst angesetzt s. S. 191, oder im Beutel)
Außerdem:
Mehl zum Arbeiten
Öl zum Arbeiten
Butter für das Blech

1 Für den Vorteig die Hefe in eine Schüssel bröckeln und mit 8 EL warmem Wasser glatt rühren. Zucker und Mehl dazugeben und gut mischen. Zugedeckt an einem warmen Ort 30 Min. ruhen lassen.

2 Für den Hauptteig die Mehle, das Salz und den Sauerteig grob mit dem Vorteig mischen. 250 ml warmes Wasser dazugeben und alles mit dem elektrischen Knethaken oder einem Kochlöffel 5 Min. rühren, bis sich der Teig vom Schüsselrand löst. Bei Bedarf noch warmes Wasser dazugeben.

3 Den Teig auf der bemehlten Arbeitsfläche ca. 10 Min. zusammenfalten und wieder auseinander drücken, dabei Hände und Arbeitsfläche immer wieder mit etwas Mehl bestäuben. Eine Schüssel mit Mehl ausstreuen und den Teig darin zugedeckt an einem warmen Ort ca. 3 Std. ruhen lassen, bis sich sein Volumen verdreifacht hat.

4 Den Teig auf der gut bemehlten Arbeitsfläche noch einmal ca. 10 Min. kneten, bis er sehr glatt und elastisch ist. Die Hände und die Schüssel einölen. Den Teig dreimal zusammenfalten und in der Schüssel zugedeckt an einem warmen Ort ca. 2 Std. ruhen lassen, bis sich sein Volumen ungefähr verdoppelt hat.

5 Den Ofen auf 230° vorheizen (Umluft nicht geeignet). Ein Backblech einfetten und den Teig aus der Schüssel behutsam daraufgleiten lassen. Die Oberfläche mit etwas Mehl bestreuen. Eine feuerfeste Schale mit Wasser auf den Ofenboden stellen und das Brot auf der zweiten Schiene von unten ca. 45 Min. backen. Herausnehmen und auf einem Gitter abkühlen lassen.

GENUSS-TIPP
Nach ein paar Tagen ist das Brot nicht mehr so recht frisch, aber viel zu schade zum Wegwerfen? Dann machen Sie doch einen **köstlichen Brotsalat** daraus! Dafür einfach 100 g altbackenes Brot in Würfel schneiden und in einer beschichteten Pfanne ohne Fett goldbraun anbraten. Je eine Dose Thunfisch und Artischockenherzen abtropfen lassen. Mit zwei gewürfelten Tomaten und 1 Handvoll grob zerpflückten Basilikumblättern unter die Brotwürfel mischen. Alles mit einem Dressing aus 4 EL Olivenöl, 4 EL Weißweinessig, Salz und Pfeffer vermengen und sofort servieren.

BAGUETTE

französischer Klassiker

Für 2 Brote
Zubereitungszeit ca. 40 Min.
Ruhezeit 2 Std.
Backzeit 2 × 30 Min.
bei 25 Scheiben pro Scheibe 50 kcal

650 g Weizenmehl (Type 550)
50 g Roggenmehl (Type 1150)
1 gestrichener EL Salz
1/2 Würfel Hefe (21 g)
1 EL Honig
Außerdem:
Milch zum Bestreichen
Mehl zum Arbeiten
Backpapier für das Blech

1 Die Mehle mischen, das Salz darüberstreuen und eine Mulde hineindrücken. Hefe und Honig in 50 ml lauwarmem Wasser auflösen und das Hefewasser in die Mulde geben. Mit etwas Mehl verrühren und zugedeckt 15 Min. gehen lassen. Dann mit 350 ml lauwarmem Wasser zu einem glatten Teig verkneten. Den Teig zugedeckt an einem warmen Ort 45 Min. gehen lassen.

2 Teig nochmals 5 Min. gründlich verkneten und in zwei Portionen teilen. Jede Portion auf wenig Mehl zu einem Oval von ca. 50 x 30 cm ausrollen. Die Längsseiten zur Mitte hin einschlagen, Teig nochmals der Länge nach zusammenlegen. Die Brote mit den Nähten nach unten diagonal auf zwei mit Backpapier belegte Bleche legen. Zugedeckt 1 Std. gehen lassen.

3 Den Ofen auf 225° vorheizen. Baguettes mehrmals 1/2 cm tief schräg einschneiden, mit Milch einpinseln und nacheinander im heißen Ofen (Mitte) ca. 30 Min. backen. Jeweils nach 10 Min. Backzeit 100 ml Wasser auf den Ofenboden gießen, Türe sofort wieder schließen. Fertige Brote abkühlen lassen.

BRIOCHES

luftig-leicht zum Kaffee

Für 16 Stück
Zubereitungszeit ca. 1 Std.
Ruhezeit 16 Std. 15 Min.
Backzeit 25 Min.
pro Stück 270 kcal

500 g Weizenmehl (Type 405)
1/2 Würfel Hefe (21 g)
60 g Zucker
75 ml lauwarme Milch
1/2 TL Salz
4 Eier (Größe M)
250 g kalte Butter
Außerdem:
Mehl zum Arbeiten
16 Brioche- oder Papierförmchen
Butter für die Förmchen

1 Das Mehl in eine Schüssel sieben, eine Mulde hineindrücken. Die Hefe und den Zucker in der Milch auflösen und in die Mulde gießen. Salz und 3 Eier dazugeben und alles zu einem glatten Teig verkneten. Mit Folie bedeckt 2–3 Std. in den Kühlschrank stellen.

2 Den Teig erneut kräftig durchkneten. Die Butter in Flöckchen einarbeiten. Den Teig 1 Std. kalt stellen, danach wieder kräftig durchkneten. Dann abgedeckt 12 Std. im Kühlschrank ruhen lassen.

3 Die Förmchen mit geschmolzener Butter auspinseln. Den Teig auf wenig Mehl in 16 gleich große Stücke teilen. Den Backofen auf 200° vorheizen.

4 Von jedem Stück ein Fünftel abnehmen und zu einer kleinen Kugel formen, den Rest jeweils zu einer größeren Kugel formen. Diese in die Förmchen setzen, jeweils eine Vertiefung eindrücken. Das restliche Ei mit 2 EL Wasser verquirlen, die Vertiefungen damit einpinseln, die kleinen Kugeln jeweils daraufsetzen. Die Brioches 15 Min. gehen lassen, dann im heißen Ofen (Mitte) 20–25 Min. backen.

KAISERBRÖTCHEN

ideal zu selbst gemachter Konfitüre

Für 12 Brötchen
Zubereitungszeit ca. 20 Min.
Ruhezeit 30 Min.
Backzeit 20 Min.
pro Stück 160 kcal

500 g Weizenmehl (Type 550)
1/2 Würfel Hefe (21 g)
250 ml lauwarme Milch
1 TL Honig
1 TL Salz
1 Eiweiß
1 Eigelb
Außerdem:
Mehl zum Arbeiten · Backpapier

1 Mehl in eine Schüssel sieben. Hefe mit Milch und Honig verrühren. In der Schüssel Mehl und Salz mischen, dann Hefemilch und Eiweiß mit einem Löffel in das Mehl einrühren. Den Teig auf einer bemehlten Arbeitsfläche 8 Min. kneten, bis er glatt und geschmeidig ist.

2 Ein Backblech mit Backpapier auslegen. Den Teig in 12 Stücke teilen, daraus runde oder längliche Brötchen formen. Auf das Blech legen, mit Frischhaltefolie abdecken und 30 Min. ruhen lassen.

3 Den Backofen auf 200° vorheizen. Die Teiglinge auf der Oberseite mit einem scharfen Messer ein- oder mehrmals ca. 1/2 cm tief einschneiden. Eigelb mit etwas Wasser verrühren, Teiglinge damit bestreichen. Im Backofen (Mitte) 15–20 Min. backen.

SAUERTEIGBRÖTCHEN

besonders fein mit Butter und Käse

Für 12 Brötchen
Zubereitungszeit ca. 20 Min.
Ruhezeit 30 Min.
Backzeit 25 Min.
pro Stück 141 kcal

500 g Roggenmehl (Type 815)
15 g Trockensauerteig
1 Pck. Trockenhefe
1 TL Salz
1/2 TL Zucker
Außerdem:
Mehl zum Arbeiten · Backpapier

1 Alle Zutaten in einer Schüssel mischen. Nach und nach ca. 350 ml lauwarmes Wasser hinzufügen und mit einem Kochlöffel einrühren. Den Teig auf einer bemehlten Arbeitsfläche 5 Min. kneten, dabei am besten mit angefeuchteten Händen arbeiten weil der Teig sehr klebrig ist. In einer bemehlten Schüssel abgedeckt 30 Min. ruhen lassen.

2 Ein Backblech mit Backpapier auslegen und den Backofen auf 200° vorheizen. Den Teig erneut mit angefeuchteten Händen durchkneten, dann in 12 Stücke teilen und diese zu Brötchen formen.

3 Die Teiglinge mit Frischhaltefolie abgedeckt 30 Min. ruhen lassen. Die gegangenen Brötchen mit Wasser bestreichen, mit einem scharfen Messer kreuzweise ca. 1/2 cm tief einschneiden. Im Backofen (Mitte) 20–25 Min. backen.

SOJABRÖTCHEN

knusprig & würzig

Für 10 Brötchen
Zubereitungszeit ca. 25 Min.
Ruhezeit 13 Std.
Backzeit 15 Min.
pro Stück 180 kcal

400 g Weizenmehl (Type 550)
100 g Sojamehl (vollfett, Reformhaus)
1/2 Würfel Hefe (21 g) · 2 TL Salz
Außerdem:
Mehl zum Arbeiten · Backpapier

1 Am Vortag Weizen- und Sojamehl in einer Schüssel mischen. Die Hefe mit 350 ml lauwarmem Wasser anrühren, mit Salz zum Mehl geben und mit einem Löffel gut vermischen. Mit etwas Mehl bestreut zugedeckt 12 Std. recht kühl (12–14°) gehen lassen.

2 Am nächsten Tag den Teig kräftig durchkneten. In zehn Stücke teilen und diese zu länglichen Brötchen formen.

3 Die Brötchen auf ein mit Backpapier belegtes Blech setzen. Die Oberfläche der Brötchen mit einem scharfen Messer längs einschneiden. Die Brötchen mit einem feuchtem Tuch bedecken und 1 Std. gehen lassen.

4 Den Backofen auf 240° vorheizen. Die Brötchen im Ofen (Mitte) in ca. 15 Min. knusprig braun backen, zwischendurch mit etwas Wasser besprühen. Die Brötchen mit einem Tuch bedeckt abkühlen lassen.

MILCHBRÖTCHEN

saftig & weich

Für 10 Brötchen
Zubereitungszeit ca. 30 Min.
Ruhezeit 1 Std. 15 Min.
Backzeit 20 Min.
pro Stück 260 kcal

500 g Weizenmehl (Type 550)
200 g Weizenmehl (Type 1050)
2 TL Salz
200 ml kalte Milch
1 Würfel Hefe (42 g)
2 TL Zucker

1 Die beiden Mehle mit Salz in eine Schüssel geben, vermischen und eine Mulde eindrücken. Die Milch mit 200 ml heißem Wasser mischen, die Hefe mit dem Zucker darin auflösen. Das Milch-Hefe-Gemisch in die Mehlmulde gießen und 15 Min. ruhen lassen.

2 Alles vermischen und 10 Min. lang kneten. Den Teig in zehn Stücke teilen und zu runden Brötchen formen.

3 Auf ein Backblech legen, Oberfläche kreuzweise einschneiden. Mit einem feuchten Tuch bedeckt 1 Std. gehen lassen, bis die Brötchen doppelt so dick sind.

4 Den Backofen auf 250° vorheizen. Die Brötchen im Ofen (Mitte) in ca. 20 Min. goldbraun backen, zwischendurch mit etwas Wasser besprühen. Auf einem Kuchengitter abkühlen lassen.

DER LIEBLINGSKLASSIKER

CROISSANTS

für das Frühstück à la française

Für 12 Stück
Zubereitungszeit ca. 1 Std. 15 Min.
Ruhezeit 14 Std. 30 Min. · Backzeit 20 Min.
pro Stück 330 kcal

500 g Weizenmehl (Type 405)
1 Würfel Hefe (42 g)
1 TL Zucker · 1 TL Salz
250 ml lauwarme Milch
250 g Butter
1 EL Mehl
Außerdem:
Mehl zum Arbeiten
1 Ei zum Bestreichen
1 EL Dosenmilch zum Bestreichen

1 Mehl in eine Schüssel sieben. Hefe, Zucker und Salz in der Milch auflösen. Unter das Mehl mischen. Auf bemehlter Arbeitsfläche 5 Min. kneten. Den Teig in einer mit Mehl bestäubten Schüssel mit Folie bedeckt über Nacht im Kühlschrank ruhen lassen.

2 Am nächsten Tag die kalte Butter mit Mehl verkneten, zwischen Folie 15 × 20 cm groß ausrollen, kühl stellen.

3 Den gegangenen Teig nochmal kneten und abgedeckt 1 Std. ruhen lassen. Den Teig ca. 20 × 30 cm groß ausrollen. Butter auf eine Hälfte legen und mit der anderen Hälfte einschlagen. Den Teig abgedeckt im Kühlschrank 15 Min. ruhen lassen.

4 Das Rechteck doppelt so groß ausrollen, von beiden Seiten zur Mitte einschlagen und die Hälften nochmals übereinander legen, so dass vier Schichten entstehen. Abgedeckt im Kühlschrank 15 Min. ruhen lassen. Vorgang zweimal wiederholen.

5 Ein Backblech mit Backpapier auslegen. Den Teig 36 × 30 cm groß ausrollen, 6 ca. 15 × 12 cm große Rechtecke ausschneiden, diese diagonal halbieren. Die Dreiecke von der Längsseite aus aufrollen und zu Hörnchen formen.

6 Die Croissants abgedeckt auf dem Backblech 30 Min. ruhen lassen. Backofen auf 200° vorheizen. Das Ei mit der Dosenmilch verrühren und die Teiglinge damit bestreichen. Im Ofen (Mitte) 20 Min. goldbraun backen.

TUNING-TIPPS

Für Süßschnäbel können Sie aus schlichten Croissants mit einfachen Handgriffen echte Genießerstückchen zaubern.
Für **Schoko-Croissants** drei Stückchen Schokolade auf jedes Teigdreieck setzen (auf die Längsseite, von der aus man zu rollen beginnt). Dann die Dreiecke einrollen und backen wie oben beschrieben.
Für **Nuss-Nugat-Croissants** jedes Teigdreieck mit 1 EL Nuss-Nugat-Creme bestreichen (dabei 2 cm am Rand freilassen), dann je 1 EL gemahlene Nüsse daraufstreuen. Einrollen und backen wie oben beschrieben.

3/4 kg
Weizenmehl

LAUGENBREZELN

ein Muss im Biergarten

Für 10 Stück
Zubereitungszeit ca. 55 Min.
Ruhezeit 1 Std. 15 Min.
Backzeit 25 Min.
pro Stück 200 kcal

Für den Hefeteig:
500 g Mehl (Type 550)
1/2 Würfel Hefe (21 g)
1 TL Zucker · 2 TL Salz
25 g Schweineschmalz oder Butter
Außerdem:
Mehl zum Arbeiten
Backpapier für die Bleche
20 g Natron
1–2 EL grobes Salz zum Bestreuen

1 Für den Hefeteig das Mehl in eine Schüssel geben, in die Mitte eine Mulde drücken und die Hefe hineinbröckeln. Mit 100 ml lauwarmem Wasser, Zucker und etwas Mehl verrühren und den Vorteig zugedeckt an einem warmen Ort ca. 15 Min. gehen lassen.

2 Den gegangenen Vorteig mit 175 ml lauwarmem Wasser und dem Salz sowie Schmalz oder Butter zunächst mit den Knethaken des Handrührgeräts, dann mit den Händen zu einem glatten Teig verkneten. Den Teig in zehn Portionen teilen und jede zu einer Kugel formen. Abgedeckt 20 Min. ruhen lassen.

3 Jedes Teigstück auf wenig Mehl zu einem 20 cm langen Strang formen, dann 10 Min. ruhen lassen. Anschließend jeden Strang auf eine Länge von ca. 60 cm rollen, mit einem »Bauch« in der Mitte und dünn zulaufenden Enden. Die Stränge zu Brezeln schlingen und auf der Arbeitsfläche 30 Min. gehen lassen.

4 Zwei Backbleche mit Backpapier auslegen. Für die Lauge 1 l Wasser aufkochen und das Natron einrühren.

5 Jede Brezel mit einer Schaumkelle ca. 20 Sek. in die kochende Lauge tauchen. Herausnehmen, etwas abtropfen lassen, auf ein Blech legen und mit dem groben Salz bestreuen. Die restlichen Brezeln ebenso verarbeiten. Den »Bauch« der Brezeln leicht einritzen.

6 Eine weite feuerfeste Schale mit heißem Wasser auf den Backofenboden stellen. Den Backofen auf 200° vorheizen. Die Brezeln im Ofen (Mitte) in ca. 25 Min. hellbraun backen. Die Bleche nach 10 Min. tauschen, damit die Brezeln gleichmäßig bräunen. Herausnehmen und abkühlen lassen.

PROFI-TIPP
Ein Bad in Natronlösung beschert den Brezeln (oder Brezen) den Glanz und die schöne **braune Kruste.** Die perfekte Form dagegen ist Übungssache: Hauptsache, es gibt einen schön dicken, lockeren »Bauch« und dünne, knusprige »Arme«.

VARIANTE

LAUGENSTANGEN

Für 10 Stück
Zubereitungszeit ca. 55 Min.
Ruhezeit 1 Std. 15 Min.
Backzeit 25 Min.
pro Stück 200 kcal

- Den Teig wie oben beschrieben zubereiten, in 10 Portionen teilen und abgedeckt gehen lassen. Dann jede Portion zu einer Stange von ca. 15 cm Länge formen. Auf der Arbeitsfläche 30 Min. gehen lassen.
- Die Laugenstangen in die kochende Lauge tauchen und mit Salz bestreuen wie oben beschrieben. Jede Stange mit einem scharfen Messer dreimal schräg einschneiden. Backtemperatur und -dauer sind die gleichen wie bei den Brezeln.

VINTSCHGAUER

für die deftige Brotzeit

Für 8 Stück · Zubereitungszeit ca. 50 Min.
Ruhezeit 6 Std. 15 Min. · Backzeit 35 Min.
pro Stück 200 kcal

3 EL Natursauerteig (selbst angesetzt s. S. 191, oder im Beutel) · 300 g Roggenvollkornmehl
1/2 Würfel Hefe (21 g) · 200 g Weizenvollkornmehl
3 TL Brotgewürz (s. Tipp) · 3 TL Salz
Außerdem:
Mehl zum Arbeiten · Backpapier für das Blech

1 Den fertigen Sauerteig mit 200 g Roggenmehl und 200 ml lauwarmem Wasser verrühren und zugedeckt 5 Std. gären lassen. Die Hefe mit etwas Weizenmehl und 50 ml lauwarmem Wasser verrühren und zugedeckt an einem warmen Ort 15 Min. gehen lassen.

2 Sauerteigansatz mit dem Hefevorteig, 150 ml lauwarmem Wasser, übrigem Roggen- und Weizenmehl, Gewürz und 2 TL Salz zu einem geschmeidigen Teig verkneten. Zugedeckt 30 Min. gehen lassen.

3 Den Teig gut durchkneten, auf wenig Mehl in 8 Stücke teilen. Jedes Stück zu einem runden, flachen Fladen formen. Die Fladen auf ein mit Backpapier belegtes Blech legen, mit einer Gabel mehrmals einstechen und weitere 30 Min. gehen lassen.

4 Den Backofen auf 220° vorheizen und eine feuerfeste Schale mit kochend heißem Wasser hineinstellen. Die Fladen im heißen Ofen (Mitte) ca. 15 Min. backen. Dann auf 180° zurückschalten und die Fladen weitere 20 Min. backen. Das restliche Salz in 125 ml heißem Wasser auflösen. Die Fladen damit bepinseln und unter einem Küchentuch abkühlen lassen.

PROFI-TIPP
Brotgewürz ist fertig gemischt im Gewürzregal erhältlich, entweder grob oder fein gemahlen. Der Mix – meist aus Anis, Fenchel, Koriander und Kümmel – macht das Brot würzig und gut bekömmlich.

TIROLER SCHÜTTELBROT

zu Käse und Wein

Für 1 Brot · Zubereitungszeit ca. 40 Min.
Ruhezeit 3 Std. 30 Min. · Backzeit 40 Min.
bei 8 Portionen pro Portion 220 kcal

gut 1/2 Würfel Hefe (25 g)
2 TL Meersalz
1/2 TL Honig
1/2 TL gemahlener Kümmel
2 TL gemahlener Anis
15 g Trockensauerteig
350 g Roggenmehl (Type 815)
150 g Weizenmehl (Type 550)
Außerdem:
Mehl zum Arbeiten

1 Hefe zerbröckeln und in 2 EL lauwarmem Wasser auflösen. 300 ml Wasser mit Hefe, Salz, Honig, Kümmel, Anis, Sauerteigextrakt und Roggenmehl verkneten. Alles auf wenig Mehl mit dem Weizenmehl zu einem elastischen Teig verkneten, anschließend den Teig zu einer Kugel formen und mit Wasser bepinseln. In einer Schüssel unter einem feuchten Tuch 3 Std. an einem warmen Ort gehen lassen.

2 Teig auf wenig Mehl nochmals gut durchkneten und zu einem großen Fladen ausrollen; der Rand sollte etwas dicker sein. Fladen auf ein bemehltes Blech legen und mit Wasser bestreichen, mit einer Gabel mehrmals einstechen. Weitere 30 Min. gehen lassen.

3 Den Backofen auf 250° vorheizen. Eine feuerfeste Schale mit kochend heißem Wasser auf den Ofenboden stellen. Den Fladen im heißen Ofen (Mitte) ca. 30–40 Min. backen. Auf einem Kuchengitter auskühlen lassen und in Stücke schneiden oder brechen.

OBEN Schüttelbrot
UNTEN Vintschgauer

NUDELN SELBST GEMACHT

das ultimative Grundrezept für Eierbandnudeln

Für 4 Personen
Zubereitungszeit ca. 45 Min.
Ruhezeit 30 Min.
Trockenzeit 1 Std.
pro Portion 340 kcal

300 g Hartweizenmehl (oder Spätzlemehl)
Salz · 3 Eier (Größe L)
1 EL Olivenöl
Außerdem:
Mehl zum Arbeiten
Nudelholz oder Nudelmaschine

1 Das Mehl mit 1 TL Salz mischen. Die Eier und das Öl dazugeben, alles erst mit einem Löffel mischen und dann mit den Händen zu einem glatten, geschmeidigen Teig verkneten. So lange kneten, bis der Teig glänzt. Den Teig in ein Küchentuch hüllen und bei Zimmertemperatur ca. 30 Min. ruhen lassen.

2 Ca. ein Viertel von dem Teig abnehmen und auf einer bemehlten Arbeitsfläche mit dem Nudelholz so dünn wie möglich ausrollen oder in der Nudelmaschine (s. Tipp) zu einer dünnen Platte formen. Dazu erst bei weit gestellter Walzenöffnung (Stufe 1) mehrmals durchdrehen. Dabei den Teig an den Seiten immer wieder zusammenklappen und mit der offenen Seite nach unten durchdrehen. Zum Schluss bei eng gestellter Walzenöffnung (Stufe 4–5) die dünne Platte formen.

3 Die Nudelteigplatte auf einem bemehlten Küchentuch ca. 30 Min. antrocknen lassen. Inzwischen die übrigen drei Teigviertel ebenso ausrollen und ruhen lassen.

4 Die Nudelteigplatten leicht mit Mehl bestäuben, dann zusammenrollen und mit einem langen Messer in schmale oder etwas breitere Bandnudeln schneiden. Oder die Teigplatten mit dem Bandnudelaufsatz der Nudelmaschine in Streifen schneiden.

5 Die Nudeln lockern und auf bemehlten Küchentüchern offen ca. 30 Min. antrocknen lassen.

6 In einem großen Topf reichlich Wasser zum Kochen bringen und salzen. Die Nudeln darin »al dente« kochen. Frische Nudeln brauchen ca. 3 Min., leicht angetrocknete 1–2 Min. länger.

VORRATS-TIPP

Wenn Sie schon dabei sind, bereiten Sie gleich eine größere Menge Nudeln zu. Den Teil, den Sie nicht sofort essen, auf leicht bemehlten Küchentüchern ausbreiten und ca. **einen Tag trocknen lassen**. Damit das gleichmäßig und gründlich geschieht, wenden Sie die Pasta dabei ab und zu. Danach zum Aufbewahren in große Gläser mit Schraubverschluss füllen. Die so getrocknete Pasta hält sich ca. 2 Monate.

PROFI-TIPP

Sind Sie auf den Geschmack von selbst gemachten Nudeln gekommen? Dann lohnt sich vielleicht die Anschaffung einer **Nudelmaschine**. Günstige, manuell betriebene Geräte sind bereits ab 20 € zu haben. Man schraubt sie an die Tischplatte und kurbelt den Nudelteig mehrmals durch, um ihn nach und nach dünn auszurollen. Aus der Teigplatte kann man jetzt Ravioli ausschneiden oder sie mit einer der integrierten Walzen in Spaghetti oder breite oder schmale Bandnudeln schneiden. Es geht aber auch ohne Handarbeit: Für viele Nudelmaschinen sind Elektromotoren erhältlich – und auch für so manche Küchenmaschine kann man bereits Aufsätze zur Nudelproduktion kaufen.

GRÜNE NUDELN

besonders gut mit sahnigen Saucen

Für 4 Personen
Zubereitungszeit ca. 60 Min.
Ruhezeit 30 Min.
Trockenzeit 1 Std.
pro Portion 319 kcal

200 g Blattspinat oder Mangoldblätter oder Kräuter (z. B. Rucola, Kerbel oder Petersilie)
Salz · 1 EL Olivenöl
300 g Mehl
2 Eier (Größe M)
Außerdem:
Mehl zum Arbeiten
Nudelholz oder Nudelmaschine

1 Den Blattspinat, die Mangoldblätter oder die Kräuter verlesen, putzen, waschen und gut trocken schütteln. Dabei harte Stängel und/oder Blattteile entfernen. Die grünen Blätter in sprudelnd kochendem Salzwasser ca. 1 Min. blanchieren, bis sie zusammenfallen. In ein Sieb abgießen, kalt abschrecken und mit den Händen die Flüssigkeit gut ausdrücken.

2 Die grünen Blätter mit 1 EL Olivenöl pürieren. Mit Mehl, 1 TL Salz und Eiern in einer Schüssel mischen und zu einem glatten, geschmeidigen Teig verkneten.

3 Diesen, wie im Grundrezept für Nudelteig auf Seite 222 beschrieben, einige Zeit ruhen lassen, dann mithilfe eines Nudelholzes oder einer Nudelmaschine (s. Tipp S. 222) ausrollen und zu Nudeln formen.

SCHWARZE NUDELN

fein zu allen Saucen mit Fisch und Meeresfrüchten

Für 4 Personen
Zubereitungszeit ca. 45 Min.
Ruhezeit 30 Min.
Trockenzeit 1 Std.
pro Portion 311 kcal

2 Beutel Tintenfischtinte (aus dem Fischfachgeschäft) · 2 Eier (Größe M)
300 g Mehl · Salz · 1 EL Olivenöl
Außerdem:
Mehl zum Arbeiten
Nudelholz oder Nudelmaschine

1 Die Tintenfischtinte mit den Eiern verrühren. Das Mehl mit 1 TL Salz in einer Schüssel mischen. Die Eier-Tinten-Mischung und das Olivenöl dazugeben und alles zu einem glatten, geschmeidigen Teig verkneten.

2 Diesen, wie im Grundrezept für Nudelteig auf Seite 222 beschrieben, einige Zeit ruhen lassen, dann mit Hilfe eines Nudelholzes oder einer Nudelmaschine (s. Tipp S. 222) ausrollen und zu Nudeln formen.

TAUSCH-TIPP

Sie mögen den Fischgeschmack nicht so gern? Probieren Sie stattdessen **Olivennudeln:** Statt der Tintenfischtinte 100 g schwarze, entsteinte Oliven pürieren. Dann wie oben beschrieben erst mit Eiern und Olivenöl vermischen, dann alles mit Mehl und Salz zu einem glatten, geschmeidigen Teig verkneten. Anschließend ruhen lassen, ausrollen und zu Nudeln formen (s. Rezept S. 222).

ORANGEFARBENE NUDELN

perfekt mit Chili-Knoblauch-Öl

Für 4 Personen
Zubereitungszeit ca. 50 Min.
Ruhezeit 30 Min.
Trockenzeit 1 Std.
pro Portion 342kcal

4 in Öl eingelegte getrocknete Tomaten
1 gehäufter EL Tomatenmark
300 g Mehl · Salz · 3 Eier (Größe L)
Außerdem:
Mehl zum Arbeiten
Nudelholz oder Nudelmaschine

1 Die Tomaten abtropfen lassen und sehr fein hacken. Mit dem Tomatenmark, dem Mehl, 1 TL Salz und den Eiern zu einem glatten, geschmeidigen Teig verkneten.

2 Diesen, wie im Grundrezept für Nudelteig auf Seite 222 beschrieben, einige Zeit ruhen lassen, dann mit Hilfe eines Nudelholzes oder einer Nudelmaschine (s. Tipp S. 222) ausrollen und zu Nudeln formen.

TAUSCH-TIPP
Rote und gelbe Nudeln: Richtig rot werden die Nudeln, wenn Sie statt getrockneten Tomaten und Tomatenmark 1 kleine Rote Bete nehmen. Diese in 45 Min. weich kochen. Dann schälen und fein pürieren, das Püree unter den Teig mischen. Schön gelbe Nudeln bekommen Sie mit 2–3 TL Kurkumapulver im Teig.

PILZNUDELN

ausgezeichnet mit Salbei- oder Thymianbutter

Für 4 Personen
Zubereitungszeit ca. 55 Min.
Ruhezeit 30 Min.
Trockenzeit 1 Std.
pro Portion 327 kcal

30 g getrocknete Steinpilze
300 g Mehl · Salz
1 EL Olivenöl
2 Eier (Größe M)
1 Eigelb (Größe M)
Außerdem:
Mehl zum Arbeiten
Nudelholz oder Nudelmaschine

1 Die Hälfte der getrockneten Steinpilze (15 g) in lauwarmem Wasser 30 Min. einweichen. Die zweite Hälfte der Steinpilze im Blitzhacker oder Mixer fein zerkleinern. Die eingeweichten Pilze in ein Sieb abgießen, gut ausdrücken und sehr fein hacken.

2 Die eingeweichten und die getrockneten Pilze mit dem Mehl, 1 TL Salz, dem Olivenöl, den Eiern und dem Eigelb zu einem glatten, geschmeidigen Teig verkneten.

3 Diesen, wie im Grundrezept für Nudelteig auf Seite 222 beschrieben, einige Zeit ruhen lassen, dann mit Hilfe eines Nudelholzes oder einer Nudelmaschine (s. Tipp S. 222) ausrollen und zu Nudeln formen.

ORECCHIETTE

Öhrchen-Nudeln – kurz und gut

Für 4 Personen
Zubereitungszeit ca. 45 Min. · Ruhezeit 30 Min.
Trockenzeit 4 Std. · pro Portion 310 kcal

300 g Hartweizenmehl (oder Spätzlemehl)
Salz · 2 EL Olivenöl
Außerdem:
Mehl zum Arbeiten

1 Mehl, 1 TL Salz, Öl und ca. 125 ml Wasser zu einem glatten, geschmeidigen Teig verkneten. Den Teig zugedeckt bei Zimmertemperatur ca. 30 Min. ruhen lassen.

2 Den Teig in 3–4 Portionen teilen und auf wenig Mehl zu fingerdicken Rollen ausrollen. Davon ca. 1/2 cm dicke Scheiben abschneiden und diese in der Mitte mit dem Daumen so eindrücken, dass kleine Hütchen oder »Öhrchen« entstehen. Die Nudeln auf leicht bemehlte Küchentücher geben und vor dem Kochen mindestens 4 Std. trocknen lassen, dabei ein- bis zweimal wenden.

VARIANTE

FUSILLI – SPIRALNUDELN

Für 4 Personen
Zubereitungszeit ca. 45 Min.
Ruhezeit 30 Min.
Trockenzeit 4 Std.
pro Portion 340 kcal

- 300 g Hartweizenmehl mit 1 TL Salz mischen. 3 Eier (Größe M) und 1 EL Olivenöl dazugeben und alles zu einem geschmeidigen Teig verkneten. In ein Küchentuch hüllen und 30 Min. ruhen lassen.
- Den Teig halbieren und auf wenig Mehl ca. 3 mm dick ausrollen. Die Platte in ca. 3 mm breite und 6–7 cm lange Streifen schneiden. Diese spiralförmig um ein Essstäbchen oder eine Stricknadel wickeln. Stäbchen oder Stricknadel vorsichtig herausziehen.
- Die Nudeln vor dem Kochen mindestens 4 Std. trocknen lassen, dabei ein- bis zweimal vorsichtig wenden.

FARFALLE AGLI ASPARAGI

Schmetterlingsnudeln mit Spargel

Für 4 Personen
Zubereitungszeit ca. 1 Std. · Ruhezeit 30 Min.
Trockenzeit 2 Std. · pro Portion 715 kcal

Für den Nudelteig:
300 g Mehl · 50 g frisch geriebener Parmesan
3 Eier (Größe M) · 1 Eigelb (Größe M) · Salz
Für die Sauce:
400 g grüner Spargel
100 g gekochter Schinken oder Parmaschinken
1 Zwiebel · 2 EL Butter
100 ml trockener Weißwein · 150 g Mascarpone
Salz · Pfeffer · Muskatnuss, frisch gerieben
Außerdem:
Mehl zum Arbeiten
Nudelholz oder Nudelmaschine

1 Für den Teig das Mehl mit Parmesan, Eiern, Eigelb und 1/2 TL Salz zu einem glatten Teig verkneten. Abdecken und ca. 30 Min. ruhen lassen.

2 Den Teig noch einmal durchkneten und auf der bemehlten Arbeitsfläche oder mit der Nudelmaschine (s. Tipp S. 222) ca. 2 mm dünn ausrollen. In kleine Rechtecke (2 × 4 cm) schneiden. Die Stücke in der Mitte leicht zusammen drücken, so dass die Nudeln wie Schmetterlinge aussehen. Auf bemehlten Küchentüchern 2 Std. antrocknen lassen, zwischendurch wenden. Dann reichlich Salzwasser zum Kochen bringen und die Nudeln in ca. 4 Min. al dente garen.

3 Für die Sauce den Spargel waschen, Enden wegschneiden, die Stangen in ca. 1 cm lange Stücke schneiden. Den Schinken in feine Streifen schneiden. Die Zwiebel schälen und klein würfeln.

4 Die Butter in einem Topf schmelzen. Spargel mit Zwiebel und Schinken darin anbraten. Mit Wein aufgießen und zugedeckt bei schwacher Hitze ca. 5 Min. schmoren. Mascarpone unterrühren, den Sugo mit Salz, Pfeffer und Muskat abschmecken.

DER LIEBLINGSKLASSIKER

LASAGNE MIT TOMATEN UND SARDELLEN

schön würzig

Für 4–6 Personen
Zubereitungszeit ca. 30 Min.
Ruhezeit 30 Min.
Backzeit 40 Min.
bei 6 Personen pro Portion 420 kcal

Für den Teig:
250 g Mehl · Salz
2 Eier (Größe M) · 1 Eigelb (Größe M)
Für die Füllung:
800 g Tomaten
1 getrocknete Chilischote
8 Zweige Thymian
4 Knoblauchzehen · Salz
20 g Sardellenfilets in Öl
250 g eingelegte Artischockenherzen
250 g Mozzarella
100 g frisch geriebener Parmesan
Außerdem:
Mehl zum Arbeiten
Nudelholz oder Nudelmaschine
feuerfeste Form (ca. 25 × 35 cm)
2 EL Olivenöl zum Beträufeln

1 Für den Teig Mehl und 1 TL Salz mischen. Die Eier und das Eigelb dazugeben und alles mit den Händen zu einem glatten, geschmeidigen Teig verkneten. Den Teig in ein Küchentuch hüllen und bei Zimmertemperatur ca. 30 Min. ruhen lassen.

2 Den Nudelteig mit den Händen noch einmal durchkneten und auf einer bemehlten Arbeitsfläche oder in der Nudelmaschine (s. Tipp S. 222) zu dünnen Platten ausrollen. Diese in ca. 8 × 15 cm große Teile schneiden und portionsweise in kochendem Salzwasser in ca. 2 Min. garen. Herausnehmen, kalt abschrecken und nebeneinander auf der Arbeitsfläche ausbreiten, damit sie nicht zusammenkleben.

3 Für die Füllung die Stielansätze der Tomaten entfernen. Die Tomaten kurz überbrühen, häuten und grob würfeln. Tomaten und Chilischote fein pürieren. Den Thymian waschen und trocken schütteln, die Blättchen abstreifen. Den Knoblauch schälen und zum Tomatenpüree pressen. Das Püree mit Thymian und Salz würzen.

4 Die Sardellenfilets abtropfen lassen und grob hacken. Die Artischockenherzen ebenfalls abtropfen lassen und in Scheiben schneiden. Den Mozzarella abtropfen lassen und in Würfel schneiden.

5 Den Backofen auf 200° vorheizen. Die Nudelblätter und die Tomatensauce lagenweise in die Form schichten, dabei die Tomatensauce mit einigen Sardellenstücken und Artischockenscheiben belegen und mit Mozzarellawürfeln und etwas Parmesan bestreuen. Mit Nudelblättern abschließen und mit dem restlichen Käse bestreuen. Die Lasagne mit Öl beträufeln. Im Ofen (Mitte) ca. 40 Min. backen, bis sie schön gebräunt ist.

PROFI-TIPP
Lassen Sie die Lasagne vor dem Anschneiden ca. 10 Min. im ausgeschalteten Backofen ruhen. In der Zeit saugen die Nudelblätter **überschüssige Sauce** auf, sodass diese beim Anschneiden nicht ausläuft und die Stücke in Form bleiben.

RAVIOLI AL LIMONE

Teigtaschen mit Ricotta-Zitronen-Füllung

Für 4 Personen · Zubereitungszeit ca. 1 Std. 15 Min.
Ruhezeit 30 Min. · pro Portion 650 kcal

Für den Teig:
300 g Mehl · 2 Eier (Größe M) · 1 EL Olivenöl · Salz
Für die Füllung:
1 1/2 Bio-Zitronen · 300 g frischen Ricotta
1 Ei (Größe M) · 50 g frisch geriebener Parmesan
2 EL Limoncello (nach Belieben) · Salz
Pfeffer · 1 Bund frische Minze · 80 g Butter
Außerdem:
Mehl zum Arbeiten · Nudelholz oder Nudelmaschine
frisch geriebener Parmesan zum Bestreuen

1 Mehl, Eier, Öl und 1 TL Salz verkneten. Eventuell etwas Wasser hinzufügen. Abgedeckt 30 Min. ruhen lassen.

2 Für die Füllung die Zitronen heiß waschen, die Schale fein abreiben. Ricotta mit Zitronenschale, Ei, Käse und eventuell Limoncello verrühren, salzen und pfeffern.

3 Den Teig noch einmal durchkneten und in Portionen teilen. Diese entweder mit dem Nudelholz oder mit der Nudelmaschine (s. Tipp S. 222) zu dünnen Platten ausrollen. Die Hälfte davon im Abstand von 4 cm mit 1 TL Füllung belegen. Den Zwischenraum bei Bedarf mit etwas Wasser bestreichen, dann die übrigen Platten darauflegen und zwischen der Füllung andrücken.

4 Mit einem Teigrädchen Ravioli ausschneiden. Auf Küchentüchern ausbreiten und etwas trocknen lassen.

5 In einem Topf reichlich Wasser zum Kochen bringen. Die Minze waschen und die Blättchen etwas kleiner zupfen. Das Wasser salzen, die Ravioli hineingeben und 3–4 Min. darin kochen, dann abtropfen lassen.

6 Zum Servieren die Butter schmelzen. Etwas Minze darin zusammenfallen lassen. Ravioli mit frischer Minze bestreuen und die Minzbutter darauf verteilen. Den geriebenen Käse extra dazu reichen.

RAVIOLI CON FEGATINI

Ricotta-Spinat-Füllung und Sauce aus Hähnchenleber

**Für 4 Personen · Zubereitungszeit ca. 1 Std. 15 Min.
Ruhezeit 1 Std. · pro Portion 455 kcal**

Für den Teig:
300 g Mehl · 3 Eier (Größe M) · Salz
Für die Füllung:
500 g Spinat · 250 g Ricotta · 1 Ei (Größe M)
Salz · Pfeffer · Muskatnuss, frisch gerieben
50 g frisch geriebener Parmesan
Für die Sauce:
250 g Hähnchenlebern · 1 Zwiebel
40 g Butter · 4 Salbeiblätter · 2 EL Vin Santo
(italienischer Süßwein) · Salz · Pfeffer
Außerdem:
Mehl zum Arbeiten · Nudelholz oder Nudelmaschine

1 Für den Nudelteig Mehl, Eier und 1 TL Salz mit den Händen zu einem glatten, geschmeidigen Teig verkneten. Den Teig in ein Küchentuch hüllen und bei Zimmertemperatur ca. 1 Std. ruhen lassen.

2 Inzwischen für die Füllung den Spinat verlesen und waschen. In einem Topf mit etwas Wasser bei mittlerer Hitze zusammenfallen lassen. Gut ausdrücken und hacken. Mit Ricotta, Ei, Gewürzen und Käse mischen.

3 Den Teig mit dem Nudelholz oder der Nudelmaschine (s. Tipp S. 222) dünn ausrollen. Auf der Hälfte des Teigs mit einem Teelöffel die Füllung mit Abständen verteilen. Die andere Teighälfte darüberklappen, rund um die Füllung andrücken, mit einem Teigrädchen rechteckige Ravioli ausschneiden und etwas trocknen lassen. Dann in reichlich Salzwasser ca. 8 Min. garen.

4 Für die Sauce die Lebern putzen, vom anhängenden Fett befreien und sehr klein schneiden. Die Zwiebel schälen, fein würfeln und in 20 g Butter glasig anbraten. Leber und Salbei hinzufügen, unter Rühren 3–4 Min. garen. Mit Vin Santo ablöschen und den Wein verdampfen lassen, salzen und pfeffern. 50 ml Ravioli-Kochwasser und die übrige Butter unterrühren.

TORTELLINI IN BRODO

Teigtaschen mit Fleischfüllung in Brühe

Für 6 Personen
Zubereitungszeit ca. 2 Std.
pro Portion 455 kcal

Für den Teig:
400 g Mehl
4 Eier (Größe M) · Salz
Für die Füllung:
250 g Schweinelende oder -filet
1 EL Butter
Salz · Pfeffer
100 g Mortadella
50 g roh geräucherter Schinken
50 g frisch geriebener Parmesan
1 Ei (Größe M)
Muskatnuss, frisch gerieben
Außerdem:
Mehl zum Arbeiten
runde Ausstechform (5 cm Ø)
1,5 l Fleischbrühe (selbst gemacht s. Rezept S. 248, oder Instant)
frisch geriebener Parmesan

1 Für den Teig das Mehl und die Eier mit 1 TL Salz in eine Schüssel geben und mit den Händen zu einem glatten, geschmeidigen Teig verkneten. Den Teig in ein Küchentuch hüllen und bei Zimmertemperatur so lange ruhen lassen, bis die Tortellinifüllung fertig ist.

2 Für die Füllung das Schweinefleisch in kleine Würfel schneiden. Die Butter zerlassen, die Fleischwürfel darin bei starker bis mittlerer Hitze ca. 5 Min. braten. Das Fleisch salzen, pfeffern und abkühlen lassen.

3 Die Mortadella und den Schinken in kleine Würfel schneiden. Beides mit dem Schweinefleisch in der Küchenmaschine oder im Blitzhacker fein zerkleinern. Den Parmesan und das Ei daruntermischen und die Füllung mit Salz, Pfeffer und Muskat würzen.

4 Den Nudelteig in vier Portionen auf einer bemehlten Arbeitsfläche mit dem Nudelholz oder mit der Nudelmaschine (s. Tipp S. 222) dünn ausrollen. Mit einer Ausstechform oder einem kleinen Glas Kreise von ca. 5 cm Ø ausstechen.

5 Auf jeden Teigkreis 1/2 TL Füllung geben, die Teigkreise zu Halbmonden zusammenklappen und die Teigränder zusammendrücken. Die beiden Seiten der Halbmonde leicht nach außen ziehen und über dem Zeigefinger nach hinten klappen. Die Enden zusammendrücken.

6 In einem großen Topf reichlich Wasser aufkochen und salzen. Die Tortellini darin in ca. 3 Min. bissfest garen. Gleichzeitig die Brühe heiß werden lassen.

7 Die Tortellini mit einem Schaumlöffel herausnehmen, abtropfen lassen und in vorgewärmte Teller geben. Die Brühe darüberschöpfen und den Parmesan darüberstreuen. Sofort servieren.

TAUSCH-TIPP
Wer die Tortellini nicht in Brühe essen möchte, serviert sie mit einer **würzigen Butter** wie der Kräuter-Butter (Seite 172) oder der Tomaten-Chili-Butter (Seite 173). Dazu ebenfalls frisch geriebenen Parmesan reichen.

GNOCCHI DI PATATE

wie von der italienischen Nonna

Für 4 Personen
Zubereitungszeit ca. 45 Min.
Ruhezeit 1 Std.
pro Portion 380 kcal

1 kg mehlig kochende Kartoffeln
150 g Mehl
100 g Hartweizengrieß · Salz
Außerdem:
Kartoffelpresse
Mehl zum Arbeiten
flüssige Butter
frisch geriebener Parmesan

1 Die Kartoffeln waschen, in einen Topf legen und Wasser angießen. Die Kartoffeln sollen ungefähr zur Hälfte davon bedeckt sein. Das Wasser aufkochen und die Kartoffeln zugedeckt bei mittlerer Hitze weich kochen. Das dauert je nach Größe zwischen 20 und 35 Min.

2 Die Kartoffeln abgießen und etwas abkühlen lassen, aber noch heiß schälen und durch die Kartoffelpresse drücken. Tipp von der Nonna: Wer keine Kartoffelpresse hat, zerdrückt die gekochten Kartoffeln mit der Gabel oder einem Kartoffelstampfer oder reibt sie auf der Rohkostreibe. Aber Kartoffeln bitte nicht pürieren, sonst gibt's Kleister statt Püree.

3 Das Püree lässt man jetzt so weit abkühlen, dass es handwarm ist. Dann kommen Mehl, Grieß und 1 TL Salz dazu. Alles mit den Händen verkneten und zu fingerdicken Rollen formen. Davon 3 cm lange Stücke abschneiden. Die Stücke in Mehl wälzen, dann mit dem Gabelrücken sanft eindrücken. Die Kartoffelstückchen sollen leicht rillig aussehen. Tipp von der Nonna: Die Gnocchi danach auf bemehlten Küchentüchern ausbreiten und 1 Std. oder länger ruhen lassen.

4 In einem großen Topf reichlich Wasser aufkochen und salzen. Wenn das Wasser sprudelnd kocht, die Gnocchi hineingleiten lassen. Wenn die Gnocchi hochsteigen, die Hitze zurückdrehen.

5 Die Gnocchi 10 Min. im heißen Wasser ziehen lassen. Tipp von der Nonna: Eine Tasse mit kaltem Wasser neben den Topf stellen und hineingießen, wenn es kritisch wird. Denn kochen darf das Wasser nicht!

6 Die Gnocchi mit dem Schaumlöffel herausheben und auf Teller verteilen. Und nun einfach zerlaufene Butter und Parmesan darübergeben. Oder Tomatensauce (Seite 268), Basilikumpesto (Seite 264) oder Steinpilzpesto (Seite 267) dazu servieren.

PROFI-TIPP

Richtig **mehlige Kartoffeln** gibt es leider nicht im Frühjahr, weil zu dieser Zeit erst die neuen auf den Markt kommen, die noch wenig Stärke in sich haben. Ab Mitte des Jahres ist man dann bei der Zubereitung der Gnocchi auf der sichereren Seite. Und wer ganz unsicher ist, mischt lieber ein Ei unter den Teig und noch etwas mehr Mehl. Das Ei gibt nämlich auch Biss.

TAUSCH-TIPP

Wer mal was anderes machen möchte, nimmt statt Hartweizengrieß **Polenta**. Das ist ebenfalls Grieß, allerdings aus Mais statt aus Weizen. Damit sehen die Gnocchi nicht nur so richtig schön goldgelb aus, Polenta-Gnocchi haben auch einen etwas anderen Geschmack.

ALLGÄUER SPÄTZLE

nicht nur in Schwaben geliebt

Für 4 Personen · Zubereitungszeit ca. 30 Min.
Ruhezeit 30 Min. · pro Portion 450 kcal

400 g Mehl (oder Spätzlemehl)
Salz · 4 Eier (Größe M)
200 ml Mineralwasser
2 EL Butter (nach Belieben)
Außerdem:
Spätzlehobel oder Spätzlepresse (s. Tipp S. 237)

1 Das Mehl mit 1 TL Salz in einer Rührschüssel mischen. Die Eier und das Mineralwasser dazugeben und alles mit den Knethaken des Handrührgeräts zu einem zähflüssigen Teig verkneten. Den Teig abdecken und bei Zimmertemperatur ca. 30 Min. ruhen lassen.

2 In einem großen Topf reichlich Salzwasser zum Kochen bringen. Spätzlehobel oder Spätzlepresse portionsweise mit Teig füllen und die Spätzle direkt ins kochende Wasser hobeln bzw. drücken.

3 Wenn die Spätzle an der Oberfläche schwimmen, mit dem Schaumlöffel herausheben, abtropfen lassen und im Backofen bei 70° warm halten. Die Spätzle entweder pur servieren oder Butter in einer Pfanne schmelzen und die Spätzle darin schwenken.

VARIANTE

KÄSESPÄTZLE

Für 4 Personen · Zubereitungszeit ca. 45 Min.
Ruhezeit 30 Min. · pro Portion 695 kcal

- 2–3 Zwiebeln schälen, in Ringe schneiden. 2 EL Butter zerlassen, die Zwiebeln darin bei mittlerer Hitze goldbraun braten. Die Spätzle laut Grundrezept zubereiten.
- Mit 200 g frisch geriebenem Emmentaler oder Bergkäse in eine ungefettete feuerfeste Form schichten. Im Backofen bei 100° (Mitte) ca. 5 Min. backen, bis der Käse geschmolzen ist. Die Zwiebeln darauf verteilen.

SPINATSPÄTZLE MIT SCHINKEN

auch Südtirol hat seine Nudelspezialitäten

Für 4 Personen
Zubereitungszeit ca. 30 Min. · pro Portion 695 kcal

Für den Teig:
300 g blanchierter Spinat (gut ausgedrückt)
300 g Mehl · 3 Eier (Größe M) · 100 ml Milch · Salz
Für die Sauce:
1 kleine Zwiebel · 200 g gekochter Schinken
40 g Butter · 125 ml Weißwein
150 g Sahne · Salz · Pfeffer
Außerdem:
Spätzlehobel oder Spätzlepresse (s. Tipp)
frisch geriebener Parmesan

1 Den blanchierten Spinat hacken. Aus Mehl, den verquirlten Eiern, Milch, Spinat und Salz einen zähflüssigen Teig bereiten. Reichlich Salzwasser in einem weiten Topf zum Kochen bringen. Den Teig portionsweise mit einer Spätzlepresse oder durch einen Spätzlehobel in das Wasser pressen oder reiben.

2 Wenn die Spätzle an die Oberfläche steigen, mit einem Schaumlöffel herausheben und in einem Sieb abtropfen lassen. Auf diese Weise nach und nach den gesamten Teig zu Spinatspätzle verarbeiten.

3 Für die Sauce die Zwiebel schälen und ebenso wie den Schinken fein würfeln. Beides in der Butter unter Rühren ein paar Minuten anschwitzen. Den Wein angießen und die Sahne hinzufügen, dann die Sauce mit Salz und Pfeffer abschmecken. Die Spätzle in der Sauce kurz erwärmen und auf Teller verteilen, geriebenen Parmesan dazu reichen.

PROFI-TIPP
Auch wenn echte Schwaben auf Spätzle schwören, die vom Brett geschabt werden – es geht auch einfacher! Mit einer **Spätzlepresse** (sieht ähnlich aus wie eine Kartoffelpresse) entstehen ruck, zuck lange, dünne Spätzle. Ein **Spätzlehobel** produziert dagegen eher kleine, tropfenförmige Spätzle.

DER LIEBLINGSKLASSIKER

SCHLUTZKRAPFEN

Teigtaschen mit Käsefüllung aus Tirol

Für 4 Personen
Zubereitungszeit ca. 1 Std.
Ruhezeit 30 Min.
pro Portion 690 kcal

Für den Teig:
125 g Roggenmehl
125 g Weizenmehl
Salz · 30 g Butter
2 Eier (Größe M)
Für die Füllung:
300 g Blattspinat
Salz · 1 Zwiebel
1 Knoblauchzehe
1/4 Bund Petersilie · 1 EL Butter
150 g Topfen (oder Quark)
75 g frisch geriebener Bergkäse
Pfeffer · Muskatnuss, frisch gerieben
Zum Servieren:
80 g Butter · 80 g Bergkäse am Stück
Außerdem:
Mehl zum Arbeiten
Nudelholz oder Nudelmaschine
runde Ausstechform (8 cm Ø)

1 Die beiden Mehlsorten mit 1 TL Salz in einer Schüssel mischen. Die Butter zerlassen, mit den Eiern und 2 EL Wasser zum Mehl geben. Alles mit den Händen zu einem glatten, geschmeidigen Teig verkneten. Den Teig in ein Küchentuch hüllen und bei Zimmertemperatur ca. 30 Min. ruhen lassen.

2 Für die Füllung den Spinat verlesen und dicke Stiele abknipsen. Den Spinat in stehendem kaltem Wasser mehrmals waschen, dann in kochendem Salzwasser 1–2 Min. blanchieren, bis er zusammengefallen ist. In ein Sieb abgießen, kalt abschrecken, abtropfen lassen und gut ausdrücken. Den Spinat fein hacken.

3 Zwiebel und Knoblauch schälen und fein hacken. Die Petersilie waschen und trocken schütteln, die Blättchen fein hacken. Die Butter zerlassen, Zwiebel und Knoblauch darin glasig braten. Die Petersilie dazugeben und zusammenfallen lassen. Die Mischung etwas abkühlen lassen und mit Spinat, Topfen und geriebenem Käse verrühren. Mit Salz, Pfeffer und Muskat würzen.

4 Den Teig auf einer bemehlten Arbeitsfläche mit dem Nudelholz oder mit der Nudelmaschine (s. Tipp S. 222) dünn ausrollen. Mit der Ausstechform oder einem Glas Kreise von ca. 8 cm Ø ausstechen. Jeweils in die Mitte 1 TL Füllung geben, die Kreise zusammenklappen und die Ränder mit einer Gabel zusammendrücken.

5 In einem großen Topf Wasser aufkochen und salzen. Die Schlutzkrapfen darin ca. 5 Min. leicht kochen lassen.

6 Inzwischen die Butter in einer Pfanne zerlassen und leicht braun werden lassen. Den Käse in Streifen hobeln. Die Schlutzkrapfen in einem Sieb abtropfen lassen und auf tiefe Teller verteilen. Mit Butter beträufeln und mit Käse bestreuen. Sofort servieren.

PROFI-TIPP
Wenn Sie einen **weichen Käse** wie Südtiroler Stilfser zum Bestreuen verwenden, legen Sie ihn vorher am besten 30–60 Min. ins Tiefkühlfach. Dann lässt er sich leichter reiben.

GEMÜSE-SCHUPFNUDELN

deftig-lecker zu Sauerkraut

Für 4 Personen
Zubereitungszeit ca. 60 Min.
pro Portion 325 kcal

600 g vorwiegend festkochende Kartoffeln
1 Möhre
1 Bund Petersilie
150 g Mehl (Type 405)
1 Ei (Größe M)
Salz · Pfeffer
Muskatnuss, frisch gerieben
4 EL Butterschmalz
Außerdem:
Kartoffelpresse

1 Die Kartoffeln und die Möhre waschen und ungeschält zusammen in wenig Wasser bei mittlerer Hitze zugedeckt in ca. 25 Min. garen, dann abgießen und mindestens 30 Min. abkühlen lassen. Nun das Gemüse schälen. Die Petersilie waschen und trocken schütteln.

2 Die kalten Kartoffeln durch die Kartoffelpresse drücken oder auf einer Rohkostreibe fein raspeln. Die Petersilie und die Möhre im Blitzhacker zerkleinern. Die Kartoffeln mit Möhre, Petersilie, Mehl und Ei zu einem Teig verkneten und mit Salz, Pfeffer und Muskatnuss würzen.

3 Aus dem Teig vier Rollen von ca. 5 cm Ø formen und davon Scheiben von 1–2 cm abschneiden. Hieraus mit nassen Händen daumendicke Nudeln mit spitz zulaufenden Enden formen.

4 In einer Pfanne etwas Butterschmalz erhitzen und die Schupfnudeln darin portionsweise bei mittlerer Hitze von beiden Seiten in je 4 Min. goldbraun braten. Zu den Gemüse-Schupfnudeln passt Sauerkraut mit Speck.

TAUSCH-TIPP
Für die **klassischen Schupfnudeln** ohne Gemüse ersetzen Sie Möhre und Petersilie einfach durch 150 g zusätzliche Kartoffeln.

SCHUPFNUDELN MIT MOHNBUTTER

bestes Seelenfutter an trüben Herbsttagen

Für 4 Personen
Zubereitungszeit ca. 40 Min.
Garzeit 25 Min.
pro Portion 255 kcal

500 g mehlig kochende Kartoffeln
Salz · 1 Ei (Größe M)
1 Pck. Vanillezucker
75 g Mehl · 2 TL Speisestärke
1 EL Puderzucker
50 g gemahlener Mohn
2 EL Butter
Außerdem:
Kartoffelpresse · Mehl zum Arbeiten
Puderzucker zum Bestäuben

1 Die Kartoffeln waschen und in Salzwasser in 20–25 Min. weich kochen. Abgießen, kurz ausdampfen lassen, noch warm pellen und durch die Kartoffelpresse auf die Arbeitsfläche drücken. Die Masse abkühlen lassen.

2 Das Ei, 1 kräftige Prise Salz, Vanillezucker, Mehl und Stärke unter die Kartoffeln rühren. Der Teig sollte fest sein, wenn nötig, noch weitere 1–2 EL Mehl darunterrühren. Die Arbeitsfläche mit Mehl bestäuben und aus dem Kartoffelteig eine ca. 3 cm dicke Rolle formen. Die Rolle mit einem bemehlten Messer in fingerbreite Stücke schneiden und diese zu Würstchen formen, die an den Enden spitz zulaufen.

3 In einem großen Topf Wasser zum Kochen bringen und 1/2 TL Salz dazugeben. Die Schupfnudeln darin bei schwacher Hitze in ca. 10 Min. gar ziehen lassen – sie sind fertig, wenn sie an die Oberfläche steigen. Mit dem Schaumlöffel herausheben und abtropfen lassen.

4 Den Puderzucker mit dem Mohn mischen. Die Butter in einer großen Pfanne zerlassen und die Puderzucker-Mohn-Mischung unterrühren. Die Schupfnudeln dazugeben und vorsichtig in der Mohnbutter schwenken. Mit Puderzucker bestäubt servieren.

MAULTASCHEN

der ganze Stolz der schwäbischen Köchin

Für 8 Personen
Zubereitungszeit ca. 1 Std. 30 Min.
Ruhezeit 30 Min.
pro Portion 695 kcal

Für den Nudelteig:
500 g Mehl · 4 Eier (Größe M)
4 EL neutrales Pflanzenöl · Salz
Für die Füllung:
2 Brötchen vom Vortag
100 g durchwachsener Speck
2 Zwiebeln
1 dünne Stange Lauch
1 Bund Petersilie
2 EL Butter
200 g gemischtes Hackfleisch
200 g Kalbsbrät (oder feine Bratwürste, eventuell beim Metzger vorbestellen)
300 g gehackter Spinat (TK, aufgetaut)
4 Eier (Größe M)
2 EL Semmelbrösel
1 EL getrockneter Majoran
Muskatnuss, frisch gerieben
Salz · Pfeffer
Außerdem:
Mehl zum Arbeiten
4 kleine Zwiebeln · 75 g Butter
1 Bund Schnittlauch

1 Mehl, Eier, Öl, 1 TL Salz und 5–6 EL lauwarmes Wasser in eine Rührschüssel geben. Zuerst mit den Knethaken des Handrührers, dann mit den Händen zu einem glatten, elastischen Teig verkneten. Nach Bedarf etwas Wasser oder Mehl unterkneten. In Folie gewickelt bei Zimmertemperatur ca. 30 Min. ruhen lassen.

2 Die Brötchen in warmem Wasser ca. 10 Min. einweichen. Speck ohne Schwarte ganz fein würfeln. Zwiebeln schälen, fein würfeln. Den Lauch putzen, der Länge nach aufschlitzen, waschen und fein schneiden. Petersilie waschen und abtrocknen, die Blättchen fein hacken.

3 In einer Pfanne die Butter schmelzen. Den Speck, die Zwiebeln und den Lauch hineingeben und ca. 5 Min. bei mittlerer Hitze anschwitzen. Die Petersilie unterrühren, die Mischung abkühlen lassen. Die Brötchen gut ausdrücken, zerzupfen, mit Hackfleisch, Brät, Speck-Zwiebel-Mischung, Spinat, Eiern, Semmelbröseln, Majoran und Gewürzen vermischen und mit Salz und Pfeffer kräftig abschmecken.

4 Den Nudelteig in 2–3 Portionen mit dem Nudelholz auf der bemehlten Arbeitsfläche oder in der Nudelmaschine (s. Tipp S. 222) dünn ausrollen. Die erste Teigplatte mit etwas Wasser bepinseln. Die Füllung portionieren und dünn auf der ganzen Teigplatte verstreichen, dabei an den Längskanten je ca. 2 cm frei lassen. Den Teig von beiden Seiten leicht überlappend über die Füllung schlagen und andrücken. Den Teigstreifen ca. alle 6 cm mit einem Kochlöffelstiel gut andrücken, dann mit einem scharfen Messer durchtrennen. Die Maultaschen auf ein mit Mehl bestäubtes Brett legen und mit den restlichen Teigportionen ebenso verfahren, bis alle Maultaschen fertig sind.

5 In einem großen Topf reichlich Salzwasser aufkochen. Die Maultaschen darin bei kleiner Hitze ca. 10 Min. ziehen lassen. Mit einer Schaumkelle herausnehmen und gut abtropfen lassen.

6 Inzwischen die Zwiebeln schälen und in feine Ringe schneiden. In der Hälfte der Butter in einer Pfanne in 6–8 Min. bei mittlerer Hitze knusprig-hellbraun braten.

7 Den Schnittlauch waschen, trocken schütteln, in Röllchen schneiden. Übrige Butter in einer weiten Pfanne erhitzen und die Maultaschen darin portionsweise 2–3 Min. pro Seite anbraten. Mit den geschmälzten Zwiebeln anrichten und mit Schnittlauch bestreuen.

KALBSFOND & TOMATENSAUCE

Das Geheimnis einer guten Brühe

Gekörnte Brühe ist praktisch, keine Frage. Aber sie kommt nicht ohne Zusatzstoffe aus, die für den herzhaften Geschmack sorgen: Glutamat heißt das Stichwort: Ein Geschmacksverstärker, der wie beim sogenannten China-Restaurant-Syndrom zu Kopfschmerzen und Unwohlsein führen kann und dazu animiert, über den Hunger hinaus zu essen, weil es einfach so gut schmeckt. Selbst in den Bio-Varianten steckt Hefeextrakt, hinter dem sich ebenfalls Glutamat verbirgt. Eine selbst gekochte Brühe kommt ganz ohne Chemie aus und schmeckt im Vergleich zur Pulversuppe um Welten besser. Die Geschmacksverstärker sind hier die guten Zutaten. Jetzt werden Sie sagen: Fischköpfe, Zwiebelschalen, Knochen? Igitt! Aber das alles schwimmt ja später nicht im Teller, sondern nur das, was diese Ingredienzien ans Wasser abgegeben haben, nämlich goldgelbe Farbe und ihre wunderbaren Aromen, die sich eben gerade in Karkassen & Co. konzentrieren. Schwarz angeröstete, ungeschälte Zwiebelhälften beispielsweise bezaubern den Suppe schlürfenden Gaumen später mit feinen Röstaromen. Und weil das Auge ja auch mitisst, gilt es für ungetrübten Brühegenuss drei Dinge zu beachten: Während der Garzeit müssen Sie immer wieder den Schaum abschöpfen, der sich bildet. Für den guten Geschmack gerne fleischige Knochen mitkochen, dicke Fettschichten aber wegschneiden – sie bilden unschöne Trübstoffe. Und das Wasser darf nicht blubbernd kochen, alle Zutaten sollten stets knapp am Siedepunkt vor sich hin ziehen, weil sie sonst ebenfalls das Suppenvergnügen trüben. Vor allem Wurzelgemüse sind aus Brühen nicht wegzudenken, in einer Fisch-, Geflügel- oder Fleischbrühe dürfen sie aber nicht die Oberhand bekommen, sonst überdecken sie den feinen Geschmack von Fleisch und Fisch. Als Entschädigung dafür dürfen Möhre, Knollenserie, Petersilienwurzel und Lauch in der guten alten Gemüsebrühe die Hauptrolle spielen.

DIE SUPPE AUS DEM VORRAT

Brühe und Fond am besten in Großmengen kochen und entweder einfrieren, heiß in Gläser einfüllen und verschließen oder einkochen.

Das Who-is-who im Suppentopf

Werden Gemüse, Fleisch, Fisch oder Geflügel über einen längeren Zeitraum gekocht, schöpft der Küchenchef am Ende eine **Brühe** aus dem Topf in den Suppenteller. Der Schweizer isst eine klare Rinderbrühe übrigens als **Bouillon**.

Wird die Brühe dann noch weiter eingekocht, sodass sich alle Geschmackstoffe auf engerem Raum drängen, spricht man von einem **Fond** oder **Jus**. Er gilt als DIE Grundlage für geschmackvolle Saucen.

Einen Brühwürfelersatz auf höchstem Niveau erhalten Sie, wenn Sie Fleisch-, Geflügel- oder Fischfond bei mittlerer Hitze so lange kochen, bis er eindickt. Abgekühlt entsteht daraus eine feste Paste. Von dieser sogenannten **Glace** genügen kleine Mengen, um als Aroma-Booster eine Sauce in eine Gaumenfreude zu verwandeln. In Eiswürfelbehältern eingefroren bleibt sie mehrere Monate einsatzbereit. In ein Twist-off-Glas abgefüllt hält sie sich im Kühlschrank gut zwei Wochen.

Eine **Consommé** oder Kraftbrühe wird zweimal angesetzt. Das erste Mal als ganz normale Rinderbrühe. Im zweiten Kochgang kommen Hackfleisch, Eiweiß und Suppengemüse dazu, bevor die goldfarbene, fettaugenfreie Brühe abgeseiht wird.

Mechanische Helfer in der Saucenküche

MÖRSER gibt es aus Holz, Porzellan und Stein, wobei letztere am besten zerkleinern und gut zu reinigen sind.

Ein **Passiertuch** leistet gute Dienste, wenn es darum geht, Festes und Flüssiges zu trennen, sprich Knochen und Gemüse von der Brühe oder Schalen und Kerne vom Fruchtpüree. Bevor Sie das Tuch in ein Sieb legen, sollten Sie es wässern, damit Ihre Ausbeute im Auffanggefäß auch möglichst groß ist. In Haushaltswarenläden und Onlineshops gibt es spezielle Passiertücher zu kaufen, eine Mullwindel tut es für wesentlich weniger Geld aber auch. Und noch ein Tipp: Kochen Sie das benutzte Tuch nur in klarem Wasser aus. Waschmittel kann Gelee und Brühe einen seifigen Beigeschmack auf dem Weg durchs Gewebe mitgeben.

SCHARFE MESSER Sie dürfen in der Homemade-Küche nicht fehlen, um Gemüse, Obst und Fleisch zu zerkleinern.

Ein **feinmaschiges, großes Sieb** gehört eigentlich in jeder Küche zur absoluten Grundausstattung. Darin können Sie Bohnen und Mais aus der Dose abgießen und abspülen sowie Beeren oder Lauchstreifen abbrausen. Es dient Ihnen als Stütze für ein Passiertuch und Sie können für extrasamtigen Vitamingenuss ohne Stücke und Kerne ein weiches Fruchtmus mithilfe eines Löffels durch die feinen Maschen streichen.

Wenn Kasperls Großmutter aus der Kindergeschichte vom Räuber Hotzenplotz ihre **Kaffeemühle** dreht, spielt diese das Lied »Alles neu macht der Mai«. Selbst wenn das das Modell Ihrer Oma nicht kann, werfen Sie es nicht weg. Egal ob elektrisch oder mechanisch, in einer vom Kaffeemehl befreiten Kaffeemühle können Sie auch Senfsamen fein vermahlen.

Es kostet zwar etwas Zeit und Kraft, mit dem **Mörser** zu arbeiten, aber der Aufwand lohnt sich. Gerade frische Kräuter geben ihr Aroma dankbar und in noch größerer Intensität an ein Pesto weiter, wenn sie mit dem Stößel und sanftem Druck zerrieben und nicht im Mixer zerhäckselt werden.

Mit Elektro-Power zum Genuss

Wer die Homemade-Philosopie liebt und lebt, für den ist eine **Küchenmaschine** gut investiertes Geld. Robust und leistungsfähig sollte sie sein, damit Gemüseraspeln, Pürieren, Kneten und Rühren im Handumdrehen und reibungslos von der Hand gehen. Inzwischen gibt es auch Modelle, die zerkleinern und gleichzeitig garen können – ideal, um damit mit wenig Geschirraufkommen Saucen, aber auch Marmeladen und Gelees zuzubereiten. Achten Sie beim Kauf darauf, dass die Maschine mit möglichst vielen Aufsätzen kompatibel ist. Denn vielleicht kommen Sie ja irgendwann auf den Geschmack von selbst gemachten Nudeln und sind dann froh, wenn Sie für Ihre Küchenmaschine nur den entsprechenden Aufsatz und nicht wieder eine zusätzliche Maschine kaufen müssen.

Geht es darum, Zwiebeln oder Nüsse fein zu hacken oder mehrere grobstückige Zutaten zu einer homogenen Paste zu verarbeiten, sind **Blitzhacker** und **Standmixer** die erste Wahl. Wer keinen Pürierstab besitzt, kann Ketchup, Ajvar & Co. genauso gut im Standmixer pürieren. Am besten kaufen Sie sich dann ein Gerät mit Glasbehälter, der auch heißen Saucen und Flüssigkeiten standhält.

Klein, handlich und dabei äußerst effektiv ist der **Pürierstab**, der mit seinem kleinen rotierenden Messer Saucen, Chutneys und Würzpasten fein zermust. An guten Geräten können Sie den Messerteil vom Motorblock abschrauben. So können Sie die Messer auch in der Spülmaschine oder unter fließendem Wasser gründlich reinigen, ohne Angst haben zu müssen, dass die Elektrik darunter leidet. Weil sich Geräte aus Kunststoff leicht verfärben, wenn sie in Kontakt mit färbenden Lebensmitteln wie Tomaten, Beeren oder Paprika kommen, ziehen Sie bei einem Neukauf am Besten einen Pürierstab mit einem Messerteil aus Edelstahl in Betracht.

Essig selbst ansetzen

Ein selbst verfeinerter Essig ist ein schönes Geschenk, ein selbst angesetzter Weinessig für jemanden, der den Aufwand zu schätzen weiß, ein noch schöneres. Sie brauchen ein großes Glas mit weiter Öffnung (1,3 l Fassungsvermögen sind optimal) und Essigsäurebakterien für die Essigmutter. Diese bekommen Sie in der Apotheke. Gießen Sie 750 ml guten, schwefelarmen Weiß-oder Rotwein mit 250 ml Wasser in einen Topf und erwärmen Sie das Gemisch auf 26 bis 28°. Dann in das Glas gießen und 100 ml flüssige Essigsäurebakterien unterrühren. Diese mögen kein Metall, darum erst im Glas und nicht bereits im Topf zum Wein geben. Verschließen Sie die Öffnung nun mit einem Stück luftdurchlässigen Stoffs (z. B. eine Mullwindel). Das Glas an einem 22 bis 26° warmen Platz (ideal eignen sich dafür z. B. eine südlich gelegene Fensterbank oder ein Plätzchen nahe der Heizung) ein bis vier Wochen ruhen lassen, dabei ab und zu sanft schütteln. In dieser Zeit sollte sich auf der Oberfläche eine dünne, weißliche zusammenhängende Schicht gebildet haben. Diese Kahmhaut, auch Essigmutter genannt, tauchen Sie mit einem Holzstiel (kein Metall!) unter, um die Flüssigkeit mit Sauerstoff zu versorgen. Wenn Sie wollen, können Sie nun noch mehr Wasser-Wein-Gemisch nachgießen. Den Ansatz erneut zwei Wochen stehen lassen, bis sich der Wein vollständig in Essig verwandelt hat. Um einen aromatischen Essig zu erhalten, verwenden Sie als Ausgangsprodukt am besten einen guten Tischwein.

Geschmackvolle Öle

Um Öle zu aromatisieren, verwendet man gerne exklusive Zutaten, wie Steinpilze oder Trüffel. Das Kräutlein oder die Orange sollte möglichst vom Bio-Bauern kommen – schließlich will keiner ein Öl, das mit Pestiziden und Kunstdünger Bekanntschaft gemacht hat. Und natürlich ist die Ölqualität alles andere als

Nebensache, wenn das Würzöl, das auf dem Tisch steht, ein Essen tatsächlich verfeinern soll. Ein Trüffel, der in billig produziertem, raffiniertem Sonnenblumenöl steckt, ist zum einen ein Widerspruch, zum anderen hinausgeschmissenes Geld. Kaufen Sie kaltgepresste Öle. Nur mithilfe dieses schonenden Verfahrens bleiben die guten Inhaltsstoffe und das volle Aroma im Öl erhalten. Achten Sie beim Kauf eines Olivenöls auf die höchste Güteklasse, die mit den Worten »nativ extra«, »extra vergine« oder »extra virgen« auf dem Etikett vermerkt ist. Und der Säuregehalt sollte möglichst niedrig sein, auf jeden Fall aber unter einem Wert von 0,5 Prozent liegen. Ein hochwertiges Olivenöl schmeckt fruchtig, scharf und nur leicht bitter mit einer grasigen Note. Olivenöl sollten Sie aber nur zum Aromatisieren verwenden, wenn die Aromageber geschmacklich mit seiner Würze harmonieren. Eine wunderbare Liaison geht es zum Beispiel mit Chilischoten, Knoblauch, Basilikum oder Zitronenschale ein. Wenn Sie sich nicht sicher sind, dann nehmen Sie lieber ein geschmacksneutrales kalt gepresstes Sonnenblumenöl. Die selbst hergestellten aromatisierten Öle machen sich prima in Salat, aber auch als i-Tüpfelchen zu frisch gekochten Nudeln. Ein wenig frisch gemahlenen Pfeffer und geriebenen oder gehobelten Parmesan darüber – perfekt!

EINMAL ESSIG, IMMER ESSIG

Ist es Ihnen gelungen, eine Essigmutter zu züchten, können Sie diese immer wieder mit verdünntem Wein nachfüttern.

KALBSFOND UND FEINE KALBSGLACE

Feines für den Vorrat

Für 4 Gläser Kalbsglace (je 250 ml)
Zubereitungszeit ca. 45 Min.
Garzeit 4 Std.
pro Glas 145 kcal
Haltbarkeit 2–3 Monate (Kalbsfond)
bzw. 2 Wochen (Kalbsglace)

5 kg Kalbsknochen
(vorzugsweise Rückenknochen, gehackt)
je 150 g Zwiebeln und Möhren
je 100 g Knollensellerie und Lauch
200 g Tomaten
1/2 Knolle Knoblauch
3–4 Zweige Thymian
1 TL schwarze Pfefferkörner
3 EL Olivenöl
1–2 EL Tomatenmark
1 Lorbeerblatt · 400 ml Rotwein
Salz · Pfeffer
Außerdem:
Küchen- oder Mulltuch
4 Twist-off- oder Einmachgläser
(sterilisiert, s. S. 6)

1 Den Backofen auf 220° Umluft vorheizen. Die Kalbsknochen auf zwei Backbleche verteilen und im Ofen in 25–30 Min. braun rösten, dabei ab und zu mit dem Pfannenwender durchrühren. Wer keinen Backofen mit Umluftfunktion hat, röstet die Knochen in zwei Portionen bei 240° Ober-/Unterhitze. Die Knochen herausnehmen und abkühlen lassen.

2 Die Zwiebeln, die Möhren und den Sellerie schälen, den Lauch längs aufschneiden und waschen – auch zwischen den Blättern. Die Tomaten waschen und die Stielansätze entfernen. Das Gemüse in walnussgroße Stücke schneiden. Die Knoblauchzehen auslösen und mitsamt der Schale halbieren. Den Thymian waschen und trocken schütteln. Die Pfefferkörner mit der Breitseite eines großen Messers leicht andrücken.

3 In einem großen Topf das Olivenöl erhitzen und die Zwiebeln darin goldbraun braten. Möhren, Sellerie, Lauch und Knoblauch dazugeben und in 3 Min. hellbraun braten. Tomatenmark, Pfeffer und Lorbeerblatt kurz mitbraten, dann mit wenig Wein ablöschen und die Flüssigkeit einkochen lassen. Den Vorgang wiederholen, bis der Wein aufgebraucht ist.

4 Tomaten und Knochen zum Gemüse geben und so viel kaltes Wasser angießen, dass alles knapp bedeckt ist. Wenig Salz dazugeben, langsam zum Kochen bringen und zugedeckt bei sehr kleiner Hitze ca. 4 Std. kochen lassen, dabei gelegentlich den Schaum entfernen.

5 Den **Kalbsfond** durch ein feines Sieb oder durch ein mit einem feuchten Küchen- oder Mulltuch ausgelegtes Nudelsieb in einen kleineren Topf gießen. Gleich servieren (z. B. als Bratensauce) oder kochend heiß in die vorbereiteten Gläser füllen und kühl aufbewahren.

6 Für die **Kalbsglace** den Fond bei kleiner Hitze und offenem Deckel noch weiter auf ca. 1 l einkochen lassen, dabei ab und zu den Schaum entfernen. Die Glace mit Salz und Pfeffer abschmecken, kochend heiß in die vorbereiteten Gläser oder in Eiswürfelbehälter füllen und abkühlen lassen (dabei wird die Glace geleeartig fest). Kalbsglace kann man 2 Wochen im Kühlschrank oder einige Monate im Tiefkühlfach aufbewahren.

PROFI-TIPP

Fond, Jus, Glace: Eine Grundlage der feinen Küche ist der braune Kalbsfond oder -jus aus Kalbsknochen. Wenn man einen Kalbsfond noch weiter einkocht, wird daraus eine Kalbsglace. Ein paar Löffelchen davon geben jeder Sauce samtige Fülle und ein opulentes Fleischaroma. Weil eine Glace so konzentriert ist, reichen für die meisten Rezepte ganz kleine Mengen aus. Es ist praktisch, wenn man immer ein paar Kalbsglacewürfel im Tiefkühlfach griffbereit hat.

GEFLÜGELFOND

als Suppe auch lecker mit Nudeln

Für 4 Gläser (je 500 ml)
Zubereitungszeit ca. 30 Min.
Garzeit 2 Std. 30 Min.
pro Glas 140 kcal
Haltbarkeit 2–3 Monate

1 ganzes küchenfertiges Suppenhuhn (ca. 1,2 kg)
Salz · 200 g Möhren
200 g Knollensellerie
80 g Lauch
100 g Zwiebeln
1 Knoblauchzehe
4 Wacholderbeeren
6–8 Stängel Petersilie ohne Blätter
2 Lorbeerblätter
1/2 TL schwarze Pfefferkörner
1/2 TL Fenchelsamen
Außerdem:
Küchen- oder Mulltuch
4 Twist-off- oder Einmachgläser (sterilisiert, s. S. 6)

1 Das Suppenhuhn gründlich innen und außen waschen, dann in einen hohen Topf (20 cm Ø) mit 3 l kaltem Wasser geben und aufkochen lassen. Jetzt erst 1 TL Salz dazugeben. Offen bei kleiner Hitze 1 Std. sanft kochen lassen. Den dabei auftretenden Schaum abschöpfen.

2 Die Möhren und den Sellerie schälen. Den Sellerie halbieren. Den Lauch putzen, der Länge nach halbieren und gründlich – auch zwischen den Blättern – waschen. Die Zwiebel und den Knoblauch schälen und halbieren. Die Wacholderbeeren am besten im Mörser leicht andrücken. Die Petersilienstängel waschen.

3 Alle übrigen Zutaten zur Brühe geben und diese zugedeckt weitere 1 Std. 30 Min. garen.

4 Am Ende der Garzeit das Gemüse und das Suppenhuhn aus der Brühe heben. Die Brühe in einen Topf passieren, gleich weiterverwenden oder kochend heiß in die vorbereiteten Gläser füllen und kühl aufbewahren.

FISCHFOND

Basis für feine Fischsuppen und -saucen

Für 3 Gläser (je 500 ml)
Zubereitungszeit ca. 30 Min. · Garzeit 50 Min.
pro Glas 352 kcal
Haltbarkeit 2–3 Monate

1 kg Fischkarkassen (von hellen Meeresfischen)
1 große Tomate · 1/2 Fenchelknolle
1 Stange Staudensellerie · 1 weißes Stück Lauch
60 g weiße Champignons · 1 Knoblauchzehe
100 g Schalotten · 2 Stängel Dill
4 EL Olivenöl · 1 TL Fenchelsamen
1 TL schwarze Pfefferkörner · 1 TL Pimentkörner
1 TL Wacholderbeeren · 3 Lorbeerblätter
2 TL Meersalz · 2 Prisen Safranfäden
1 Msp. Cayennepfeffer · 300 ml trockener Weißwein
200 ml weißer Wermut (z. B. Noilly Prat)
50 ml Anisschnaps (z. B. Pernod)
Außerdem:
Küchen- oder Mulltuch
3 Twist-off- oder Einmachgläser (sterilisiert, s. S. 6)

1 Karkassen mit einer Schere in grobe Stücke schneiden und wässern. Dann in einem Sieb gut abtropfen lassen.

2 Inzwischen das Gemüse (bis auf die Pilze) waschen. Tomate vierteln und Stielansatz entfernen. Fenchel, Sellerie und Lauch putzen und grob zerkleinern. Champignons trocken abreiben, putzen und vierteln. Knoblauch und Schalotten schälen und halbieren. Dill waschen und trocken schütteln.

3 Das Olivenöl in einem großen weiten Topf erhitzen und die Karkassen darin bei mittlerer Hitze ca. 3 Min. anbraten. Alle Würzzutaten einrühren. Alle übrigen Zutaten und 1,2 l kaltes Wasser dazugeben. In 10 Min. langsam aufkochen lassen. Den auftretenden Schaum abschöpfen. Den Fond zugedeckt bei schwacher Hitze ca. 20 Min. sanft kochen lassen. Den Fond vom Herd nehmen, 20–30 Min. ziehen lassen und durchpassieren. Erneut aufkochen, dann in die vorbereiteten Gläser füllen. Kühl aufbewahren.

GEMÜSEFOND

auch als klare Suppe genießen

Für 4 Gläser (je 500 ml) · Zubereitungszeit ca. 30 Min. · Garzeit 1 Std. 30 Min. pro Glas 160 kcal · Haltbarkeit 2–3 Monate

1 große Zwiebel · 150 g Knollensellerie
200 g Möhren · 1 Petersilienwurzel
200 g Staudensellerie · 1 kleine Knoblauchzehe
200 g Tomaten · 60 g Champignons · 80 g Lauch
6–8 Petersilienstängel ohne Blätter
1 Zweig Liebstöckel · 2 EL Olivenöl · 2 Prisen Salz
1/2 TL Wacholderbeeren · 1 TL schwarze Pfefferkörner · 2 Lorbeerblätter · 1/2 TL Pimentkörner

Außerdem:
Küchen- oder Mulltuch
4 Twist-off- oder Einmachgläser (sterilisiert, s. S. 6)

1 Zwiebel, Knollensellerie, Möhren und Petersilienwurzel schälen und in ca. 3 cm große Würfel schneiden. Den Staudensellerie waschen, putzen und ebenfalls würfeln. Den Knoblauch schälen und halbieren.

2 Die Tomaten waschen, von Stielansätzen befreien und in grobe Würfel schneiden. Die Champignons trocken abreiben, putzen und halbieren. Den Lauch längs halbieren und waschen. Die Petersilie und den Liebstöckel waschen und trocken schütteln.

3 Das Olivenöl in einem großen Topf erhitzen, Zwiebeln, Knoblauch, Knollensellerie, Möhren und Petersilienwurzel darin 5 Min. anbraten und mit Salz würzen. Dann Staudensellerie, Tomaten und Champignons dazugeben, mit 2,5 l Wasser aufgießen und aufkochen. Den auftretenden Schaum abschöpfen. Bei kleiner Hitze zugedeckt ca. 45 Min. kochen.

4 Nun Petersilienstängel, Liebstöckel, Lauch, Wacholder, Pfeffer, Lorbeerblätter und Pimentkörner einlegen und den Fond zugedeckt weitere 45 Min. sanft kochen. Den Sud durchpassieren und das Gemüse verwerfen. Den Fond aufkochen und in die vorbereiteten Gläser füllen. Kühl aufbewahren.

ASIAFOND

zum Aufgießen von Saucen, Suppen, Currys

Für 3 Gläser (je 400 ml)
Zubereitungszeit ca. 25 Min. · Garzeit 55 Min.
pro Glas 136 kcal · Haltbarkeit 2–3 Monate

1 Zwiebel · 1 Möhre · 2 Stangen Staudensellerie
1 Stück frischer Ingwer (ca. 2 cm) · 1 Stück Galgant (ca. 2 cm; Asienladen) · 1 Knoblauchzehe
2 Stängel Zitronengras (Asienladen)
2 getrocknete Shiitake-Pilze
4 Kaffirlimettenblätter (Asienladen)
1 TL brauner Zucker · 1 frische kleine Chilischote
Außerdem:
Küchen- oder Mulltuch
3 Twist-off- oder Einmachgläser (sterilisiert, s. S. 6)

1 Die Zwiebel schälen und in grobe Würfel schneiden. Möhre schälen. Staudensellerie waschen, putzen und mit der Möhre in ca. 3 cm große Würfel schneiden. Ingwer und Galgant mit dem Sparschäler grob schälen und in dünne Scheiben schneiden. Den Knoblauch schälen und in Scheiben schneiden. Das Zitronengras am dickeren Ende flach klopfen und in Scheiben schneiden. Die Pilze je nach Größe halbieren oder vierteln. Die Limettenblätter grob zerzupfen.

2 Den Zucker in einen kleinen hohen Topf geben und bei mittlerer Hitze in 1–2 Min. hellbraun karamellisieren. Zwiebel, Möhre und Staudensellerie dazugeben und ca. 2 Min. anbraten. Dabei mit einem Kochlöffel immer wieder umrühren, damit nichts ansetzt.

3 Ingwer, Galgant, Knoblauch, Zitronengras, Pilze und Limettenblätter dazugeben und alles weitere 2 Min. braten. 1,5 l Wasser dazugießen und aufkochen lassen. Die Chilischote einlegen und die Brühe zugedeckt bei kleiner Hitze ca. 30 Min. sanft kochen lassen.

4 Den Topf vom Herd nehmen und die Brühe noch ca. 25 Min. ziehen lassen. Den Fond in einen zweiten Topf passieren, aufkochen und in die vorbereiteten Gläser füllen. Kühl aufbewahren.

KRÄFTIGE OCHSENSCHWANZBRÜHE

ein endlich wiederentdeckter Klassiker

Für 4 Gläser (je 500 ml)
Zubereitungszeit ca. 1 Std. · Garzeit 3 Std. 30 Min.
pro Glas 382 kcal
Haltbarkeit 2–3 Monate

1,5 kg Ochsenschwanz (in Stücken)
2 Knoblauchzehen · 2 Zwiebeln · 1 große Möhre
4 Stangen Staudensellerie · 1 Stange Lauch
4 EL Sonnenblumenöl · 2 EL Tomatenmark
1/2 l Weißwein · 3 Zweige Thymian · 3 Zweige Rosmarin · 3 Nelken · 4 Pimentkörner · Salz
Pfeffer · 3–4 EL trockener Sherry oder Madeira
Außerdem:
Küchen- oder Mulltuch
4 Twist-off- oder Einmachgläser (sterilisiert, s. S. 6)

1 Die Ochsenschwanzstücke abwaschen und trocken tupfen. Den Knoblauch schälen und in dünne Scheiben schneiden. Zwiebeln und Gemüse waschen oder schälen und putzen und in grobe Stücke schneiden.

2 Öl in einem großen Topf erhitzen. Die Ochsenschwanzstücke darin rundherum bei mittlerer bis starker Hitze kräftig anbraten. Knoblauch und Gemüse ca. 5 Min. bei mittlerer Hitze unter Rühren mitbraten.

3 Das Tomatenmark 1–2 Min. unter Rühren mitrösten. Mit 100–150 ml Wein ablöschen. Wein vollständig einkochen lassen, dabei unter Rühren den Bratensatz lösen. Den Vorgang zweimal wiederholen, dabei den Wein beim letzten Mal nur leicht einkochen lassen. Kräuter waschen, mit Gewürzen dazugeben, 2 l Wasser zugießen, salzen und pfeffern. Aufkochen lassen, dann zugedeckt bei geringer Hitze 3–3 1/2 Std. kochen lassen. Eventuell aufsteigenden Schaum abschöpfen.

4 Fleisch herausnehmen, Brühe in einen Topf passieren. Mit Sherry oder Madeira, Salz und Pfeffer abschmecken. Aufkochen und in die vorbereiteten Gläser füllen. Kühl aufbewahren. Oder das Fleisch von den Knochen lösen, in die Brühe geben und gleich servieren.

WILDFOND

herbstliches Schmankerl für kräftige Saucen

Für 4 Gläser (je 400 ml)
Zubereitungszeit ca. 45 Min. · Garzeit 2 Std.
pro Glas 261 kcal · Haltbarkeit 2–3 Monate

1,2 kg Wildknochen (in Stücken) · 1 Zwiebel
250 g Knollensellerie · 1 Möhre · 2 EL Öl
1 EL Tomatenmark · 200 ml Rotwein · 2–3 Zweige Thymian · 2 Lorbeerblätter · 1 TL schwarze Pfefferkörner · 1 TL Pimentkörner · 1 TL Wacholderbeeren
10 g getrocknete Champignons
Außerdem:
Küchen- oder Mulltuch
4 Twist-off- oder Einmachgläser (sterilisiert, s. S. 6)

1 Den Backofen auf 220° vorheizen. Knochen auf dem Blech verteilen und im Ofen in 20 Min. goldbraun rösten, dabei mehrmals wenden bzw. vom Blech lösen.

2 Ca. 200 ml Wasser aufs Blech gießen, den Bratensatz mit einem Bratenwender lösen und alles noch 5 Min. garen. Die Zwiebel schälen, halbieren und in ca. 1 cm große Würfel schneiden. Den Sellerie und die Möhre schälen und ebenfalls klein schneiden.

3 Das Öl in einem Topf erhitzen. Zwiebel, Sellerie und Möhre bei mittlerer Hitze ca. 4 Min. rösten. Tomatenmark einrühren, 2 Min. weiterrösten, dann mit Rotwein ablöschen. Knochen und Bratensatz dazugeben und 2 Min. kochen. 2,5 l Wasser angießen. Alles aufkochen und zugedeckt ca. 1 Std. sanft kochen lassen. Bei Bedarf aufsteigenden Schaum entfernen.

4 Thymian waschen, trocken schütteln. Lorbeerblätter grob zerkleinern. Pfefferkörner, Pimentkörner, Wacholderbeeren und Champignons im Mörser grob zerstoßen. Alles zum Fond geben und 1 weitere Std. zugedeckt sanft kochen lassen.

5 Fond durch ein Sieb passieren. Erneut aufkochen, dann in die vorbereiteten Gläser füllen. Kühl aufbewahren.

PREISELBEERSAUCE

Variante aus Amerika

Für 4 Gläser (je 300 ml)
Zubereitungszeit ca. 15 Min.
pro 100 ml 250 kcal
Haltbarkeit 12 Monate

400 g Rohrohrzucker (z. B. Muscovadozucker)
500 ml Portwein (oder Apfelsaft) · 2 Bio-Orangen
750 g Preiselbeeren (oder Cranberrys)
1 TL Lebkuchengewürz · Pfeffer
Außerdem:
4 Twist-off-Gläser (sterilisiert, s. S. 6)

1 Den Zucker mit Portwein oder Apfelsaft in einem Topf aufkochen und offen in 6–8 Min. sirupartig einkochen lassen. Die Orangen heiß waschen und abtrocknen. Die Schale von 1 Orange abreiben. Den Saft von beiden Orangen auspressen. Die Preiselbeeren waschen, verlesen und abtropfen lassen.

2 Die Preiselbeeren zusammen mit Orangensaft und -schale in den Portweinsirup geben, alles aufkochen und bei mittlerer Hitze 15–20 Min. kochen lassen, bis die meisten Beeren geplatzt sind.

3 Die Sauce mit Lebkuchengewürz und 1 kräftigen Prise Pfeffer würzen. Die kochend heiße Masse sofort in die vorbereiteten Gläser füllen und diese verschließen. Die Sauce schmeckt warm und kalt.

PROFI-TIPP

Preiselbeeren sind nicht so leicht zu bekommen. Am besten Mitte August bis Anfang September auf dem Wochenmarkt oder beim Gemüsehändler danach Ausschau halten. Manchmal findet man sie auch eingefroren. **Cranberrys** sind mittlerweile im Herbst auch in vielen Supermärkten erhältlich, sie eignen sich für dieses Rezept ebenso gut.

HAGEBUTTENSAUCE

fruchtig-fein – zu Wild- und Schmorgerichten

Für 3 Gläser (je 250 ml)
Zubereitungszeit ca. 10 Min.
pro 100 ml 150 kcal
Haltbarkeit 12 Monate

1/2 EL Pfefferkörner
3 Wacholderbeeren
5 Pimentkörner · 1 Nelke
1 getrocknetes Lorbeerblatt
1/2 TL Kardamomsamen
500 g Zwiebeln
2 Bio-Orangen
2 EL Rapsöl
125 ml Apfelsaft
100 g brauner Zucker
1 TL Salz
300 g ungesüßtes Hagebuttenmark
(z. B. Reformhaus)
2 EL Apfelessig
Außerdem:
3 Twist-off-Gläser (sterilisiert, s. S. 6)

1 Alle Gewürze im Blitzhacker oder in einer Gewürzmühle so fein wie möglich mahlen. Die Zwiebeln schälen und würfeln. Die Orangen heiß waschen und abtrocknen, die Schale abreiben und den Saft auspressen.

2 Das Öl erhitzen, die Zwiebeln und die Orangenschale darin 2–3 Min. anschwitzen. Mit Apfel- und Orangensaft ablöschen. Die Gewürzmischung sowie Zucker und Salz dazugeben und die Zwiebeln offen bei kleiner Hitze in ca. 20 Min. weich kochen.

3 Das Hagebuttenmark unter die Zwiebeln rühren, mit Essig abschmecken und ca. 2 Min. sanft kochen lassen. Die kochend heiße Masse sofort in die vorbereiteten Gläser füllen und diese verschließen.

OBEN Preiselbeersauce
UNTEN Hagebuttensauce

PFLAUMEN-CUMBERLAND

schnell aus dem Vorrat gezaubert

Für 1 Glas (250 ml)
Zubereitungszeit ca. 15 Min.
Einweichzeit 12 Std.
pro Glas 320 kcal
Haltbarkeit 3 Monate

100 g Trockenpflaumen
ca. 150 ml Orangensaft
1 Zweig Thymian
2 EL Dijon-Senf
Worcestersauce
Pfeffer
Außerdem:
1 Twist-off-Glas (sterilisiert, s. S. 6)

1 Die Trockenpflaumen grob zerkleinern, in einer kleinen Schüssel mit dem Orangensaft verrühren und darin über Nacht einweichen.

2 Am nächsten Tag den Thymian waschen und trocken schütteln, die Blättchen abzupfen. Mit Senf, Pflaumen und der Einweichflüssigkeit mit dem Pürierstab fein zermusen. Bei Bedarf etwas Orangensaft dazugeben.

3 Die Sauce mit Worcestersauce und Pfeffer abschmecken. Nochmals aufkochen, dann in das vorbereitete Glas füllen. Pflaumencumberland kalt zu Wild- und anderen Fleischgerichten oder zu Käse servieren.

SCHALOTTEN-CONFIT

leuchtend rote Geschmacksbombe

Für 4 Gläser (je 210 ml)
Zubereitungszeit ca. 25 Min.
pro Glas 160 kcal
Haltbarkeit 3 Monate

500 g rote Zwiebeln
2 EL Rapsöl · 1 EL Tomatenmark
200 ml Madeirawein
200 ml milder Rotwein
Salz · 2 EL Aceto balsamico
1 EL Preiselbeerkonfitüre
Pfeffer
Außerdem:
4 Twist-off-Gläser (sterilisiert, s. S. 6)

1 Die Zwiebeln schälen und sehr fein würfeln. Das Öl in einer beschichteten Pfanne erhitzen, die Zwiebeln darin glasig braten. Das Tomatenmark unterrühren und mit beiden Weinsorten ablöschen.

2 Die Sauce salzen und zuerst zugedeckt bei mittlerer Hitze ca. 5 Min., dann offen ca. 10 Min. sanft kochen lassen, bis die Flüssigkeit beginnt dick zu werden.

3 Die Sauce mit Essig, Konfitüre und Pfeffer abschmecken. Nochmals aufkochen, dann in die vorbereiteten Gläser füllen. Das Schalotten-Confit passt zu Steak, kaltem Braten, Pastete und würzigem Käse.

BALSAMESSIG-GELEE

besser als aus dem Feinkostladen

Für 7 Gläser (je 250 ml)
Zubereitungszeit ca. 25 Min.
pro 100 ml 259 kcal
Haltbarkeit 12 Monate

8 Zweige Thymian (nach Belieben)
500 ml Aceto balsamico
700 ml Apfel- oder Birnensaft
1 kg Gelierzucker 1 : 1
Außerdem:
Küchengarn
7 Twist-off-Gläser (sterilisiert, s. S. 6)

1 Die Thymianzweige waschen und trocken schütteln, mit Küchengarn zusammenbinden. Den Aceto balsamico und den Apfelsaft mit dem Gelierzucker und dem Thymian in einem großen Topf aufkochen, dabei häufig umrühren. Das Ganze nach Packungsanweisung ca. 4 Min. sprudelnd kochen lassen.

2 Den Topf vom Herd nehmen, die Kräuter entfernen. Das Gelee sofort in die vorbereiteten Gläser füllen.

GENUSS-TIPP
Dieses Gelee schmeckt mit Frischkäse auf Brot und begleitet Käseplatten. Aber vor allem eignet es sich wunderbar, um Kirschen zu marinieren, Schmorsaucen abzuschmecken oder um **Dips und Salatsaucen** zarten Glanz, feine Säure und eine ganz leichte Bindung zu geben.

SÜSSSAUER-SCHARFE MIRABELLENSAUCE

perfekt zu knusprigen Frühlingsrollen

Für 2 Gläser (je 250 ml)
Zubereitungszeit ca. 90 Min.
pro 100 ml 238 kcal
Haltbarkeit 6 Monate

600 g Mirabellen · 150 g Zucker
250 ml Weißwein (trocken, ersatzweise Apfelsaft)
4 EL Weißweinessig
1 Chilischote (je nach Geschmack auch mehrere)
1 TL Salz · 1/2 Zimtstange
4 Lorbeerblätter · 1 TL gemahlener Ingwer
1 TL gemahlene Kurkuma
Außerdem:
2 Twist-off-Gläser (sterilisiert, s. S. 6)

1 Die Mirabellen waschen. Den Zucker in einem schweren Topf mit 4 EL Wasser kochen, bis er beginnt zu karamellisieren. Den Karamell mit Weißwein und Essig ablöschen und die Mirabellen dazugeben. Zugedeckt bei schwacher Hitze 15 Min. kochen, bis die Früchte zu zerfallen beginnen. Die Mirabellen mit einem Passiergerät (grobe Scheibe) passieren. Oder ein großes Nudelsieb auf eine passende Schüssel stellen, die Früchte hineingeben und mit einem Kochlöffel oder einem Teigschaber durch das Sieb passieren.

2 Chili putzen, waschen, klein hacken und mit den Gewürzen zum Fruchtpüree geben. Unter ständigem Rühren in ca. 30 Min. sämig einkochen. Zimtstange und Lorbeer entfernen, die Sauce in die vorbereiteten Gläser füllen.

DER LIEBLINGSKLASSIKER

GRÜNE CURRYPASTE

für alle, die scharf auf Thai-Küche sind

Für 1 Glas (250 ml)
Zubereitungszeit ca. 30 Min.
pro Glas 125 kcal
Haltbarkeit 2–3 Monate

1 Schalotte · 5 Knoblauchzehen
1 Stück frischer Galgant oder Ingwer (ca. 2 cm)
2 große grüne Chilischoten
1 Bio-Limette · 2 Stangen Zitronengras
1 Bund Koriandergrün (unbedingt mit Wurzeln!)
1 TL Kreuzkümmelsamen
1 TL Koriandersamen
1/2 TL schwarze Pfefferkörner
Salz · 1 TL Garnelenpaste
1 TL dunkelbrauner Roh-Rohrzucker
(nach Belieben, z. B. Muscovado)
Außerdem:
1 Twist-off-Glas (sterilisiert, s. S. 6)

1 Die Schalotte und die Knoblauchzehen schälen und fein würfeln. Galgant oder Ingwer schälen und fein reiben (es sollte mindestens 1 EL sein). Die Chilischoten waschen, entstielen und fein hacken (Kerne und Trennwände nur entfernen, wenn die Paste weniger scharf werden soll). Limette heiß waschen und abtrocknen, Schale fein abreiben. Zitronengras waschen, putzen und die unteren hellen Hälften in feine Ringe schneiden.

2 Das Koriandergrün waschen und die Wurzeln sauber bürsten, trocken schütteln. So viel von den Wurzeln fein hacken, dass die Menge ca. 1 EL ergibt. Koriandergrün ebenfalls hacken, es sollten mindestens 5 EL sein.

3 Die Kreuzkümmel- und Koriandersamen in einer Pfanne trocken rösten, bis sie aromatisch duften. Zusammen mit dem Pfeffer fein mörsern.

4 Alle vorbereiteten Zutaten zusammen mit einer Prise Salz, der Garnelenpaste und eventuell dem Zucker in einen elektrischen Blitzhacker geben und zu einer feinen Paste pürieren (das kann 2–3 Min. dauern!), dabei die Paste immer wieder mit einem Gummispatel von den Seiten kratzen. Nur wenn unbedingt nötig, esslöffelweise etwas Wasser zum Verdünnen zugeben.

5 Die Currypaste in das vorbereitete Glas füllen, dieses gut verschließen und im Kühlschrank aufbewahren.

PROFI-TIPP
Traditionell wird eine Currypaste zwar im Mörser zubereitet, aber ein elektrischer **Blitzhacker** oder eine **Küchenmaschine** mit Schneideeinsatz liefern ein absolut zufriedenstellendes Ergebnis – vor allem, wenn man den deutlich geringeren Zeit- und Kraftaufwand betrachtet.

VARIANTE

UMAMI-PASTE

Für 1 Glas (150 ml) · Zubereitungszeit ca. 10 Min.
pro Glas 737 kcal · Haltbarkeit 2–3 Monate

- Im elektrischen Blitzhacker 50 g frisch geriebenen Parmesan, 50 g in Öl eingelegte, getrocknete Tomaten, 2 TL Steinpilzpulver (ersatzweise getrocknete Steinpilze mahlen), 2 EL Rapsöl und ein paar entsteinte schwarze Oliven und/oder Anchovis fein pürieren, bis eine cremige Paste entstanden ist.
- In ein sterilisiertes Glas füllen und mit einem Ölspiegel bedecken. Das Glas gut verschließen und im Kühlschrank aufbewahren. Umami dient als Würzpaste für Suppen und Saucen aller Art.

GREEN
CURRY
EN CURRY

HARISSA – SCHARFE PAPRIKAPASTE

scharf und würzig – aus Nordafrika

Für 2 Gläser (je 210 ml)
Zubereitungszeit ca. 30 Min. · Garzeit 25 Min.
pro Glas 491 kcal
Haltbarkeit 2–3 Monate

2 große rote Paprikaschoten
2 Knoblauchzehen · 5 frische Chilischoten
1 TL gemahlener Kreuzkümmel · 1/2 TL gemahlener Koriander · Meersalz · ca. 100 ml Olivenöl
Außerdem:
Backpapier · 2 Twist-off-Gläser (sterilisiert, s. S. 6)

1 Den Ofen auf 250° vorheizen. Paprikaschoten waschen, halbieren, Stielansätze und Kerne entfernen. Ein Blech mit Backpapier belegen, die Schoten mit der Haut nach oben darauflegen und im Ofen (Mitte) 25 Min. garen.

2 Ein nasses Küchentuch auf die Schoten legen und diese 5 Min. ruhen lassen. Die Schoten häuten und hacken. Den Knoblauch schälen, durch die Knoblauchpresse drücken und dazugeben.

3 Die Chilischoten waschen und halbieren, die Stielansätze und Kerne entfernen. Die Hälften hacken. Paprika, Knoblauch, Chili, Gewürze und 1 EL Meersalz mit 50 ml Öl im Mixer zu einer Paste pürieren.

4 Die Paste ohne Luftblasen dicht in die vorbereiteten Gläser füllen. Die Oberfläche mit Olivenöl bedecken. Die Gläser schließen und im Kühlschrank aufbewahren.

ROTE THAI-CURRY-PASTE

mit besonderer Note – einfach

Für 2 Gläser (je 275 ml)
Zubereitungszeit ca. 30 Min.
pro Glas 266 kcal
Haltbarkeit 2–3 Monate

8 frische rote Chilischoten
8 TL Korianderkörner · 4 TL Kreuzkümmelsamen
8 Stängel Zitronengras
1 Stück frischer Ingwer (ca. 4 cm)
8 Schalotten · 6 Knoblauchzehen
5 TL edelsüßes Paprikapulver
abgeriebene Schale und Saft von 2 Bio-Limetten
Salz · 3 EL Sonnenblumenöl
Außerdem:
2 Twist-off-Gläser (sterilisiert, s. S. 6)

1 Die Chilischoten waschen und längs halbieren, die Stielansätze und Kerne entfernen. Die Schoten in Stückchen schneiden. Eine Bratpfanne mittelstark erhitzen. Koriander und Kreuzkümmel darin 5 Min. rösten und anschließend im Mörser zu Pulver zerreiben.

2 Vom Zitronengras die äußeren Blätter entfernen und das untere weiche Drittel hacken. Den Ingwer schälen und würfeln. Die Schalotten und die Knoblauchzehen schälen und klein würfeln. Zusammen mit Chilischoten, Gewürzen, Limettenschale, Limettensaft, 2 TL Salz und 3 EL Öl in der Küchenmaschine zu einer groben Paste verarbeiten. Diese in die vorbereiteten Gläser füllen, verschließen und kühl aufbewahren.

SAMBAL OELEK

scharfe indonesische Würzpaste

Für 2 Gläser (je 210 ml)
Zubereitungszeit ca. 45 Min. · Garzeit 30 Min.
pro Glas 176 kcal
Haltbarkeit 3–4 Monate

500 g Tomaten · 1 rote Paprikaschote
10 kleine rote Chilischoten (nach Geschmack mehr oder weniger) · 1 kleine Zwiebel
3 Knoblauchzehen
2 EL Erdnuss- oder Sonnenblumenöl
2 EL gemahlener Galgant (Asienladen)
2 EL gemahlener Koriander
1 EL Tamarindenpaste (Asienladen) · Salz
Außerdem:
2 Twist-off-Gläser (sterilisiert, s. S. 6)

1 Die Tomaten kreuzweise einritzen und mit kochendem Wasser überbrühen. 5 Min. ziehen lassen. Häuten, halbieren und entkernen, das Fruchtfleisch klein würfeln. Paprika und Chili waschen. Die Paprika halbieren, Stielansatz und Kerne entfernen. Die Schote würfeln. Chili längs halbieren, Stielansatz und die Hälfte der Kerne entfernen. Schoten und restliche Kerne hacken.

2 Zwiebel und Knoblauch schälen, fein würfeln. Öl im Wok oder in der Pfanne mittelstark erhitzen, Zwiebeln und Knoblauch glasig braten. Paprika, Tomaten und Chili zugeben. 5 Min. unter Rühren bei schwacher Hitze dünsten.

3 Galgant, Koriander, Tamarinde und 1 TL Salz unter den Pfanneninhalt rühren. 30 Min. zugedeckt dünsten. Das Sambal Oelek heiß in die vorbereiteten Gläser füllen.

GEMÜSEWÜRZPASTE

zum Würzen von Suppen und Saucen

Für 3 Gläser (je 210 ml)
Zubereitungszeit ca. 45 Min.
pro Glas 113 kcal
Haltbarkeit 2–3 Monate

je 200 g Zwiebeln und Petersilienwurzeln
je 250 g Möhren und Knollensellerie
50 g Sellerieblätter · je 100 g Petersilie und Liebstöckel · 150 g Tomaten · 150 g Meersalz
Außerdem:
3 Twist-off-Gläser (sterilisiert, s. S. 6)

1 Zwiebeln, Petersilienwurzeln, Möhren und Knollensellerie schälen. Alles in grobe Würfel schneiden. Sellerieblätter, Petersilie und Liebstöckel waschen und trocken schütteln, die Blätter grob hacken. Die Tomaten waschen und halbieren, die Kerne und den Saft entfernen und das Tomatenfleisch würfeln.

2 Gemüse, Kräuter und Tomaten im Mixer fein zerkleinern. Alles in eine Schüssel geben und das Salz unterrühren. Das Gemüse in die vorbereiteten Gläser füllen und gut festdrücken. Die Gläser verschließen und im Kühlschrank aufbewahren. Oder als kleine Portionen in Eiswürfelbehälter füllen und einfrieren.

GENUSS-TIPP

Ob für eine herzhafte Suppe oder Bratensauce, die Gemüsepaste ist eine **gesunde Alternative** zu gekörnter Brühe oder zum Brühwürfel. Sie enthält keine Geschmacksverstärker und würzt doch kräftiger als fertig gekaufte Würzhilfen.

DER LIEBLINGSKLASSIKER

BASILIKUMPESTO

ligurisches Comfort Food

Für 1 Glas (250 ml)
Zubereitungszeit ca. 10 Min.
pro Glas 1780 kcal
Haltbarkeit 2 Monate

3 EL Pinienkerne
2 Bund Basilikum
(ca. 50 g Basilikumblätter)
2 Knoblauchzehen
Salz · ca. 150 ml Olivenöl
50 g Parmesan
Außerdem:
1 Twist-off-Glas (sterilisiert, s. S. 6)

1 Die Pinienkerne in einer Pfanne ohne Fett unter Rühren hellbraun rösten, dann herausnehmen und auf einem Teller abkühlen lassen.

2 Die Basilikumblätter abzupfen, waschen und gründlich trockentupfen (je weniger Wasser ins Pesto kommt, desto besser hält es sich). Den Knoblauch schälen und grob zerkleinern. Das Basilikum und den Knoblauch zusammen mit 1/2 TL Salz im Blitzhacker pürieren (für eine schöne grüne Farbe immer zuerst Basilikum und Salz mixen). Das Olivenöl dabei nach und nach untermixen.

3 Die Pinienkerne dazugeben und fein mixen. Je nach Mixer eventuell noch etwas Öl dazugießen, damit das Messer alles gut transportiert. Den Parmesan reiben und unterrühren.

4 Das Pesto in das vorbereitete Glas füllen, glatt streichen und mit einer dünnen Schicht Olivenöl bedecken. Das Glas verschließen und in den Kühlschrank stellen. Oder das Pesto in Eiswürfelbehältern einfrieren.

AROMA-TIPP

Für das Pesto frischen oder frisch getrockneten **Knoblauch** verwenden, denn Lager-Knoblauch schmeckt oft muffig. Leichte **Olivenöle**, zum Beispiel aus Ligurien, machen das Pesto besonders elegant. Wer dieses Grundrezept einmal selbst ausprobiert hat, wird nie wieder fertiges Pesto kaufen, sondern immer ein Glas im Vorrat haben.

TUNING-TIPP

Für ein stärkeres **Nussaroma** und mehr **Basilikumduft** das Pesto ohne Parmesan und Knoblauch zubereiten und die fein pürierte Masse durch ein feines Sieb streichen. Diese besonders delikate Pestovariante schmeckt am Tag der Zubereitung am besten. Sie hält sich aber im Kühlschrank genauso lange wie der Klassiker.

VARIANTE

WILDKRÄUTER-PESTO

Für 1 Glas (250 ml) · Zubereitungszeit ca. 10 Min.
pro Glas 1660 kcal · Haltbarkeit 2 Monate

- 60 g gemischte Wildkräuterblätter (z. B. zarter Giersch, Wiesenknopf, Beinwell, Sauerampfer, Knoblauchrauke) grob hacken. Mit 30 g Mandeln, 1 TL abgeriebener Bio-Zitronenschale und 3 EL Olivenöl in einem hohen Rührbecher mit dem Pürierstab pürieren. 120 ml Olivenöl nach und nach hinzufügen.
- 30 g geriebenen Manchego (spanischer Schafskäse) unterrühren und das Pesto in ein sterilisiertes Glas füllen. Glatt streichen und mit einer dünnen Schicht Olivenöl bedecken. Das Glas verschließen und in den Kühlschrank stellen.

TOMATENPESTO

kann immer als Vorrat im Kühlschrank stehen

Für 1 Glas (250 ml)
Zubereitungszeit ca. 10 Min.
pro Glas 1260 kcal
Haltbarkeit 2 Monate

100 g in Öl eingelegte getrocknete Tomaten
2 Knoblauchzehen
1 Bund Basilikum
1/2 getrocknete Chilischote
2 EL Pinienkernen
50 ml Olivenöl
50 g frisch geriebener Parmesan
1 TL Aceto balsamico · Salz
Außerdem:
1 Twist-off-Glas (sterilisiert, s. S. 6)

1 Die eingelegten Tomaten abtropfen lassen und grob in Würfel schneiden. Die Knoblauchzehen schälen und grob hacken. Die Basilikumstängel waschen und gut trocken schütteln, die Blätter abzupfen und zusammen mit Tomatenwürfeln, gehacktem Knoblauch, der Chilischote, den Pinienkernen und dem Olivenöl im Mixer zu einer möglichst feinen Masse pürieren.

2 Den frisch geriebenen Parmesan und den Aceto balsamico unterrühren. Das Pesto salzen.

3 Das Pesto in das vorbereitete Glas füllen, glatt streichen und mit einer Schicht Olivenöl bedecken. Im Kühlschrank aufbewahren. Zum Servieren mit 1–2 EL heißem Nudelkochwasser cremig rühren. Es schmeckt zu schmalen Bandnudeln (s. Rezept S. 222) oder Fusilli.

OLIVENPESTO

auch als Aufstrich für Crostini

Für 1 Glas (210 ml)
Zubereitungszeit ca. 10 Min.
pro Glas 820 kcal
Haltbarkeit 2 Monate

100 g grüne Oliven ohne Stein
1 EL Kapern
2 EL geschälte Mandeln
50 ml Olivenöl
4 Stängel Petersilie
30 g frisch geriebener Parmesan
Salz · Pfeffer
1 TL rosenscharfes Paprikapulver
Außerdem:
1 Twist-off-Glas (sterilisiert, s. S. 6)

1 Die Oliven grob hacken. Mit den Kapern, den Mandeln und dem Olivenöl im Mixer fein pürieren.

2 Die Petersilie waschen und trocken schütteln, die Blättchen fein hacken. Mit dem frisch geriebenen Parmesan unter die Paste rühren. Das Pesto mit Salz, Pfeffer und Paprikapulver pikant abschmecken.

3 Das Pesto in das vorbereitete Glas füllen, glatt streichen und mit einer Schicht Olivenöl bedecken. Im Kühlschrank aufbewahren. Zum Servieren mit 1–2 EL heißem Nudelkochwasser cremig rühren. Es schmeckt zu breiten Bandnudeln (s. Rezept S. 222).

KRESSE-ZITRONEN-PESTO

erfrischend und kräuterwürzig

Für 1 Glas (210 ml)
Zubereitungszeit ca. 10 Min.
pro Glas 536 kcal
Haltbarkeit 2 Monate

1/2 Bio-Zitrone · 2 Kästchen Gartenkresse
(oder 1 Bund Brunnenkresse)
2 EL Pinienkerne · 40 ml Olivenöl
1 Knoblauchzehe · 1 TL Honig · Salz · Pfeffer
Außerdem:
1 Twist-off-Glas (sterilisiert, s. S. 6)

1 Die Bio-Zitrone heiß waschen, abtrocknen, die Schale fein abreiben und Saft auspressen. Die Blättchen von der Gartenkresse abschneiden. Oder 1 Bund Brunnenkresse waschen und trocken schütteln, die Blätter von den Stielen zupfen. Die Kresse mit den Pinienkernen und dem Olivenöl im Mixer fein pürieren.

2 Die Knoblauchzehe schälen und dazupressen. Die abgeriebene Zitronenschale und 1 TL Zitronensaft sowie den Honig unterrühren. Das Pesto mit Salz und Pfeffer oder Cayennepfeffer würzen und pikant abschmecken.

3 Das Pesto in das vorbereitete Glas füllen, glatt streichen und mit einer Schicht Olivenöl bedecken. Im Kühlschrank aufbewahren. Zum Servieren mit 1–2 EL heißem Nudelkochwasser cremig rühren. Es schmeckt zu Bandnudeln (s. Rezept S. 222), z. B. mit Spargelspitzen gemischt. Dazu frisch geriebenen Pecorino reichen.

STEINPILZPESTO

wunderbar aromatisch

Für 1 Glas (250 ml)
Zubereitungszeit ca. 20 Min. · Ruhezeit 30 Min.
pro Glas 569 kcal
Haltbarkeit 2 Monate

40 g getrocknete Steinpilze · 1 Schalotte
2 Knoblauchzehen · 5 EL Olivenöl · 1 EL fein gehackte Petersilie · etwas abgeriebene Schale einer Bio-Zitrone · 2 EL frisch geriebener Parmesan
Salz · Pfeffer
Außerdem:
1 Twist-off-Glas (sterilisiert, s. S. 6)

1 Die getrockneten Steinpilze in 250 ml lauwarmem Wasser ca. 30 Min. quellen lassen. Dann abgießen und das Einweichwasser auffangen, die Pilze klein schneiden.

2 Die Schalotte und die Knoblauchzehen schälen und fein hacken. 1 EL Olivenöl erhitzen und beides darin glasig braten. Pilze dazugeben und kurz mitdünsten. 100 ml von dem Einweichwasser dazugießen, die Pilze zugedeckt bei schwacher Hitze ca. 10 Min. dünsten. Abkühlen lassen und mit 4 EL Olivenöl pürieren. Die Petersilie, etwas Zitronenschale und den Parmesan untermischen. Pesto salzen und pfeffern.

3 Das Pesto in das vorbereitete Glas füllen, glatt streichen und mit einer Schicht Olivenöl bedecken. Im Kühlschrank aufbewahren. Zum Servieren mit 1–2 EL heißem Nudelkochwasser cremig rühren. Es schmeckt zu breiten Bandnudeln (s. Rezept S. 222). Zusätzlich mit gerösteten Pinienkernen bestreuen.

TOMATENSAUCE

idealer Vorrat für schnelle Pastasaucen

Für 4 Gläser (je 250 ml)
Zubereitungszeit ca. 15 Min.
Garzeit 1 Std. 15 Min.
pro Glas 220 kcal
Haltbarkeit 12 Monate

1,5 kg Eiertomaten
(ersatzweise Fleischtomaten)
2 Zwiebeln · 2 Knoblauchzehen
6 Stängel Basilikum
2 EL Butter
4 EL Olivenöl · Salz
Pfeffer · Zucker
Außerdem:
4 Twist-off- oder Einmachgläser (sterilisiert, s. S. 6)

1 Tomaten waschen, ohne Stielansätze klein schneiden und in einem Sieb abtropfen lassen. Zwiebeln und Knoblauch schälen, fein hacken. Basilikumblättchen von den Stängeln zupfen und beides beiseitelegen.

2 Die Butter mit dem Öl erhitzen und die Zwiebel- und Knoblauchwürfel darin bei mittlerer Hitze glasig dünsten. Die Basilikumstängel und die Tomaten dazugeben und bei schwacher Hitze 30 Min. schmoren.

3 Durch ein Sieb streichen. Die Basilikumblätter hacken und untermischen. Die Tomatensauce mit Salz, Pfeffer und 1 Prise Zucker abschmecken. In die vorbereiteten Gläser füllen, diese verschließen und 45 Min. im Topf oder im Backofen einkochen (s. S. 105). Kühl und dunkel aufbewahren.

PROFI-TIPP
Eiertomaten haben nur wenig Kerne, sind perfekt zum Kochen und die ideale Grundlage für aromatische Tomatensaucen. Auch für Dosentomaten wird meist diese Sorte verwendet.

PAPRIKA-AUBERGINEN-PASTE »AJVAR«

mild-aromatisch – einfach

Für 3 Gläser (je 210 ml)
Zubereitungszeit ca. 30 Min.
Garzeit 40 Min.
pro Glas 249 kcal
Haltbarkeit 2–3 Monate

600 g rote Paprikaschoten
600 g Auberginen
3–4 Knoblauchzehen
2 EL Rotweinessig
1 TL Salz
1/2 TL Zucker
1 1/2 TL mildes oder scharfes Paprikapulver
50 ml Olivenöl und Olivenöl zum Übergießen
Außerdem:
Backpapier
3 Twist-off-Gläser (sterilisiert, s. S. 6)

1 Den Backofen auf 250° vorheizen. Das Gemüse kalt abspülen, mit dem geschälten Knoblauch auf ein mit Backpapier ausgelegtes Blech legen. Paprikaschoten und Knoblauch 20 Min. im Ofen garen, dann vom Blech nehmen, die Auberginen erst nach 40 Min.

2 Paprikaschoten rasch kalt abspülen und häuten, Stielansatz und Kerne entfernen. Die Schoten grob hacken. Den Knoblauch auf ein Brett legen und mit der breiten Klinge eines großen Messers ausdrücken. Die Auberginen kalt abschrecken, häuten, entkernen und hacken.

3 Das Gemüse und den Knoblauch im Mixer pürieren und in eine Schüssel füllen. Den Essig und die Würzzutaten untermischen und das Öl langsam unterrühren. Ajvar in die vorbereiteten Gläser füllen. Die Oberflächen mit Öl bedecken, die Gläser verschließen und kalt stellen.

NUSSPESTO

für die schnelle Pasta-Küche

Für 2 Gläser (je 125 ml)
Zubereitungszeit ca. 1 Std.
pro Glas 1316 kcal
Haltbarkeit 1–2 Wochen

250 g Walnusskerne (möglichst frische, ersatzweise getrocknete) · 1/2 Bund glatte Petersilie
1 kleine Knoblauchzehe
100 ml Walnussöl (ersatzweise Olivenöl)
4 EL Balsamico-Essig · Salz · Pfeffer
Außerdem:
2 Twist-off-Gläser (sterilisiert, s. S. 6)

1 Bei frischen Walnüssen die feinen Häutchen abziehen. Getrocknete Walnüsse in einer Pfanne ohne Fett unter ständigem Rühren rösten. Die gerösteten Kerne auf ein großes Tuch schütten, zudecken und rubbeln, damit sich die Häutchen lösen. Die Nüsse in ein Sieb geben, das Tuch ausschütteln und den Vorgang wiederholen.

2 Die Petersilie waschen und trocken schütteln, die Blätter abzupfen und fein hacken. Ein Viertel davon beiseitestellen. Den Knoblauch schälen und würfeln. Die Walnüsse grob hacken, mit dem Knoblauch im Blitzhacker sehr fein zerkleinern. Zuletzt den größeren Teil der Petersilie mithacken.

3 Die Masse in eine Schüssel geben. Das Öl in feinem Strahl mit dem Schneebesen unterrühren. Den Essig löffelweise unterrühren, dann 1 TL Salz, 1 gute Prise Pfeffer und die übrige Petersilie. In die vorbereiteten Gläser füllen und im Kühlschrank aufbewahren.

MOJO GRÜN

schön pikant – für Urlaubsstimmung auf dem Tisch

Für 2 Gläser (je 250 ml)
Zubereitungszeit ca. 30 Min.
pro Glas 427 kcal
Haltbarkeit 1–2 Monate

3 Knoblauchzehen
1 grüne Peperonischote
2 Bund Koriandergrün
1 Bund glatte Petersilie
2 Scheiben Toskanabrot oder Ciabatta
Salz · Pfeffer · 8 EL Olivenöl
4–6 EL guter Weißweinessig
Außerdem:
2 Twist-off-Gläser (sterilisiert, s. S. 6)

1 Den Knoblauch schälen und fein hacken. Die Peperoni halbieren, Stiel und Kerne entfernen und die Schotenhälften ausspülen. Die Peperonihälften fein hacken. Die Kräuter waschen und trocken schütteln, die Blättchen abzupfen und fein hacken. Das Brot entrinden und in kleine Stücke zupfen.

2 Knoblauchzehen, Kräuter, Peperoni und Brot in einen Mörser geben und zu einer mittelfeinen Paste verarbeiten. Alles in eine Schüssel geben. 1/2 TL Salz, Pfeffer, Olivenöl und Essig dazugeben und alles gründlich verrühren. Die Sauce in die vorbereiteten Gläser füllen und bis zum Servieren im Kühlschrank aufbewahren.

DAS SCHMECKT DAZU
Auf den Kanaren isst man die Sauce zu sehr salzigen **Mini-Kartoffeln**, die man mit Schale verzehrt.

PESTO ALL'ARRABBIATA

für Chilifans

Für 2 Gläser (je 150 ml)
Zubereitungszeit ca. 15 Min.
pro Glas 829 kcal
Haltbarkeit 2 Monate

2 Knoblauchzehen · 1–2 rote Chilischoten
2 Stiele Basilikum
100 g getrocknete Tomaten in Öl
100 ml Olivenöl · 2 EL geröstete Pinienkerne
2 EL Tomatenmark
1 EL Aceto balsamico · 1 TL Honig
1/2 TL edelsüßes Paprikapulver
30 g frisch geriebener Parmesan
Salz · Pfeffer
Außerdem:
2 Twist-off-Gläser (sterilisiert, s. S. 6)

1 Die Knoblauchzehen schälen und in feine Würfel schneiden. Die Chilischoten waschen, längs halbieren, entkernen und fein hacken. Das Basilikum waschen, gründlich trocken schütteln und die Blätter abzupfen. Die getrockneten Tomaten abtropfen lassen.

2 Knoblauch, Chili und Basilikum mit den getrockneten Tomaten, Olivenöl, Pinienkernen, Tomatenmark, Aceto balsamico, Honig und Paprikapulver fein pürieren.

3 Den frisch geriebenen Parmesan unterheben und das Pesto mit Salz und Pfeffer abschmecken. In die vorbereiteten Gläser füllen, mit einer Schicht Olivenöl bedecken und im Kühlschrank aufbewahren. Zu langen Nudeln oder Penne servieren.

BÄRLAUCHPESTO

würzig-frisches Frühlingsvergnügen

Für 1 Glas (200 ml)
Zubereitungszeit ca. 15 Min.
pro Glas 2000 kcal
Haltbarkeit 2 Monate

120 g Bärlauch
je 30 g Mandeln und Sonnenblumenkerne
1 TL frisch gepresster Zitronensaft
180 ml Olivenöl
50 g frisch geriebener Pecorino oder Parmesan
Salz · Pfeffer
Außerdem:
1 Twist-off-Glas (sterilisiert, s. S. 6)

1 Den Bärlauch waschen, gut trocken tupfen und mitsamt den Stielen grob zerschneiden. Die Mandeln und Sonnenblumenkerne in einer Pfanne ohne Fett unter ständigem Rühren kurz rösten.

2 Bärlauch, Mandeln, Sonnenblumenkerne und Zitronensaft im Blitzhacker oder mit dem Pürierstab je nach Wunsch grob oder fein pürieren, dabei das Öl in einem dünnen Strahl ständig dazugießen. Den Käse unterrühren und das Pesto mit Salz und Pfeffer würzen.

3 Pesto in das vorbereitete Glas füllen, glatt streichen und mit einer Schicht Olivenöl bedecken. Im Kühlschrank aufbewahren. Es schmeckt wunderbar zu Spaghetti, gebratenem Fleisch oder auf gerösteten Brotscheiben.

TOMATENKETCHUP

extra würzig – einfaches Rezept für den Vorrat

Für 2 Flaschen (je 400 ml)
Zubereitungszeit ca. 40 Min.
Garzeit 1 Std.
pro Flasche 216 kcal
Haltbarkeit 3 Monate

1 kg reife Eier- oder Strauchtomaten
250 g Schalotten
3 Knoblauchzehen
1 Stück frischer Ingwer (ca. 2 cm)
50 g Knollensellerie
Salz · 1 Prise Muskatnuss, frisch gerieben
1 Msp. Piment
1/2 TL gemahlener Koriander
1 TL edelsüßes Paprikapulver
80 ml Apfelessig
40 g brauner Zucker
Außerdem:
2 verschließbare Flaschen
(sterilisiert, s. S. 6)

1 Die Tomaten mit kochendem Wasser überbrühen, dann häuten und halbieren, die Stielansätze und Kerne entfernen, das Fruchtfleisch würfeln. Schalotten und Knoblauchzehen schälen und klein würfeln. Den Ingwer und den Sellerie schälen und ebenfalls klein würfeln.

2 Alles in einen Topf geben. 1 gehäuften TL Salz sowie die Gewürze unterrühren und aufkochen, dann 30 Min. zugedeckt und 30 Min. offen bei schwacher Hitze sanft kochen lassen. Gelegentlich durchrühren.

3 Die Ketchupmasse mit dem Pürierstab durcharbeiten. Den Essig und den Zucker unterrühren, dann das Ketchup nochmals 5 Min. kräftig aufkochen (Vorsicht, Spritzgefahr!). Abschmecken, kochend heiß in die vorbereiteten Flaschen füllen und diese verschließen.

TUNING-TIPP
Für **»Hot Ketchup«** 2 Chilischoten waschen, entkernen, hacken, zum Gemüse geben und mitkochen.

GRÜNER TOMATENKETCHUP

wird schnell zum Kinder- und Männerhit

Für 2 Flaschen (je 500 ml)
Zubereitungszeit ca. 1 Std. 45 Min.
pro Flasche 520 kcal
Haltbarkeit 3 Monate

3 mittelgroße Zwiebeln
3 Knoblauchzehen
1 Stück frischer Ingwer (ca. 5 cm)
1 rote Chilischote
2 grüne Paprikaschoten · 1 Fenchelknolle
1 kg reife grüne Tomaten (s. Profi-Tipp S. 186)
je 5 Zweige Rosmarin und Thymian
3 EL Olivenöl
2 TL Steinpilzhefebrühe (Reformhaus)
80 g Zucker · 125 ml Aceto balsamico
Salz · Pfeffer · 1/2 TL Wasabipaste
grüne Lebensmittelfarbe (nach Belieben)
Außerdem:
2 verschließbare Flaschen
(sterilisiert, s. S. 6)

1 Zwiebeln, Knoblauch und Ingwer schälen und grob würfeln. Chili und Paprikaschoten, Fenchel und Tomaten waschen, putzen und grob würfeln. Kräuter waschen, Nadeln und Blättchen abzupfen.

2 Das Öl erhitzen und das Gemüse darin ca. 5 Min. anbraten. Kräuter, 500 ml Wasser und Brühe dazugeben und zugedeckt ca. 45 Min. sanft kochen lassen.

3 Gemüsemasse pürieren, durch ein feines Sieb streichen. 100 ml Wasser erhitzen, Zucker darin schmelzen und hell karamellisieren lassen. Essig dazugießen. Gemüsepüree dazugeben und offen ca. 15 Min. sanft kochen lassen. Mit Salz, Pfeffer und Wasabipaste würzen. Nach Belieben Lebensmittelfarbe dazugeben. In die sterilisierten Flaschen füllen und diese sofort verschließen.

BBQ-CHILI-SAUCE

lässt das Herz jedes Grillfans höher schlagen

Für 2 Flaschen (je 250 ml)
Zubereitungszeit ca. 25 Min.
Garzeit 20 Min.
pro Flasche 282 kcal
Haltbarkeit 4 Wochen

1 große Zwiebel
3–4 Knoblauchzehen
1 TL getrocknete Jalapeño-Chili-Flakes (ersatzweise andere getrocknete Chiliflocken)
1/2 TL Kreuzkümmelsamen
2 EL Sonnenblumenöl
1/2–1 TL feines Meersalz
50 g dunkelbrauner Roh-Rohrzucker (z. B. Muscovado)
500 g Dosentomaten (oder selbst gemachte Pizza-Tomaten, s. Rezept S. 152)
2 EL Weißweinessig
100 ml Malzbier
1 TL Worcestersauce · Pfeffer
Außerdem:
2 verschließbare Flaschen (sterilisiert, s. S. 6)

1 Zwiebel schälen und klein würfeln, Knoblauch schälen und in feine Scheiben schneiden. Chili und Kreuzkümmel fein mörsern. Öl in einem Topf erhitzen und darin die Zwiebel bei mittlerer Hitze andünsten.

2 Sobald die Zwiebel glasig wird, Knoblauch dazugeben. Sobald beides beginnt zu bräunen – die Röststoffe sind wichtig für den späteren Geschmack der Sauce –, gemörserte Gewürze, Salz und den Zucker zugeben und kurz mitrösten. Tomaten, Essig und Malzbier untermischen und alles mindestens 20 Min. bei geringer Hitze sanft einkochen lassen.

3 Die Sauce mit Worcester und Pfeffer würzen. Mit einem Pürierstab sämig zerkleinern und abschmecken. In die vorbereiteten Flaschen füllen, diese gut verschließen und im Kühlschrank aufbewahren.

SÜSSSAURE INGWER-CHILI-SAUCE

frische Schärfe – schnell gemacht

Für 1 Flasche (350 ml)
Zubereitungszeit ca. 20 Min.
pro Flasche 875 kcal
Haltbarkeit 4 Wochen

1 Stück frischer Ingwer (ca. 2 cm)
2 große, nicht so scharfe rote Chilischoten
1 kleine, sehr scharfe rote Chilischote (wer mag)
5 Knoblauchzehen · 100 ml Reisessig · 200 g Zucker
1–1 1/2 TL feines Meersalz · 1 EL Speisestärke
Außerdem:
1 verschließbare Flasche (sterilisiert, s. S. 6)

1 Den Ingwer schälen und fein reiben. Die Chilischoten waschen und entstielen, dann fein hacken. Knoblauch schälen und ebenfalls fein hacken.

2 Alle vorbereiteten Zutaten mit Essig, Zucker, Salz und 300 ml Wasser in einem Topf erhitzen und 5 Min. bei mittlerer Hitze sanft kochen lassen.

3 Die Stärke in einem Schüsselchen mit 1 1/2 EL kaltem Wasser verrühren, bis sie sich komplett aufgelöst hat. Dann mit dem Schneebesen in die Sauce einrühren und diese für ca. 2 Min. leicht sanft weiterkochen lassen, bis sie merklich eingedickt ist.

4 Die Ingwer-Chili-Sauce mit Salz abschmecken und in die vorbereitete Flasche füllen. Diese gut verschließen und im Kühlschrank aufbewahren.

PROFI-TIPP
Echten Chili-Junkies steht es natürlich frei, nur die wesentlich **feurigeren, kleinen Chilis** zu verwenden (Faustregel: je kleiner die Chilischote, umso schärfer ist sie). Dann sollte man bei der Verarbeitung allerdings wirklich vorsichtig sein, denn jeglicher Kontakt mit den Schleimhäuten hat ein höllisches Brennen zur Folge. Mit Einmalhandschuhen ist man auf der sicheren Seite.

KRÄUTERSENF

fein zum Würzen – ganz einfach

Für 3 Gläser (je 200 ml)
Zubereitungszeit ca. 30 Min.
Ruhezeit 2 Wochen
pro Glas 442 kcal
Haltbarkeit 6 Monate

250 g gelbes Senfmehl
150 ml Weißweinessig · 2 Schalotten
4 Handvoll gemischte frische Kräuter wie Thymian, Majoran, Oregano, Rosmarin, Minze, Petersilie und/oder Estragon · 2 EL Salz
je 1 gute Msp. gemahlener Piment und gemahlene Kurkuma · 1 TL gemahlener Koriander · 1 EL Zucker
Außerdem:
3 Twist-off-Gläser (sterilisiert, s. S. 6)

1 Das Senfmehl in eine Rührschüssel geben und mit 200 ml kochendem Wasser aufgießen. Mit dem Essig verrühren. 5 Min. quellen lassen.

2 Die Schalotten schälen und fein würfeln. Die Kräuter waschen und trocken schütteln, die Blättchen von den Stielen zupfen und ebenfalls fein hacken.

3 Schalotten, Kräuter, Salz, Gewürze und Zucker zum Senfansatz geben und mit dem Pürierstab 3 Min. mixen, bis der Senf glatt und geschmeidig ist. Bei Bedarf noch etwas heißes Wasser zugeben.

4 Den Senf mit Salz und Essig abschmecken und in die vorbereiteten Gläser füllen. Gut verschließen und mindestens 2 Wochen durchziehen und reifen lassen.

SCHARFER FEINER SENF

ganz schnell – superleicht

Für 3 Gläser (je 210 ml)
Zubereitungszeit ca. 30 Min.
Ruhezeit 2 Wochen
pro Glas 592 kcal
Haltbarkeit 6 Monate

200 g helle, milde Senfkörner (ersatzweise helles Senfmehl)
100 g dunkle, scharfe Senfkörner (ersatzweise dunkles Senfmehl)
50 g Maisstärke
150 ml trockener Weißwein
150 ml Weißweinessig (7 % Säure)
2 1/2 EL Salz
2 TL Zucker
Außerdem:
3 Twist-off-Gläser (sterilisiert, s. S. 6)

1 Die Senfkörner sehr fein mahlen und durch ein Haarsieb in eine Schüssel sieben. Senfmehl und Maisstärke vermischen. 150 ml Wasser aufkochen, mit dem Weißwein und dem Essig vermischen.

2 Die Flüssigkeit unter die Senfmehlmischung in der Schüssel rühren, bis eine homogene, cremige Paste entstanden ist. Die Paste mit Salz und Zucker würzen.

3 Den Senf in die vorbereiteten Gläser füllen und diese verschließen. Vor dem ersten Probieren mindestens 2 Wochen durchziehen lassen.

PASSIONSFRUCHTSENF

edler Begleiter zu Fisch

Für 1 Glas (200 ml)
Zubereitungszeit ca. 10 Min.
pro Glas 280 kcal
Haltbarkeit 1–2 Wochen

3–4 Passionsfrüchte
1 Stück frischer Ingwer (ca. 4 cm)
1 Bund Koriandergrün
1 EL Korianderkörner
100 g grobkörniger Senf · Salz
Außerdem:
1 Twist-off-Glas (sterilisiert, s. S. 6)

1 Die Passionsfrüchte halbieren. Mit einem Teelöffel das Fruchtfleisch herauslösen und durch ein Sieb streichen, um die Kerne zu entfernen.

2 Den Ingwer schälen und fein reiben. Das Koriandergrün waschen, trocken schütteln und die Blättchen grob hacken. Ingwer, Koriandergrün, Korianderkörner und Passionsfruchtfleisch im Blitzhacker fein pürieren. Mit dem Senf verrühren und nach Geschmack salzen. Den Senf in das vorbereitete Glas füllen, dieses sofort verschließen und kalt stellen.

AROMA-TIPP
Woran erkenne ich, ob eine **Passionsfrucht reif** ist? Ist die Schale schrumpelig, ist das kein Zeichen von Verderb, sondern dafür, dass die Früchte jetzt erst ihr volles Aroma entwickelt haben. Aufbewahren können Sie die Früchte im Kühlschrank bis zu 2 Wochen.

CHILISENF

doppelt scharf für echte Kerle

Für 1 Glas (250 ml)
Zubereitungszeit ca. 15 Min.
Garzeit 20 Min.
pro Glas 175 kcal
Haltbarkeit 2 Monate

3 rote Paprikaschoten
2 rote Chilischoten
(nach Belieben auch mehr)
1 Zweig Rosmarin
1 EL Fenchelsamen
Salz · 4 EL Dijon-Senf
Außerdem:
1 Twist-off-Glas (sterilisiert, s. S. 6)

1 Den Backofen auf 240° vorheizen. Die Paprikaschoten halbieren, entkernen, waschen und mit der Haut nach oben auf ein Blech legen. Im Ofen (Mitte) in ca. 20 Min. garen. Die Chilischoten längs halbieren, entkernen, waschen und nach ca. 10 Min. mit auf das Blech legen. Herausnehmen, alles mit einem nassen Tuch abdecken und abkühlen lassen, dann häuten.

2 Den Rosmarinzweig waschen und trocken schütteln, die Nadeln abstreifen und hacken. Fenchelsamen im Mörser zerstoßen. Beides mit Paprikastücken und Chilis pürieren, salzen und den Senf unterrühren.

3 Den Senf in das vorbereitete Glas füllen, dieses sofort verschließen und kalt stellen. Der scharfe Chilisenf passt zu Grillgerichten, würzigem Käse wie Camembert, Edelpilzkäse oder gereiftem Ziegenkäse.

FEIGENSENF

edler Begleiter für feinen Käse

Für 3 Gläser (je 200 ml)
Zubereitungszeit ca. 5 Min.
Garzeit 15 Min.
pro Glas 240 kcal
Haltbarkeit 2 Monate

400 g Feigen · 200 ml roter Portwein
1 Stange Zimt · Salz · 3 EL Sherryessig
150 g grobkörniger Senf
Außerdem:
3 Twist-off-Gläser (sterilisiert, s. S. 6)

1 Die Feigen waschen und achteln, dabei eventuell sehr dicke Schalen abziehen.

2 Die Feigen zusammen mit dem Portwein und der Zimtstange aufkochen und offen bei kleiner Hitze ca. 15 Min. sanft kochen. Mit Salz und Essig würzen. Vom Herd nehmen, den Senf unterrühren. Die vorbereiteten Gläser füllen, sofort verschließen und kalt stellen.

VARIANTE

QUITTENSENF

Für 2 Gläser (je 200 ml) · Zubereitungszeit ca. 25 Min. · Garzeit 1 Std. · Ruhezeit 1 Woche pro Glas 286 kcal · Haltbarkeit 2 Monate

- 2 Quitten waschen, falls nötig, den Flaum abreiben. Vierteln, entkernen, grob würfeln und in einem Topf knapp mit Wasser bedeckt offen bei mittlerer Hitze in 20–45 Min. fast weich garen. Bei Bedarf Wasser nachgießen. Quitten mit 2 EL Zucker, 1 TL Koriander- und 80 g gelben Senfkörnern in ca. 15 Min. fertig kochen.
- Die Quitten in ein Sieb gießen; die Kochflüssigkeit auffangen und auf 100 ml einkochen. Quittensirup mit Quitten und Gewürzen verrühren.
- 3 Tage zugedeckt ziehen lassen, dann pürieren. Mit Salz und 3 EL Apfelessig abschmecken. Den Senf in die Gläser füllen, diese sofort verschließen und kalt stellen. Vor dem Verzehr mindestens 1 Woche ziehen lassen.

SÜSSER SENF

fein zum Würzen – ganz einfach

Für 6 Gläser (je 300 ml)
Zubereitungszeit ca. 20 Min.
Garzeit 30 Min.
Ruhezeit 4 Wochen
pro Glas 1121 kcal
Haltbarkeit 6 Monate

125 g braune Senfkörner
400 g gelbe Senfkörner · 250 g Senfmehl
1 kg brauner Zucker · 3 Zwiebeln
750 ml Weißweinessig (7 % Säure)
4 Lorbeerblätter · 6 Gewürznelken
1 EL Senfkörner (die nicht gemahlen werden)
1 EL Salz
Außerdem:
6 Twist-off-Gläser (sterilisiert, s. S. 6)

1 Die Senfkörner grob mahlen. Die drei Senfmehlsorten und den Zucker in einer großen Schüssel vermischen. Die Zwiebeln schälen und in Würfel schneiden.

2 Den Essig mit 375 ml Wasser, den Zwiebeln, den Lorbeerblättern, den Gewürznelken, den Senfkörnern und dem Salz aufkochen und zugedeckt 30 Min. bei mittlerer Hitze kochen lassen. Den gewürzten Essigsud vom Herd ziehen und die Gewürze abseihen.

3 Den heißen Sud unter die Senfmehlmischung rühren und mit Salz abschmecken. Den fertigen Senf in die vorbereiteten Gläser füllen, diese verschließen und den Senf vor dem ersten Probieren an einem dunklen und kühlen Ort 4 Wochen durchziehen lassen.

GENUSS-TIPP
Ganz klassisch wird süßer Senf zu **Weißwürsten** oder **Leberkäse** serviert. Er ist aber auch hervorragend geeignet, um Salatdressings leicht sämig zu machen und süßlich-würzig abzuschmecken.

GEWÜRZÖL

raffiniert – für die schnelle Küche

Für 2 Flaschen (je 500 ml)
Zubereitungszeit ca. 20 Min. · Ruhezeit 2 Wochen
pro Flasche 4500 kcal · Haltbarkeit 1 Jahr

2 Knoblauchzehen
4 Zweige frischer Thymian · 2 Lorbeerblätter
2 TL schwarze Pfefferkörner
1 TL Pimentkörner · 2 getrocknete Chilischoten
1 l Sonnenblumenöl
Außerdem:
1 großes Einmachglas
2 verschließbare Flaschen (sterilisiert, s. S. 6)

1 Die Knoblauchzehen schälen und halbieren. Den Thymian waschen und gut trocken tupfen. Knoblauch, Gewürze und Chilischoten in das Einmachglas geben und das Öl daraufgießen. Das Gewürzöl an einem dunklen Ort 2 Wochen ziehen lassen.

2 Die Gewürze durch ein feines Sieb abseihen und den Knoblauch entfernen. Die Gewürze wieder auf die beiden vorbereiteten Flaschen verteilen und das aromatisierte Öl darübergießen. Die Flaschen verschließen und an einem dunklen, kühlen Ort aufbewahren.

WALDPILZÖL

pikant – etwas Besonderes

Für 2 Flaschen (je 250 ml)
Zubereitungszeit ca. 15 Min. · Ruhezeit 2 Wochen
pro Flasche 2250 kcal · Haltbarkeit 2–3 Monate

30 g gemischte getrocknete Waldpilze
wie Pfifferlinge, Steinpilze, Morcheln
500 ml Sonnenblumenöl
2 TL schwarze Pfefferkörner · 2 Muskatblüten
Außerdem:
1 Einmachglas
2 verschließbare Flaschen (sterilisiert, s. S. 6)

1 Die getrockneten Pilze in das Einmachglas geben und mit dem Sonnenblumenöl auffüllen. Die Pfefferkörner im Mörser leicht zerstoßen, mit den Muskatblüten dazugeben und das Glas verschließen.

2 Das Öl 2–3 Wochen bei Raumtemperatur ziehen lassen, gelegentlich vorsichtig schütteln. Das Öl durch eine Filtertüte laufen lassen und in die beiden vorbereiteten Flaschen umfüllen. Kühl und dunkel aufbewahren.

KNOBLAUCH-BASILIKUM-ÖL

für mediterrane Salate

Für 2 Flaschen (je 500 ml)
Zubereitungszeit ca. 30 Min. · Ruhezeit 1 Woche
pro Flasche 4500 kcal · Haltbarkeit 1–2 Monate

10–12 Basilikumstängel · 1 Bio-Zitrone
8–10 Knoblauchzehen · 2 TL schwarze Pfefferkörner · 2 Chilischoten · 1 l gutes Olivenöl
Außerdem:
2 verschließbare Flaschen (sterilisiert, s. S. 6)

1 Das Basilikum waschen, gut trocken tupfen und in die beiden vorbereiteten Flaschen stecken. Die Zitrone waschen und abtrocknen, mit dem Sparschäler 2 dünne Streifen Schale abschneiden. Den Knoblauch schälen, anquetschen, mit Zitronenschale, Pfefferkörnern und Chilischoten in die Flaschen verteilen.

2 Die Flaschen mit Olivenöl auffüllen, verschließen und sanft durchschütteln. Das Öl an einem dunklen, kühlen Platz 1 Woche durchziehen lassen. Gelegentlich sanft durchrütteln. Verbrauchtes Öl kann über 1–2 Monate immer wieder durch frisches aufgefüllt werden.

LINKS Waldpilzöl
MITTE Gewürzöl
RECHTS HINTEN Knoblauch-Basilikum-Öl

ZITRUSÖL

frischer Wind für Fisch und Salat

Für 2 Flaschen (je 250 ml)
Zubereitungszeitca. 20 Min. · Ruhezeit 1 Woche
pro Flasche 2250 kcal · Haltbarkeit 6 Monate

1 Bio-Zitrone · 1 Bio-Limette
1 Bio-Orange · 500 ml mildes Olivenöl
Außerdem:
1 großes Einmachglas
2 verschließbare Flaschen (sterilisiert, s. S. 6)

1 Die Zitrusfrüchte heiß waschen und sehr gut trocken reiben. Die Schale der Früchte fein abreiben, dabei darauf achten, dass möglichst wenig von der darunterliegenden weißen Haut mit abgerieben wird – diese hat eine unangenehm bittere Note.

2 Abgeriebene Zitrusschale und das Olivenöl in das Einmachglas geben, dieses gut verschließen und ein paar Mal durchschwenken. Das Olivenöl an einem dunklen, kühlen Ort 1 Woche durchziehen lassen, dabei ab und zu durchschwenken, damit das Öl die Aromen noch etwas besser annimmt.

3 Das Zitrusöl durch ein feines Sieb filtern; es sollen möglichst keine Schalenreste im Öl enthalten sein. Das Zitrusöl in die Flaschen füllen, diese verschließen und an einem dunklen, kühlen Ort aufbewahren.

PROFI-TIPP
Damit keine Zitrusschalenreste mehr in dem Öl sind – weil diese die Haltbarkeit negativ beeinflussen – das Sieb am besten mit einem **Küchen- oder Mulltuch** auslegen. Das Öl eventuell auch zweimal filtern.

AROMA-TIPP
Natürlich kann man auch ein **reines Zitronen-, Limetten- oder Orangenöl** herstellen, aber durch die gemeinsame Verwendung verschiedener Zitrusfrüchte wird der Geschmack der Öls ganz besonders harmonisch und rund.

HIMBEER-ESSIG

feinwürziger Kick – auch für dunkle Bratensaucen

Für 1 Flasche (500 ml)
Zubereitungszeit ca. 10 Min. · Ruhezeit 1 Woche
pro Flasche 100 kcal
Haltbarkeit 6 Monate

500 ml Weißweinessig · 100 g Himbeeren (frisch oder TK-Früchte)
ein paar Pfefferkörner
oder 1 Stück frischer Ingwer (nach Belieben)
Außerdem:
1 verschließbare Flasche (sterilisiert, s. S. 6)

1 Den Essig kann man in einer gekauften Flasche Weißweinessig ansetzen; dazu einfach 1/4 l entnehmen. Oder 500 ml Weißweinessig in eine saubere Flasche oder ein großes Twist-off-Glas geben.

2 Die Himbeeren vorsichtig abwaschen und trocken tupfen, dann in die Flasche geben (TK-Früchte ungewaschen verwenden). Nach Belieben Pfeffer oder den geschälten, in Scheiben geschnittenen Ingwer hinzufügen. Die Flasche gut verschließen und den Essig an einem dunklen, kühlen Ort 1 Woche durchziehen lassen, dabei täglich behutsam schwenken.

3 Nach der Woche hat sich die Farbe des Essigs tiefrot gefärbt, und er hat ein unbeschreibliches Beerenaroma bekommen. Den Essig nun durch ein feines Sieb gießen, um die Himbeeren zu entfernen. Wem das Aroma des Essigs noch nicht kräftig genug ist, der kann noch ein klein wenig Himbeersaft aus den Früchten herauspressen. Dann den Himbeeressig in die Flaschen abfüllen, gut verschließen und an einem dunklen, kühlen Ort aufbewahren.

TAUSCH-TIPP

Rote Beeren eignen sich ganz besonders gut zum Aromatisieren von Essig. Cranberrys, Johannisbeeren oder Granatapfelkerne lassen sich wie die Himbeeren verwenden und ergeben auch optisch einen sehr ansprechenden Essig.

BÄRLAUCHÖL

verlängert die Frühlingssaison

Für 2 Flaschen (je 500 ml)
Zubereitungszeit ca. 10 Min. · Ruhezeit 2 Wochen
pro Flasche 4500 kcal · Haltbarkeit 6 Wochen

80 g Bärlauchblätter · 1 l Raps- oder Walnussöl
Außerdem:
1 großes Einmachglas
2 verschließbare Flaschen (sterilisiert, s. S. 6)

1 Die Bärlauchblätter waschen und gut trocken tupfen. Die Blätter in ca. 3 cm große Stücke schneiden und in das Einmachglas füllen. Mit Raps- oder Walnussöl aufgießen. Das Glas verschließen, das Öl mindestens 2 Wochen kühl und dunkel ziehen lassen.

2 Dann das Öl durch ein Sieb gießen, auffangen und in die Flaschen füllen. Das Öl kühl und dunkel lagern.

KRÄUTERSALZ

köstlich zu sonnenwarmen Tomaten

Für 1 Glas (500 ml) · Zubereitungszeit ca. 15 Min.
pro Glas 75 kcal · Haltbarkeit 6 Monate

300 g Frühlingskräuter, z. B. Sauerampfer, Brennnesselspitzen und Bärlauch · 100 g Salz
Außerdem:
1 Twist-off- oder Einmachglas (sterilisiert, s. S. 6)

1 Die Kräuter waschen und gründlich trocken schütteln, die Blätter fein hacken.

2 Die Kräuter und das Salz schichtweise in das Glas füllen. Sollte es nicht voll werden, mit Salz auffüllen.

TAUSCH-TIPP

Für diese Methode eignen sich alle Kräuter, die nur kurz Saison haben: auch Giersch, Melde und Sauerklee. Es ist fein als **Salatwürze** statt Salz.

FRÜHLINGSKRÄUTER-ESSIG

den gibt's nirgends zu kaufen

Für 2 Flaschen (je 500 ml) · Zubereitungszeit ca. 10 Min. · Ruhezeit 2–3 Wochen
pro Flasche 100 kcal · Haltbarkeit 6 Monate

80 g Frühlingskräuter (z. B. Brennnesselspitzen, Sauerampfer, Huflattich, Bärlauch, Waldmeister, Kerbel) · 1 l milder Weißweinessig oder Apfelessig
Außerdem:
1 großes Einmachglas · 2 verschließbare dunkle Flaschen (sterilisiert, s. S. 6)

1 Kräuter waschen und trocken tupfen, dann ins Einmachglas geben und mit dem Weißwein- oder Apfelessig aufgießen. Das Glas verschließen und den Essig an einem dunklen Ort 2–3 Wochen ziehen lassen.

2 Den Essig durch ein Sieb gießen, auffangen und in dunkle Flaschen füllen. Kühl und dunkel lagern.

ERNTE-TIPPS

Pflücken Sie nicht im Morgentau, sondern **vormittags**, wenn die Kräuter völlig trocken sind. Die Würzkraft der Kräuter nimmt mit der Blüte ab – also die Kräuter am besten **vor dem Blühen ernten**. Ausnahmen sind: Lavendel, Beifuß und Majoran. Dort steckt das Aroma in den Blüten.

PROFI-TIPPS

Für Ölzubereitungen müssen die Kräuter nach dem Waschen wieder völlig **trocken** sein. **Trockene Kräuter** mit harten Blättern wie Rosmarin, Thymian und Salbei können in der Flasche bleiben. **Grüne Kräuter** könnten Schleim bilden, darum ist es besser sie abzuseihen.

LINKS Frühlingskräuteressig
MITTE Kräutersalz
RECHTS Bärlauchöl

FLEISCHPASTETE & RÄUCHERLACHS

Die ganz private Räucherkammer

Der Mensch räuchert wohl schon, seitdem er Feuer machen kann. Welche nützlichen Nebeneffekte der Rauch für ihn bereithält, hat ihm wohl, wie so oft, Gevatter Zufall verraten. Die Höhlenbewohner merkten bald, dass Tierfelle, die in der Höhle lagen und permanent dem Rauch des wärmenden Feuers ausgesetzt waren, nicht verfaulten und brüchig wurden. Auch das Fleisch, das noch daran hing, verweste nun nicht mehr so schnell und bekam durch die rußige Schicht sogar ein äußerst wohlschmeckendes Aroma. Lange Zeit war das in Vergessenheit geraten bzw. auch nicht durchführbar, weil man schließlich keinen Räucherofen in der kleinen Stadtwohnung aufstellen kann. Jetzt blüht die Räucherkultur wieder regelrecht auf und avanciert zum Trend. Denn mit Woks mit Deckel und Kugelgrills besitzen viele von uns ohnehin schon so etwas wie Räucherkammern im Kleinen.

Räuchern im Wok

Teures Sonderzubehör brauchen Sie dafür nicht. Es reichen ein Wok- oder Kuchengitter, Alufolie sowie eine runde Einweg-Aluschale, die Sie am Rand rundherum mit einem Holzspieß in regelmäßigen Abständen einstechen und umgedreht in der Mitte leicht eindellen. Über das Smokgut (s. Kasten S. 288) gestülpt kann sie so den Rauch im Wok verteilen und fängt gleichzeitig vom Gargut heruntertropfenden Saft auf. Wichtig, damit Sie die Kerntemperatur kontrollieren können, ist ein Fleischthermometer. Um dieses in den Wok einführen zu können, müssen Sie entweder in den Wokdeckel etwa 2–5 cm von der Deckelmitte entfernt ein Loch mit ca. 4 mm Ø bohren oder den Griff abschrauben und dieses Loch für das Thermometer nutzen. Und dann kann's losgehen: Legen Sie den Wok vollständig mit Alufolie aus und heizen Sie ihn bei starker Hitze auf dem Herd vor. Sprenkeln Sie zur Probe ab und zu Wasser in den Wok, verdampft es sofort, ist er heiß genug. Nun das Smokgut auf die Alufolie streuen und die vorbereitete Aluschale mit der Öffnung nach unten mittig über das Smokgut stülpen. Aus Alufolie drei Kugeln mit etwa 2 cm Ø formen und oben auf den Boden der Aluschale legen. Sie dienen als Abstandshalter für das Gitter, das Sie nun daraufsetzen. Das wie im Rezept angegeben vorbereitete Räuchergut auf den Rost legen, den Deckel schließen und das Thermometer einsetzen, dabei sollte der Temperaturfühler die Lebensmittel auf dem Gitter nicht berühren. Schalten Sie zum Warmräuchern den Herd auf mäßig starke Hitze zurück. Warten Sie, bis das Thermometer im Deckel eine Temperatur von 100° im Garraum anzeigt. Dann nehmen Sie den Topf vom Herd und lassen das Räuchergut garen, bis die Temperatur auf 40° gefallen ist. Zum Heißräuchern das Wokinnere auf 70° erhitzen und Fisch & Co. konstant bei 70° so lange räuchern, wie es im Rezept angegeben ist.

VOR DEM ERSTEN RÄUCHERN

Testen Sie, wie stark sich der Wok nach dem Abschalten der Herdplatte noch aufheizt, damit's dem Rauchgut nicht zu heiß wird.

MANCHE MÖGEN'S WARM, ANDERE HEISS

Kugelgrill und Wok eignen sich nur zum Warm- (25°–50°) oder Heißräuchern (50°–90°). Im Gegensatz zu kaltgeräucherten Lebensmitteln, wie z. B. Schwarzwälder Schinken, sind Fisch, Fleisch, Wurst etc. aus dem warmen bzw. heißen Rauch nicht so lange haltbar. Sie sollten sie innerhalb weniger Tage aufessen.

VOR DEM START
Das Räuchergut 1 Std. vorher mit Küchenpapier abtupfen und bei Raumtemperatur trocknen lassen.

AROMA PLUS
gibt eine Würzmischung aus Salz, Zucker, Kräutern und Gewürzen.

Räuchern im Kugelgrill

Am sichersten und schnellsten gelingt das Beheizen des Grills mit einem Anzündkamin. Dazu füllen Sie dessen obere Kammer mit Holzkohle oder Grillbriketts. Der Anzünder (Rapsölanzünder oder spezielle Anzündwürfel für Briketts) kommt in die untere Kammer und wird durch die Löcher an den Seiten angezündet. Nun heißt es etwas Geduld, bis die Kohle durchglüht. Das dauert etwa eine Viertelstunde. Verteilen Sie dann zum **Heißräuchern** des Rauchguts die Glut auf einer Hälfte des Kohlerostes, schließen Sie den Deckel, bis das darin integrierte Thermometer bei geöffneten Zügen die im Rezept gewünschte Temperatur anzeigt. Jetzt das Smokgut auf die glühenden Kohlen geben, den Grillrost einhängen, das Rauchgut über den Bereich legen, der frei von Kohlen ist und den Deckel schließen. Nach der Hälfte der Garzeit das Rauchgut einmal wenden. Wer lieber warmräuchert, der lässt drei bis vier Briketts im Anzündkamin vorglühen. Dann zwei Briketts in eine mit Räuchermehl ausgestreute Aluschale legen – die restlichen Briketts sind quasi die Ersatzspieler. Die Schale auf den Kohlerost des kalten Grills stellen, Rost samt Rauchgut einsetzen, den Deckel schließen und die Lebensmittel je nach Rezept, Gefühl und Erfahrung garen. Hilfreich: In neuen Kugelgrills ist ein Deckelthermometer eingebaut, das die Temperatur im Garraum anzeigt. Man kann es auch nachrüsten.

Räuchern im Räucherofen

Wer in seinem Garten noch einen Platz frei hat, für den lohnt sich eventuell die Anschaffung eines Räucherofens oder -schranks. Die gibt es von ganz klein für den Privatgebrauch bis ganz groß für gewerbliche Nutzer. Das Prinzip ist das gleiche wie in Wok oder Kugelgrill. Heiz- und Räucherkammer befinden sich hier aber auf verschiedenen Ebenen, sodass das Rauchgut niemals direkter Hitze ausgesetzt ist. Auf die Glut kommt das Smokgut. Die Temperatur im Ofen kontrolliert ein integriertes Thermometer, auf das Sie immer wieder ein Auge werfen sollten. Steigt die Temperatur, können Sie über dafür vorgesehene Klappen überschüssige Hitze ablassen.

Nützliche Helfer

Eine **Grillzange** ist unverzichtbar – nicht nur zum Bewegen des Grillguts, sondern auch zum Umplatzieren von glühenden Kohlen. Mit **Ofenhandschuhen** schützen Sie nicht nur die Hände sondern auch die Unterarme vor der Hitze; wählen Sie also ein ausreichend langes Modell. Vielseitig einsetzbar sind **Einweg-Aluschalen**, z. B. um Holzchips einzuweichen, Grillgut zu marinieren oder um im Wok zu räuchern. Und um den Rost von Grill oder Wok nach dem Schlemmen wieder sauber zu kriegen, ist eine stabile **Grillbürste** mit einem ausreichend langen Stiel eine wertvolle Hilfe.

DER AROMASPENDER – DAS SMOKGUT

Egal ob Apfel, Eiche, Walnuss, Hickory, Tanne, Kirsche oder Erle – welches Holz Sie zum Räuchern verwenden, ist Geschmacksache. Die Holzarten sollten jedoch frei von Chemikalien und wenig harzhaltig sein. Und verwenden Sie niemals Hölzer aus dem eigenen Garten, die Sie nicht kennen. Laien greifen am besten erst einmal im Baumarkt oder Internet zu einer Tüte mit Holzstücken, -chips, -spänen oder -mehl. Holzstücke, auch Chunks genannt, und die kleineren Chips sind ideal zum Heißräuchern im Kugelgrill. Stücke legt man direkt auf die Glut, Chips müssen Sie erst einmal mindestens eine halbe Stunde in Wasser einweichen, bevor Sie sie auf eine Hälfte eines Bogens Alufolie streuen. Die freie Folienhälfte darüberlegen und die Seiten nach hinten umklappen, sodass ein Päckchen entsteht. Dieses mit einer Gabel mehrmals einstechen, dann auf die Glut legen. Holzspäne und -mehl aromatisieren den Rauch im Wok oder im Kugelgrill beim Warmräuchern.

Pasteten und Terrinen

Keine Frage, ihre Zubereitung braucht etwas Zeit, aber Pasteten und Terrinen stellt man schließlich auch nicht jede Woche auf den Brotzeittisch. Sie sind geschaffen für Festtage. Und wenn Sie unsere Tipps zum guten Gelingen beachten, trübt auch keine Küchenpanne die feierliche Stimmung.

Gut gekühlt ist halb gewonnen Damit eine Farce aus Fleisch und Fisch bindet, müssen alle Zutaten und am besten auch noch alle Arbeitsgeräte, die damit in Berührung kommen, gut gekühlt sein. Stellen Sie dazu die Rührschüssel, in der Fisch- oder Fleischpüree mit den übrigen Zutaten vermengt werden, in eine Schüssel mit Eiswasser.

Nützliche Küchenhelfer Für eine perfekte Farce brauchen Sie einen Fleischwolf oder einen Blitzhacker mit sehr scharfen Messern. Nur damit lassen sich Fleisch, Fisch und Speck so fein zerkleinern, dass die Masse homogen wird und beim Garen zusammenhält.

Formen Spezielle Pasteten- und Terrinenformen sind nicht nötig. Meist genügen auch eine Kastenform, feuerfeste Auflaufformen oder Tassen in der zum Rezept passenden Größe. Wenn Sie unsicher sind, wie viel Inhalt in Ihre Form passt, füllen Sie sie einfach mit Wasser und messen die benötigte Wassermenge ab. Den fehlenden Deckel können Sie auch durch einen Bogen Alufolie ersetzen.

Pasteten müssen Dampf ablassen Für Pasteten im »Schlafrock« sollten Sie aus dem Teigdeckel zwei bis drei Löcher (ca. 3 cm Ø) ausstechen. Stabilisieren Sie diese, nachdem Sie den Deckel auf die Farce gelegt haben, mit speziellen Pastetenkaminen oder Röhrchen aus Alufolie (s. Bild). Aus ihnen entweicht während des Backens der Dampf. Und durch die Öffnungen können Sie später den entstanden Hohlraum mit Gelee ausfüllen.

PASTETENKAMINE SELBST GEMACHT
Aus Alufolie etwa 6 × 15 cm große Stücke schneiden, einmal der Länge nach falten und zur Röhre drehen.

Gar nicht grün ...

... ist der sogenannte »grüne« Speck. Gemeint ist der rohe, ungeräucherte, ja gänzlich unbehandelte Rückenspeck vom Schwein, weil er quasi noch jungfräulich ist, noch grün hinter den Ohren, keine Bekanntschaft mit Pokelsalzen & Co. gemacht hat. Was gibt es Besseres als ein reines Naturprodukt, das noch so schmecken darf, wie es tatsächlich schmeckt, ohne künstliche Zusätze? Farblich ist der grüne Speck ganz weiß und nicht mit Fleisch durchzogen. In dünne Scheiben geschnitten umhüllt er Fleischterrinen und hält sie saftig. Aber auch Würsten gibt er wunderbaren Geschmack.

SELTSAME FISCHKONSERVE

Wenn es darum geht, Lebensmittel zu konservieren, war der Mensch schon immer fantasievoll. Aber was dabei herauskommt, finden meist nur die gut, die es erfunden haben. Die Schweden beispielsweise fangen im Frühjahr laichreife Heringe, lassen diese über Wochen in Salzlake vergären und packen sie dann in Dosen, in denen sie bis August weiter vor sich hin fermentieren. Das Ergebnis: Eine Konservendose, deren Deckel sich durch die entstehenden Gase nach oben wölbt und aus der erst einmal ein bestialischer Gestank entweicht, wenn man sie öffnet. Es wird sogar empfohlen, dies nur im Freien zu tun. Aber die Schweden lieben ihren Surströmming und freuen sich jährlich auf den dritten Donnerstag im August, denn da beginnt die Verkaufssaison für ihre Delikatesse.

HERZHAFTE BAUERNPASTETE

mal kalt zur Brotzeit, mal als warmes Hauptgericht

Für 1 Kastenform (25 cm lang)
Zubereitungszeit ca. 1 Std.
Ruhezeit 2 Std.
Backzeit 55 Min.
bei 12 Scheiben pro Scheibe 335 kcal

Für den Teig:
300 g Mehl · 1 TL Salz
200 g kalte Butter
1 Eigelb (Größe M)
Für die Farce:
400 g Schweinefleisch
(aus Nacken oder Hals)
200 g Kalbfleisch (aus der Schulter)
Salz · Pfeffer
2–3 Msp. gemahlener Piment
1 Zweig Thymian
1 Brötchen (vom Vortag)
1 Bund Petersilie
1 Zwiebel · 1 Knoblauchzehe
1 EL Butter
1 Ei (Größe M)
2 EL Cognac (nach Belieben)
Außerdem:
Fett für die Form
Mehl zum Arbeiten
1 Eigelb und 2 EL Milch zum Bestreichen

1 Für den Teig auf der Arbeitsfläche das Mehl mit dem Salz mischen. Die Butter in kleine Stücke schneiden und untermischen. Das Eigelb und 3–4 EL Wasser dazugeben und alles mit den Händen rasch zu einem glatten Teig verkneten. Den Teig zu einer Kugel formen, in Frischhaltefolie wickeln und kühl stellen.

2 Für die Farce Schweine-und Kalbfleisch in ca. 2 cm große Würfel schneiden. Mit Salz, Pfeffer und 1 kräftigen Prise Piment mischen. Thymianzweig waschen, trocken schütteln und zwischen die Fleischstücke legen. Alles zugedeckt bei Zimmertemperatur ca. 2 Std. durchziehen lassen, dann den Thymian entfernen.

3 Das Brötchen in etwas lauwarmem Wasser einweichen. Die Petersilie waschen und trocken schütteln, die Blätter abzupfen und fein hacken.

4 Zwiebel und Knoblauch schälen und sehr fein würfeln. Die Butter in einer Pfanne zerlassen, Zwiebel- und Knoblauchwürfel darin glasig anbraten. Die Petersilie unterrühren und die Mischung abkühlen lassen.

5 Das eingeweichte Brötchen ausdrücken und mit den Fleischstücken in der Küchenmaschine portionsweise fein zerkleinern (oder durch den Fleischwolf drehen). Die Zwiebelmischung, das Ei und nach Belieben den Cognac dazugeben und alles gut mischen. Die Farce nochmals mit Salz, Pfeffer und Piment pikant abschmecken und zugedeckt kühl stellen.

6 Den Backofen auf 220° vorheizen. Die Form einfetten. Den Teig auf der leicht bemehlten Arbeitsfläche ca. 5 mm dick ausrollen und einen Teigdeckel in der Größe der Form ausschneiden. Mit dem restlichen Teig die Form auskleiden, dabei rundherum einen ca. 1 cm breiten Rand überstehen lassen.

7 Die Fleischfarce in die Form geben und glatt streichen, den Teigdeckel auflegen und die Teigränder darüberschlagen. Mit einer Gebäckzange oder einer Gabel die Ränder fest andrücken. Mit etwas Abstand 2–3 Kreise (je ca. 1 1/2 cm Ø) aus dem Deckel ausstechen, damit beim Backen der Dampf entweichen kann. Eigelb und Milch verrühren und die Pastete damit bestreichen.

8 Die Pastete im heißen Ofen (Mitte) ca. 10 Min. backen. Dann die Backofentemperatur auf 180° reduzieren und die Pastete weitere 40–45 Min. backen.

GEFLÜGELLEBERPASTETE

edel & gut vorzubreiten

Für 1 Terrinenform (600 ml Inhalt)
Zubereitungszeit ca. 25 Min.
Kühlzeit 12 Std.
bei 6 Portionen pro Portion 495 kcal

6 weiche Trockenpflaumen
8 EL Portwein
500 g Hähnchenleber
6 Schalotten · 1 Knoblauchzehe
1/2 Bund Thymian
250 g Butter
3 EL Pistazienkerne
Salz · Pfeffer

1 Die Trockenpflaumen in kleine Würfel schneiden, mit 4 EL Portwein mischen und zum Marinieren beiseitestellen. Die Lebern trocken tupfen und von Häutchen und Sehnen befreien. Schalotten und Knoblauch schälen und fein hacken. Den Thymian waschen, trocken schütteln, die Blättchen abzupfen und fein hacken.

2 In einer Pfanne 50 g Butter zerlassen, darin die Lebern in 3–4 Min. rundherum anbraten, dann aus der Pfanne nehmen. Die Schalotten und den Knoblauch ins Bratfett geben und darin anbraten, Thymian und 4 EL Portwein dazugeben und ca. 2 Min. einköcheln. Zu den Lebern geben und abkühlen lassen.

3 Die abgekühlten Lebern mit der Küchenmaschine oder dem Pürierstab fein pürieren. Die restliche Butter mit dem Handrührgerät cremig schlagen. Die Pistazien grob hacken. Lebermasse, Butter, Pistazien und marinierte Pflaumen gut mischen und mit Salz und Pfeffer abschmecken. In die Terrinenform füllen und mit Folie abdecken. Über Nacht im Kühlschrank kalt stellen. In der Terrinenform servieren.

FASANEN-TERRINE

feine Vorspeise für liebe Gäste

Für 1 Terrinenform (1 l Inhalt)
Zubereitungszeit ca. 1 Std.
Garzeit 1 Std.
Ruhezeit 24 Std.
pro Portion 765 kcal

4 Fasanenbrüste (750 g) · Pfeffer · Koriander
Muskatnuss, frisch gerieben · 4 EL Cognac
2 Schalotten · 1 EL Butter · 125 ml Weißwein
2 Scheiben Toastbrot ohne Rinde · Salz
300 g eiskalte Sahne · 1 Eiweiß (Größe M)
25 g gehackte Pistazien · 2 Scheiben grüner Speck

1 2 Fasanenbrüste mit Pfeffer, gemahlenem Koriander und Muskatnuss würzen. Mit 2 EL Cognac beträufeln. Restliches Fleisch ins Gefrierfach legen.

2 Die Schalotten schälen, fein hacken und in der Butter glasig braten. Mit Weißwein ablöschen, auf die Hälfte einköcheln und abkühlen lassen.

3 Das Brot zerbröseln und beiseitestellen. Einen Topf (Ø etwas größer als die Terrinenform) zu 1/3 mit heißem Wasser füllen und im Backofen auf dem Rost (unten) bei 150° heiß halten.

4 Die eisgekühlten Fasanenbrüste salzen und mit den Schalotten in der Küchenmaschine fein pürieren. Sahne, restlichen Cognac und Eiweiß langsam dazugießen und zu einer glatten Masse verschlagen. Mit Salz, Pfeffer und Muskatnuss würzen. Pistazien unterheben.

5 Die Hälfte der Farce in die Form füllen. Die 2 gewürzten Fasanenbrüste der Länge nach darauflegen und die restliche Farce darüberstreichen. Die Terrine auf die Arbeitsfläche stoßen, mit dem Speck belegen und mit Alufolie abdecken. Die Terrine ins heiße Wasserbad stellen (sie sollte nur bis zur Hälfte im Wasser stehen). Bei ca. 100° 1 Std. garen. Abkühlen lassen, Speck entfernen und die Terrine stürzen. In Alufolie eingewickelt 24 Std. im Kühlschrank ruhen lassen.

DER LIEBLINGSKLASSIKER

WILDTERRINE

Waidmannsheil!

Für 1 Pastetenform (1,5 l Inhalt)
Zubereitungszeit ca. 1 Std.
Marinierzeit 3 Std.
Garzeit 1 Std. · Ruhezeit 1–2 Tage
bei 18 Scheiben pro Scheibe 330 kcal

30 g getrocknete Steinpilze
250 g grüner Speck (ungeräucherter roher Rückenspeck vom Schwein)
75 g durchwachsener Räucherspeck
300 g Reh- oder Hirschkalbfleisch (Schulter)
200 g Hühnerlebern
20 Wacholderbeeren
1 TL gemahlener Piment
1 EL Thymianblättchen
3 EL Preiselbeeren (aus dem Glas)
3 EL Orangenlikör (nach Belieben)
2 Reh- oder Hirschkalbfilets (je ca. 70 g)
Salz · Pfeffer
2 EL Butterschmalz
6 Scheiben grüner Speck (zum Auslegen der Form)
125 g getrocknete Cranberrys
60 g gehackte Pistazienkerne

1 Pilze in 125 ml Wasser einweichen. Beide Specksorten, Wildfleisch und Hühnerlebern ca. 1,5 cm groß würfeln. Speck in einer heißen Pfanne auslassen, herausnehmen und beiseitestellen. Zuerst das Fleisch, dann die Hälfte der Lebern im heißen Bratfett bei starker Hitze unter Rühren je ca. 2 Min. anbraten. Wacholderbeeren im Mörser andrücken. Fleisch, gebratene Leber, Gewürze, Thymian, Preiselbeeren und Orangenlikör zum Fleisch geben, alles vermengen und abgedeckt 3 Std. im Kühlschrank marinieren.

2 Fleisch und Leber aus der Marinade nehmen und bis zur Weiterverarbeitung in das Tiefkühlfach geben. Die Filets salzen und pfeffern. Butterschmalz in einer Pfanne erhitzen. Erst die Filets, dann die restliche rohe Leber bei großer Hitze unter Rühren je 2–3 Min. anbraten. Wieder herausnehmen, salzen und pfeffern. Die Pilze samt Einweichwasser in der Pfanne bei mittlerer Hitze dünsten, bis alle Flüssigkeit verdampft ist. Die Pastetenform quer mit Speckscheiben auslegen, Enden überhängen lassen.

3 Den Backofen auf 80° vorheizen. Kaltes Fleisch und Leber kräftig mit Salz und Pfeffer würzen und durch die feine Scheibe des Fleischwolfs drehen oder in 3 Portionen im Blitzhacker zu einer feinen Farce pürieren. Die restliche gebratene Leber, Cranberrys und Pistazien unter die Farce mengen. Die Hälfte der Masse in die Form füllen, die Filets drauflegen, die restliche Farce gleichmäßig darauf verteilen. Mit den überhängenden Speckscheiben bedecken.

4 Die Form in einen hohen Bräter stellen und so viel kochendes Wasser dazugießen, dass sie zu drei Viertel im Wasser steht. Im Ofen (unten, Umluft nicht empfehlenswert) ca. 1 Std. offen garen. Den Bräter herausnehmen und die Terrine im Wasserbad abkühlen lassen, herausheben und 1–2 Tage zugedeckt im Kühlschrank durchziehen lassen. Die Terrine mit einem Messer vom Rand lösen, stürzen und in Scheiben schneiden.

PROFI-TIPP
Terrinen sind Pasteten ohne Teigmantel. Das zerkleinerte Fleisch – die sogenannte **Farce** – wird direkt in der Form gegart, die zuvor mit dünnen Speckscheiben ausgelegt wird.

GERÄUCHERTER BACKSCHINKEN

saftig zart und würzig duftend

Für 6 Personen
Zubereitungszeit ca. 1 Std.
Marinierzeit 12 Std.
Räucherzeit 30 Min.
Garzeit 1 Std. 40 Min.
pro Portion 680 kcal

180 ml Apfelsaft · 75 g Salz · 1,4 kg Schweinebraten mit Schwarte · 1 Zwiebel · 2 Knoblauchzehen 500 ml Weißbier · je 1/2 TL Kümmelsamen, getrockneter Majoran und Pfeffer
Außerdem:
Marinierspritze · Gefrierbeutel (3 l Inhalt) Wok · 2 EL Buchenmehl

1 Saft, 300 ml Wasser und Salz verrühren. Den Braten in eine Schüssel legen und die Lake mit der Marinierspritze im Abstand von 2 cm ins Fleisch einspritzen. Braten und abgeflossene Lake im gut verschlossenen Gefrierbeutel über Nacht im Kühlschrank marinieren.

2 Das Fleisch aus der Marinade nehmen und mit einem scharfen Messer die Schwarte mit ca. 5 mm Abstand kreuzweise 3–4 mm tief einritzen. Offen 1 Std. trocknen lassen. Den Wok mit Alufolie auslegen und vorheizen. Buchenmehl einstreuen, Abstandhalter und Gitter darübersetzen (s. S. 287). Braten auf das Gitter legen, den Wok verschließen und auf 70° aufheizen. Das Fleisch im heißen Wok 30 Min. bei konstant 70° räuchern.

3 Den Backofen auf 200° (keine Umluft) vorheizen. Das Fleisch mit der Schwarte nach oben in einen Bräter setzen. Zwiebel und Knoblauch schälen, vierteln und hinzufügen. Den Braten im heißen Backofen (Mitte) 15 Min. braten. Bier und Gewürze zugeben. Den Ofen auf 135° schalten und das Fleisch 1 Std. 10 Min. garen. Backofen auf 220° Grillfunktion stellen und den Braten in ca. 5 Min. knusprig grillen. Den Braten in Scheiben schneiden. Die Sauce durch ein Sieb in einen Topf gießen und bei mittlerer Hitze auf die Hälfte einkochen. Zum Braten reichen.

KNUSPERKASSELER AUS DEM RAUCH

knusprig – edel

Für 4 Personen · Zubereitungszeit ca. 1 Std.
Marinierzeit 12 Std. · Räucherzeit 30 Min.
Backzeit 50 Min. · pro Portion 690 kcal

40 ml Apfelsaft · 5 1/2 TL Meersalz
800 g ausgelöster Schweinerücken (Lachse)
3 EL Walnusskerne · 1 Zwiebel
50 g Aprikosenkonfitüre · 1 Ei (Größe M)
1 Rolle Blätterteig (270 g, aus dem Kühlregal)
Außerdem:
Marinierspritze · Wok · 1 EL Buchenmehl

1 Apfelsaft, 160 ml Wasser und Salz verrühren, bis das Salz gelöst ist. Die Lake mit der Marinierspritze im Abstand von 2 cm ins Fleisch einspritzen. Den Schweinerücken über Nacht im Kühlschrank marinieren.

2 Das Fleisch herausnehmen, trocken tupfen und 1 Std. offen trocknen lassen. Nüsse fein hacken. Zwiebel schälen, fein würfeln. Beides mit der Konfitüre mischen.

3 Den Wok mit Alufolie auslegen und vorheizen. Das Buchenmehl einstreuen, Abstandhalter und Gitter darübersetzen (s. S. 287). Das Fleisch auf das Gitter legen, den Wok verschließen und auf 80° aufheizen. Das Fleisch 30 Min. bei konstant 80° räuchern.

4 Den Backofen auf 200° vorheizen, ein Backblech mit Backpapier belegen. Das Ei trennen. Den Blätterteig entrollen und mit der Aprikosenmasse bestreichen, dabei rundum 2 cm Rand lassen. Diesen mit Eiweiß bestreichen. Das Fleisch in den Teig einschlagen. Die Naht festdrücken, seitlich überstehenden Teig nach unten falten. Die Rolle aufs Blech legen und mit Eigelb bepinseln. Im Ofen (Mitte) ca. 50 Min. backen. Herausnehmen und 10 Min. ruhen lassen, dann aufschneiden.

PROFI-TIPP
Die **Marinierspritze** bringt die Lake direkt ins Fleisch. Das sorgt für noch mehr Aroma und eine kürzere Marinierzeit!

GERÄUCHERTE ENTENBRUST

köstlich – etwas anspruchsvoll

Für 2 Personen
Zubereitungszeit ca. 35 Min.
Marinierzeit 12 Std.
Räucherzeit 30 Min.
pro Portion 460 kcal

350–400 g Entenbrustfilet mit Haut
60 ml Apfelsaft
5 TL Meersalz
1 EL Butterschmalz
Pfeffer
1 aromatischer Apfel
(z. B. Cox Orange, Jonagold)
1 EL Butter
2 TL Puderzucker
Außerdem:
Marinierspritze · Wok
Gefrierbeutel (1 l Inhalt)
2 EL Apfelholz- oder Buchenmehl
4 Wacholderbeeren

1 Die Entenbrust waschen und trocken tupfen. Den Apfelsaft, 100 ml Wasser und das Salz verrühren, bis das Salz gelöst ist. Die Lake mit der Marinierspritze im Abstand von 2 cm in das Entenbrustfilet einspritzen. Das Fleisch in den Gefrierbeutel geben, gut verschließen und über Nacht im Kühlschrank marinieren.

2 Das Filet herausnehmen, trocken tupfen und 1 Std. offen trocknen lassen. Den Wok mit Alufolie auslegen und vorheizen. Das Holzmehl und die Wacholderbeeren einstreuen, Abstandhalter und Gitter darübersetzen (s. S. 287). Das Fleisch auf das Gitter legen, danach den Wok verschließen und auf 100° aufheizen. Den Herd auf sehr schwache Hitze schalten und das Fleisch 30 Min. bei fallender Hitze räuchern.

3 Inzwischen den Backofengrill auf 220° vorheizen. Ein Backblech mit Backpapier belegen. Das Fleisch vom Gitter nehmen und die Hautseite mit einem scharfen Messer in 5 mm Abstand rautenförmig einritzen.

4 Butterschmalz in einer Pfanne erhitzen. Die Entenbrust darin auf der Hautseite anbraten, bis die Haut kross ist. Aus der Pfanne nehmen, auf die Fleischseite legen und 5 Min. ruhen lassen, dann pfeffern.

5 Den Apfel schälen und vierteln, dabei das Kerngehäuse entfernen. Die Viertel in 3 mm breite Spalten schneiden und in Form von zwei Fächern auf dem Backblech anordnen. Die Apfelfächer mit den Butterflöckchen belegen und mit dem Puderzucker bestäuben. Im Ofen (oben) in 2–3 Min. goldgelb karamellisieren lassen. Das Entenbrustfilet in Scheiben schneiden und portionsweise mit je 1 Apfelfächer anrichten.

DAS SCHMECKT DAZU

Reichen Sie dazu die selbst gemachte **Pflaumen-Cumberlandsauce** von Seite 258 oder die Hagebuttensauce von Seite 256.

TAUSCH-TIPP

Mit Tee räuchern: Diese Variante gibt der Entenbrust eine asiatische Note. In vielen Regionen Chinas räuchert man Ente und auch anderes Geflügel mit Tee. Dafür 2 EL Schwarztee, 2 TL Reis und 2 TL Zucker mischen und als Smokgut in den Wok streuen. Servieren Sie die Entenbrust mit Reis und Sojasauce. Dazu passt die selbst gemachte süßsauer-scharfe Mirabellensauce von Seite 259.

SCHINKENSÜLZE MIT KERBEL UND SCHALOTTEN

Retro-Charme für den Abendbrottisch

Für 4 Personen
Zubereitungszeit ca. 1 Std.
Garzeit 3 Std.
Ruhezeit 24 Std.
pro Portion 360 kcal

2 Zwiebeln
3 Möhren
1 Petersilienwurzel
3 Stangen Staudensellerie
1 Stange Lauch
2 Knoblauchzehen
1/2 Bund Petersilie
6 Zweige Thymian
1 1/2 kg Schweinefüße
(in Stücke gehackt)
1 1/2 kg mild gepökelter roher Schinken
(nicht geräuchert; beim Metzger vorbestellen)
1 1/2 l Weißwein (z. B. Riesling)
1 TL Kümmelsamen
1 TL schwarze Pfefferkörner
1 Lorbeerblatt
Salz · Pfeffer
100 g Schalotten
100 g Kerbel

1 Am Vortag Zwiebeln, Möhren und Petersilienwurzel schälen. Den Sellerie putzen und waschen, den Lauch putzen, längs aufschneiden und waschen. Alles in walnussgroße Stücke schneiden. Den ungeschälten Knoblauch mit der Breitseite eines großen Messers andrücken. Die Kräuter waschen und trocken schütteln.

2 Die Schweinefußstücke waschen und zusammen mit dem Schinken, Gemüse, Knoblauch, Kräutern, Wein und Gewürzen in einen großen Topf geben. Mit kaltem Wasser aufgießen und leicht salzen. Alles aufkochen und bei kleiner Hitze ca. 3 Std. sanft kochen lassen, dabei gelegentlich aufsteigenden Schaum entfernen. Der Schinken sollte immer mit Flüssigkeit bedeckt sein, falls nötig, etwas Wasser nachgießen.

3 Den Schinken und die Schweinefußstücke aus der Brühe nehmen. Die Brühe durch ein feines Sieb in einen Topf gießen und auf 1 l einkochen lassen, mit Salz und Pfeffer würzen und abkühlen lassen. Die abgekühlte Brühe in den Kühlschrank stellen.

4 Das erstarrte Fett von der Brühe abnehmen – die Brühe sollte jetzt gut geliert sein. (Falls nicht, 1 Blatt Gelatine in kaltem Wasser einweichen, in etwas heißer Brühe auflösen und unter die lauwarme Brühe mischen.) Die Brühe erwärmen, bis sie flüssig ist.

5 Den Schinken in 1–2 cm große Würfel schneiden. Nach Belieben auch das Fleisch von den Knochen lösen und fein hacken. Die Schalotten schälen und in feine Würfel schneiden. Den Kerbel waschen und trocken schütteln, die Blätter abzupfen und klein schneiden. Die Schalottenwürfel und den Kerbel mischen.

6 Eine Terrinen- oder Kastenform mit Wasser ausspülen und mit Klarsichtfolie auskleiden. Abwechselnd Fleischwürfel und Kerbel-Schalotten-Mischung einschichten und mit der Brühe auffüllen. Die Sülze im Kühlschrank 24 Std. durchziehen und erstarren lassen.

7 Vor dem Servieren die Sülze in Scheiben schneiden und nach Belieben unter dem Backofengrill ganz leicht anwärmen. Dazu passt ein gemischter Blattsalat mit einer fruchtigen Senf-Vinaigrette und das selbst gemachte Krustenbrot von Seite 197.

SAUERFLEISCH

Wiederentdeckung aus Omas Sommerküche

Für 3 Gläser (je 500 ml)
Zubereitungszeit ca. 2 Std. · Garzeit 1 Std.
Kühlzeit 3 Std. · pro Portion 800 kcal
Haltbarkeit 1 Woche

1 kleine Stange Lauch · 3 Zwiebeln
2 große Möhren · 3 Lorbeerblätter · Salz
je 1 EL weiße Pfefferkörner und Senfkörner
5 Pimentkörner · 1250 g Schweinenacken
mit Knochen · 250 ml Weißweinessig
2 EL Zitronensaft · Pfeffer · 2–3 EL Zucker
12 Blatt weiße Gelatine · 5 Cornichons
Außerdem:
3 Einmachgläser (sterilisiert, s. S. 6)

1 Lauch putzen, der Länge nach aufschlitzen, gründlich waschen und in dicke Scheiben schneiden. Zwiebeln und Möhren schälen, die Zwiebeln vierteln, die Möhren ganz lassen. Alles mit Lorbeer, 1 TL Salz, Pfeffer-, Senf- und Pimentkörnern in 1,5 l Wasser aufkochen. Fleisch abtupfen und in die kochende Flüssigkeit legen. Aufkochen, dann bei kleiner Hitze ca. 1 Std. sieden lassen.

2 Das Fleisch, die Möhren und die Zwiebeln herausnehmen und abgedeckt erkalten lassen. Den Lauch wegwerfen. Den Kochsud durch ein feines Sieb gießen und 750 ml abmessen. Essig unterrühren und den Sud mit Zitronensaft, Salz, Pfeffer und Zucker sehr kräftig abschmecken. Gelatine 5 Min. in kaltem Wasser einweichen. 250 ml von dem abgemessenen Sud erhitzen. Die Gelatine ausdrücken und darin auflösen. Mit dem restlichen Sud mischen und mind. 1 Std. kühl stellen.

3 Das Fleisch von den Knochen lösen und in Stücke schneiden. Die Möhren und die Cornichons in Scheiben schneiden und zusammen mit dem Fleisch und den Zwiebeln in Gläser mit weiter Öffnung füllen. Mit dem Sud auffüllen und mindestens 2 Std. kalt stellen. Das Fleisch im Glas mit Remoulade (s. Rezept S. 177) und Bratkartoffeln servieren.

TAFELSPITZSÜLZE

süddeutscher Klassiker – gut vorzubereiten

Für 6 Personen
Zubereitungszeit ca. 45 Min. · Garzeit 2 Std.
Kühlzeit 3 Std. · pro Portion 275 kcal

1 Zwiebel · Salz · 2 Lorbeerblätter
3 Gewürznelken · 1 TL schwarze Pfefferkörner
800 g Rindfleisch (Tafelspitz oder Bürgermeisterstück) · 4 Möhren · 1 Stange Lauch
150 g Knollensellerie · 2–3 EL Weißweinessig
1 Pck. Sülzenpulver (für 750 ml Flüssigkeit)

1 Die Zwiebel schälen und halbieren. Ein Stück Alufolie auf die heiße Herdplatte legen, die Zwiebelhälften mit den Schnittflächen daraufsetzen bis diese dunkelbraun geröstet sind. Zwiebelhälften, 1 1/2 EL Salz, Lorbeerblätter, Gewürznelken und Pfefferkörner in einen großen Topf geben, mit 2 l Wasser aufgießen und aufkochen. Das Fleisch hineingeben und nicht mehr aufkochen, sondern bei schwacher Hitze knapp siedend in ca. 2 Std. gar ziehen lassen.

2 Die Möhren schälen, den Lauch gründlich waschen und putzen. Beides in Scheiben schneiden. Den Sellerie schälen und in Stifte schneiden. Das Gemüse 20 Min. vor Ende der Fleischgarzeit in die Brühe geben. Dann den Topf vom Herd nehmen, das Fleisch und das Gemüse aus der Brühe nehmen und alles separat auf Tellern abkühlen lassen.

3 Das Fleisch in 12 ca. 1 cm dünne Scheiben schneiden. Die Scheiben in sechs tiefe Teller legen, mit dem Gemüse garnieren. 700 ml Brühe abmessen, aufkochen und vom Herd nehmen. Mit Essig und Salz abschmecken und das Sülzenpulver hineinrühren.

4 Die Sülzenflüssigkeit jeweils zur Hälfte über das Fleisch und das Gemüse geben und leicht fest werden lassen. Dann alles mit der restlichen Flüssigkeit bedecken und bei Raumtemperatur abkühlen lassen. Die Sülze im Kühlschrank in ca. 3 Std. vollständig fest werden lassen. Die Sülze mit knusprigem Bauernbrot servieren.

HUHN MIT GEMÜSE UND BRÜHE IM GLAS

immer ein guter Vorrat

Für 1 Glas (1,5 l Inhalt)
Zubereitungszeit ca. 45 Min. · Garzeit 40 Min.
bei 4 Portionen pro Portion 225 kcal
Haltbarkeit 2–3 Monate

2 große Hähnchenbeine (ca. 600 g)
1 EL Salz · 1 TL schwarze Pfefferkörner
3 Gewürznelken · 1 Lorbeerblatt
1 Bund Suppengrün
1 Kräutersträußchen aus Rosmarin und Thymian
1 Streifen dünn abgeschnittene Bio-Zitronenschale (4 cm)
Außerdem:
1 Einmachglas (1,5 l, sterilisiert, s. S. 6)

1 Die Hähnchenbeine mit kaltem Wasser abspülen und mit Küchenpapier abtrocknen, zu reichliches Fett abschneiden. In einen Suppentopf 1 l Wasser füllen, Salz, Pfefferkörner, Gewürznelken und Lorbeerblatt hinzugeben. Das Suppengrün waschen, putzen, in große Stücke schneiden, in den Topf geben und aufkochen. Die Hähnchenbeine hineingeben und alles bei mittlerer Hitze 5 Min. kochen. Dann den Topf beiseitestellen.

2 Die Hähnchenbeine in das vorbereitete Glas geben und die Brühe mit Gemüse und Gewürzen bis 2 cm unter den Rand dazugießen. Das Kräutersträußchen und die Zitronenschale dazugeben. Den Deckel aufsetzen und das Glas verschließen. Dann in einen Einkochtopf setzen oder in einen hohen Topf auf einen Dämpfeinsatz.

3 So viel heißes Wasser zugießen, dass es auf gleicher Höhe steht wie die Brühe im Glas. Den Topfinhalt bei mittlerer Hitze langsam bis auf 90° erhitzen. Immer wieder mit dem Thermometer den Hitzegrad prüfen. Bei Erreichen von 90° diese Temperatur 40 Min. halten. Ein Küchentuch in warmem Wasser auswringen. Das Glas vorsichtig mit einem Glasheber oder einem Tuch aus dem Topf heben, auf das feuchte Tuch setzen, vor Zugluft schützen und erkalten lassen. Das eingemachte Huhn im Glas kühl und dunkel aufbewahren.

GENUSS-TIPPS

Suppe mit Huhn aus dem Glas: Für eine schnelle, den Magen wärmende Mahlzeit für 4 Personen den Glasinhalt vorsichtig in eine Schüssel gleiten lassen. Die Hähnchenschenkel herausnehmen, das Fleisch von den Knochen lösen und in Stücke schneiden. Brühe eventuell mit 250 ml Wasser verlängern und aufkochen. Das Fleisch hineingeben. 50 g Suppennudeln unterrühren, 3–4 Min. sanft kochen. Die Suppe mit Salz, Pfeffer und Muskat abschmecken. Gehackte Petersilie überstreuen. In Butter geröstete Baguettescheiben dazu reichen.

Hähnchenragout mit Tomaten: Die Brühe aus dem Glas abgießen und aufbewahren, ebenso das Gemüse. Von den Hähnchenbeinen Haut, Knochen und Sehnen entfernen, das Fleisch klein schneiden. 1 gehackte Zwiebel und 1 Knoblauchzehe in 2 EL Olivenöl glasig braten. 1 kleine Dose stückige Tomaten unterrühren, alles 5 Min. bei Mittelhitze offen kochen lassen. 2 EL entsteinte grüne Oliven hacken, mit dem in Stücke geschnittenen Gemüse und dem Hähnchenfleisch unterrühren. Aufkochen und mit Salz, Chili und 1/2 TL gehacktem Oregano herzhaft abschmecken. Dazu Nudeln zubereiten. Die Brühe anderweitig verwenden.

EINGEMACHTES SCHWEINEFLEISCH

würzige Spezialität aus Madeira

Für 2 Gläser (je 750 ml)
Zubereitungszeit ca. 30 Min.
Marinierzeit 12 Std. · Garzeit 2 Std.
pro Glas 1395 kcal · Haltbarkeit 3 Monate

800 g Schweinegulasch
4 Knoblauchzehen
2 TL schwarze Pfefferkörner
je 1 TL Korianderkörner und Kreuzkümmelsamen
2 getrocknete Chilischoten
2 Lorbeerblätter · Salz
1/2 l trockener Weißwein
(ersatzweise Gemüsebrühe)
2 EL Weißweinessig
etwas Mehl zum Wenden
4 EL Olivenöl
4 Zwiebeln
Außerdem:
2 Einmachgläser (sterilisiert, s. S. 6)

1 Das Fleisch in eine Schüssel geben, den Knoblauch schälen und dazupressen. Pfeffer, Koriander, Kreuzkümmel, Chilis und Lorbeer mit 1 TL Salz im Mörser zerstoßen. Zusammen mit Wein und Essig zum Fleisch geben. Zugedeckt 12 Std. im Kühlschrank marinieren.

2 Zum Garen das Fleisch abtropfen lassen (die Marinade auffangen), mit Küchenpapier trocken tupfen und in Mehl wenden. Öl erhitzen und das Fleisch darin bei mittlerer Hitze in ca. 8 Min. leicht anbräunen.

3 Die Zwiebeln schälen, grob würfeln, zum Fleisch geben und 3–4 Min. mitbraten. Die Marinade nach und nach aufgießen und den Bratensatz loskochen, eventuell noch etwas Wasser zugießen. Das Fleisch zugedeckt bei schwacher Hitze 1 Std. schmoren lassen.

4 Das Gulasch mit Salz abschmecken und in die Gläser füllen. Verschließen und 1 Std. einkochen (s. S. 105). Kühl und dunkel aufbewahren.

ENTENCONFIT

Spezialität aus dem Périgord – braucht etwas Zeit

Für 1 Form (750 ml)
Zubereitungszeit ca. 30 Min.
Marinierzeit 12 Std. · Garzeit 1 Std. 50 Min.
pro Form 4950 kcal
Haltbarkeit 3 Monate

2 kleine Lorbeerblätter
2 EL grobes Meersalz
je 1 1/2 TL schwarze Pfefferkörner
und getrockneter Thymian
3 Entenkeulen (900 g)
375 g Gänseschmalz
(ersatzweise Schweineschmalz)
3 Knoblauchzehen

1 Im Mörser Lorbeerblätter, 1 Prise Salz, Pfefferkörner und Thymian zerreiben. Mit weiterem Salz vermischen. Entenkeulen rundum mit dem Kräutersalz bestreuen und dieses kräftig einreiben. Abdecken, kühl stellen und 12 Std. marinieren lassen.

2 In einem Topf, in dem die Keulen gerade Platz haben, das Schmalz zerlassen. Die Keulen mit Küchenpapier abreiben und mit der Hautseite nach unten ca. 7 Min. bei mittlerer Hitze anbraten. Die Keulen wenden und die Hitze auf schwach stellen. Nach 5 Min. die Entenkeulen abdecken und 1 Std. sanft schmoren lassen, dabei ab und zu wenden. 15 Min. vor Garzeitende ungeschälten Knoblauch dazugeben. Topf vom Herd nehmen, Keulen im Fett 30 Min. ziehen lassen.

3 Das Fleisch von den Knochen ablösen und in die Form drücken. Das Fett nochmals erhitzen, das Fleisch damit (ohne den Knoblauch) bedecken. Abkühlen lassen. Wenn das Fett zu erstarren beginnt, herausschauende Fleischteile unter die Oberfläche drücken. Das Confit im Kühlschrank aufbewahren.

VORRATS-TIPP
Das Confit kann statt in eine große Form auch in mehrere kleine **Tontöpfchen** gefüllt werden.

RILLETTES AUS SCHWEINEFLEISCH

Spezialität aus Frankreich

Für 10 Portionen
Zubereitungszeit ca. 30 Min.
Garzeit 3–4 Std.
pro Portion 270 kcal
Haltbarkeit 2–3 Monate

500 g Schweinebauch
250 g Schweinenacken
1 EL schwarze Pfefferkörner
2 Gewürznelken
2 Lorbeerblätter
1/2 TL Muskatnuss, frisch gerieben
1 EL Meersalz
1/2 Bund Petersilie
6–8 Zweige Thymian
50–100 g Schweineschmalz
Außerdem:
Steinzeugtopf oder Einmachglas
(sterilisiert, s. S. 6)

1 Von dem Schweinebauch die Schwarte in einem Stück abziehen. Das Schweinebauchfleisch und den Schweinenacken trocken tupfen und in ca. 2,5 cm große Stücke schneiden. Die Pfefferkörner im Mörser leicht zerstoßen.

2 Die Schwarte mit der Fettseite nach unten in einen schweren Schmortopf legen. Das Fleisch sowie Pfefferkörner, Nelken, Lorbeer, Muskat und Salz hinzufügen. Petersilie und Thymian waschen, zum Bund zusammenbinden und ebenfalls in den Topf geben. 250 ml kaltes Wasser zugießen.

3 Das Ganze zugedeckt bei mittlerer Hitze zum Kochen bringen, dann 3–4 Std. bei milder Hitze kochen lassen, bis das Fleisch zerfällt. Dabei nach Bedarf noch einige EL Wasser zugeben, damit nichts ansetzt.

4 Das Fleisch in ein Sieb abgießen und dabei die Flüssigkeit auffangen. Die Schwarte sowie Lorbeer, Gewürznelken und Kräuterzweige entfernen.

5 Das Fleisch mit den Händen faserig auseinanderpflücken, in eine Schüssel geben und mit ca. 100 g abgegossenem Fett verrühren (falls nötig, mit bis zu 50 g zerlassenem Schweineschmalz auffüllen), sodass eine streichfähige Masse entsteht.

6 Die Masse in ein sauberes Gefäß (Glas oder Steinzeug) streichen. 50 g Schweineschmalz zerlassen und darüberträufeln, sodass das Fleisch vor Luft geschützt ist. Die Mischung fest werden lassen und abdecken. Im Kühlschrank aufbewahren.

PROFI-TIPP
Fett und Salz sorgen bei Rillettes und Confits dafür, dass sich gegartes Fleisch, Geflügel und Wild über Wochen halten.

TAUSCH-TIPP
Wer mag, ersetzt in diesem Rezept den Schweinenacken durch geräucherten Bauchspeck oder Fleisch von **Ente, Gans, Kaninchen** oder **Hase.**

GENUSS-TIPPS
Rillettes und Confits schmecken am besten nach einem ausgiebigen Spaziergang, wenn man aus der klirrenden Winterkälte ins Warme kommt. Auf dunklem, **herzhaftem Bauernbrot** – leicht aufgetoastet wird es schön knusprig – wird das einfache Essen zur echten Delikatesse.
Im Südwesten Frankreichs gehören als Confit eingelegte Gänsekeulen neben Schweinefleisch, Speck und Würsten in das traditionelle **Cassoulet,** einen deftigen Eintopf mit weißen Bohnen.

SCHWEINESCHMALZ MIT ÄPFELN

köstlich auf dunklem Brot

Für 4 Gläser (je 300 ml)
Zubereitungszeit ca. 1 Std.
Einlegezeit ca. 2 Std.
Ruhezeit 20 Min.
pro Glas 3580 kcal
Haltbarkeit 2 Monate

1 kg Speck ohne Schwarte
1 kg Flomen (Bauchwandfett vom Schwein)
2 Zwiebeln
2 säuerliche Äpfel
4 Wacholderbeeren
1 Lorbeerblatt
1/4 TL getrockneter Thymian
Außerdem:
4 Gläser oder Steinzeugtöpfe
(sterilsiert, s. S. 6)

1 Den Speck und den Flomen in eine Schüssel eiskaltes Wasser legen. Das Wasser nach jeweils 30 Min. wechseln; so oft, bis es klar bleibt.

2 Speck und Flomen herausnehmen, trocken tupfen und in 1 cm kleine Würfel schneiden. In einen großen Topf mit breitem Boden geben, auslassen und anbräunen. Wenn das Fett ausgelassen ist, alles in eine Schüssel gießen und auf 70° abkühlen lassen.

3 Die Zwiebeln schälen und klein würfeln. Die Äpfel schälen, entkernen und ebenfalls in kleine Würfel schneiden. Beides in den Topf geben und das abgekühlte Schmalz darübergießen. Alles vorsichtig aufkochen (zu heißes Schmalz kocht über!), bis Äpfel und Zwiebeln goldbraun sind. Dann vom Herd nehmen, etwas abkühlen lassen und die Gewürze einrühren.

4 Alles 20 Min. durchziehen lassen. Dann in die vorbereiteten Gefäße füllen, diese verschließen und kühl aufbewahren. Wenn sich die Oberfläche kräuselt, ist das Schweineschmalz fertig.

GÄNSESCHMALZ MIT PFEFFER

für klirrend kalte Wintertage

Für 3 Gläser (je 210 ml)
Zubereitungszeit ca. 1 Std.
pro Glas 2130 kcal
Haltbarkeit 2 Monate

500 g Gänseflomen (Bauchwandfett)
300 g Schweineflomen
3 weiße Zwiebeln
je 2 Zweige Majoran und Beifuß
2 TL grob geschroteter schwarzer Pfeffer
Außerdem:
3 Gläser oder Steinzeugtöpfe (sterilisiert, s. S. 6)

1 Gänse- und Schweineflomen säubern, kalt abspülen und in kleine Würfel schneiden. Die Zwiebeln schälen und in Ringe schneiden. Die Kräuter waschen, gründlich trocken schütteln und die Blättchen und Blütenknospen von den Stielen streifen.

2 Den Flomen in einem schweren Topf mit breitem Boden auslassen. Zwiebeln zugeben und bei guter Mittelhitze goldbraun werden lassen. Zwiebelringe mit dem Schaumlöffel aus dem Schmalz schöpfen und auf Küchenpapier abtropfen lassen.

3 Majoran, Beifuß und Pfeffer in das heiße Schmalz geben und kurz darin ziehen lassen. Dann den Topf vom Herd nehmen und etwas abkühlen lassen.

4 Das Gänsefett in die vorbereiteten Gefäße füllen und die Zwiebeln sowie etwas geschroteten Pfeffer daraufgeben. Die Gefäße verschließen, abkühlen lassen und anschließend im Kühlschrank aufbewahren.

PROFI-TIPP

Schon gewusst? **Flomen** nennt man das weiße, stückige, von hauchdünnen Häutchen durchzogene Bauchwandfett von Schwein oder Gans. Unverzichtbar für ein besonders feines Schmalz! Unbedingt beim Metzger vorbestellen.

DER LIEBLINGSKLASSIKER

KALBSLEBERWURST MIT ZWIEBELN UND TOMATEN

wie vom Traditionsmetzger

Für 6 Gläser (je 330 ml)
Zubereitungszeit ca. 55 Min. · Kochzeit 3 Std.
pro Glas 695 kcal
Haltbarkeit 3 Monate

Salz · 1 kg Schweinebauch (mit Schwarte)
1 kg Kalbsleber (am Stück)
100 g Zwiebeln · 2 Knoblauchzehen
2 EL Olivenöl · 50 g halb getrocknete Tomaten
2 TL gemahlene Muskatblüte (Macis)
1 TL gemahlener Piment
1 TL getrockneter Oregano
1/2 TL Chiliflocken
Außerdem:
6 Einmachgläser (sterilisiert, s. S. 6)

1 In einem Topf 2 l Wasser mit 3 EL Salz zum Kochen bringen. Den Schweinebauch darin bei kleiner Hitze ca. 1 Std. sanft garen.

2 Die Kalbsleber abspülen und trocken tupfen. Sehnen, Gefäße und Bindegewebe wegschneiden sowie dicke Stellen 1 cm tief einschneiden. 10 Min. vor Garzeitende die Leber zum Schweinebauch in die Brühe geben und ebenfalls darin ziehen lassen. Dann die Leber und den Schweinebauch herausnehmen und etwas abkühlen lassen. Die Brühe beiseitestellen.

3 Inzwischen die Zwiebeln und den Knoblauch schälen, vierteln und in dünne Scheiben schneiden. In einer Pfanne das Olivenöl erhitzen, Zwiebeln und Knoblauch darin in 5 Min. glasig braten. Die Tomaten hacken und ebenfalls kurz mitdünsten.

4 Die Schwarte vom Schweinebauch abschneiden und die Hälfte des Fleischs in möglichst kleine Würfel schneiden. Das restliche Fleisch, die Schwarte und die Kalbsleber in große Stücke schneiden und zusammen mit der gedünsteten Zwiebel-Tomaten-Mischung zweimal durch den Fleischwolf drehen. Die kleinen Fleischwürfel mit den Gewürzen und 250 ml abgekühlter Brühe unter die Lebermasse rühren und gründlich verkneten. Einige Minuten ruhen lassen und dann mit ca. 2 TL Salz kräftig würzen.

5 Die vorbereiteten Einmachgläser bis 3 cm unter den Rand mit der Wurstmasse füllen (die Masse geht beim Einkochen auf!) und verschließen.

6 Ein Küchentuch auf den Boden eines Topfs legen und die Gläser hineinstellen. So viel heißes Wasser angießen, dass die Gläser bis zum Deckelrand darin stehen. Das Wasser zum Kochen bringen und die Leberwurst 2 Std. einkochen. Die Gläser im Topf abkühlen lassen. Herausnehmen und kühl und dunkel aufbewahren.

DEKO-TIPP
Sie können die Leberwurst statt in Gläsern auch in Dosen einkochen. Im Haushaltswarenhandel gibt es **moderne Dosen**, die ähnlich wie Einkochgläser mit Gummiringen verschlossen werden, mehrfach verwendbar sind und sehr hübsch aussehen.

AROMA-TIPP
Gewürze verlieren bei der **Lagerung** mit der Zeit an Aroma. Schmecken Sie die Wurstmasse deshalb ruhig kräftig ab.

HÄHNCHENCREME

kräuterfein – mediterran

Für 4 Personen
Zubereitungszeit ca. 30 Min.
pro Portion 60 kcal
Haltbarkeit 3 Tage

120 g Hähnchenbrustfilet
1 kleine Zwiebel
1 Knoblauchzehe
150 ml Geflügelbrühe (Instant)
1/4 TL Fenchelsamen
1/2 TL getrockneter Oregano
3 EL Weißwein (nach Belieben)
100 g eingelegte Artischocken (aus dem Glas)
3 Stängel Basilikum
Salz · Pfeffer

1 Das Hähnchenfleisch in große Würfel schneiden. Die Zwiebel und die Knoblauchzehe schälen und beides hacken. Alles in die Brühe geben und aufkochen.

2 Fenchelsamen hacken und zusammen mit Oregano, dem Wein (nach Belieben) und dem Fleisch in die Brühe geben. Alles bei schwacher Hitze ca. 10 Min. sanft kochen und dann abkühlen lassen.

3 Das Fleisch aus der Brühe nehmen. Die Artischocken abtropfen lassen. Das Basilikum waschen und trocken schütteln, die Blättchen grob hacken. Artischocken, Basilikum, Hähnchenfleisch und 3 EL Brühe mit dem Pürierstab oder in der Küchenmaschine pürieren. Eventuell übrige Brühe untermixen. Mit Salz und Pfeffer würzen. Die fertige Creme im Kühlschrank aufbewahren.

TAUSCH-TIPP

Grüne Variante: Nehmen Sie anstelle der Artischocken 1/2 Bund Basilikum, pürieren Sie das Fleisch mit je 2 EL Brühe und Ricotta. Rühren Sie dann noch 2 EL Ricotta unter die Creme.

SHERRY-LEBER-CREME

fein & herzhaft

Für 4 Personen
Zubereitungszeit ca. 30 Min.
pro Portion 240 kcal
Haltbarkeit 3 Tage

250 g Hähnchenlebern
2 Schalotten
1/2 Bio-Orange
2 EL Olivenöl
Salz · Pfeffer
6 EL Sherry
1/4 TL getrockneter Majoran
2 EL Kapern
3 EL Butter
1/4 Bund Petersilie

1 Die Hähnchenlebern waschen, von Sehnen und Häutchen befreien und trocken tupfen. Die Schalotten schälen und würfeln. Die Orange heiß waschen, abtrocknen, 2 Msp. Schale abreiben und 4 EL Saft auspressen.

2 Das Olivenöl in einer Pfanne erhitzen und darin die Schalottenwürfel anbraten. Die Lebern dazugeben und rundherum kurz anbraten, salzen und pfeffern. Den Sherry und den Orangensaft dazugießen, Majoran und Orangenschale dazugeben. Zugedeckt bei schwacher Hitze in 12–15 Min. garen.

3 Die Lebern leicht abkühlen lassen. Lebern, Kapern und Butter mit dem Pürierstab oder in der Küchenmaschine pürieren. Petersilie waschen und trocken schütteln, die Blättchen fein hacken und unter die Creme rühren.

4 Die fertige Sherry-Leber-Creme in ein sterilisiertes Gefäß füllen (s. S. 6). Dieses verschließen und im Kühlschrank aufbewahren.

DAS PASST DAZU
Probieren Sie dazu selbst gebackenes **Zucchinibrot, Ciabatta** oder ganz klassisch **Baguette** (s. Rezepte S. 206, 208 und 212).

KRÄUTER-KOCHWURST IM GLAS MIT PISTAZIEN

ideal zum Bier – für den Vorrat

Für 4 Gläser (je 220 ml)
Zubereitungszeit ca. 30 Min.
Garzeit 1 Std. 20 Min.
pro Glas 565 kcal
Haltbarkeit 6 Monate

800 g Schweinebauch am Stück ohne Knochen, möglichst mager
Salz · 1 TL Pfefferkörner
3 Lorbeerblätter
4 Pimentkörner
2 Zwiebeln
je 1 TL getrockneter (oder 2 TL gehackter frischer) Majoran und Thymian
1 Msp. abgeriebene Schale von 1 Bio-Zitrone
Pfeffer
Muskatnuss, frisch gerieben
25 g gehackte Pistazienkerne
Außerdem:
4 Einmachgläser (sterilisiert, s. S. 6)

1 Den Schweinebauch kalt abspülen, in einen großen Topf legen, mit Wasser bedecken, 1 EL Salz, Pfefferkörner, Lorbeerblätter und Piment dazugeben. Die Zwiebeln schälen und unzerteilt dazufügen. Alles zugedeckt bei mittlerer Hitze 1 Std. kochen. Im Sud erkalten lassen.

2 Den Schweinebauch mitsamt der Schwarte in sehr dünne Scheiben schneiden. Diese in schmale Streifen schneiden und so klein wie möglich würfeln, besser hacken. Das Fleisch in einen Topf geben, unter Rühren bei mittlerer Hitze 15 Min. schmoren, dabei aufpassen, dass es nicht ansetzt.

3 Die mitgegarten Zwiebeln hacken und mit den Kräutern und der Zitronenschale unter das Fleisch rühren. Mit Salz, Pfeffer und 1 guten Prise Muskatnuss abschmecken und noch 5 Min. schmoren. Pistazien in der trockenen Pfanne leicht anrösten und unter das Fleisch mischen. Die Kochwurst dicht in Gläser füllen und erkalten lassen.

4 Die Menge Kochwurst, die Sie nicht innerhalb von 2–3 Tagen nach der Zubereitung verbrauchen, im Backofen einkochen. Dazu die Glasränder säubern und die sterilisierten Deckel fest aufsetzen.

5 Die Fettpfanne des Backofens mit Küchenpapier auslegen und die Gläser daraufstellen. Die Pfanne bis zum Rand mit warmem Wasser füllen. Den Backofen auf 160° einschalten und die Wurst in 1 Std. 30 Min. einkochen (s. S. 105). Im ausgeschalteten Backofen abkühlen lassen. Kühl und dunkel aufbewahren.

STYLING-TIPP

Zum **Verschenken** ein Pasteten- oder Wurstglas mit einem hübschen Etikett versehen, in Zellophan einpacken und mit einem Kräutersträußchen garnieren. Und wer dann noch ein selbst gebackenes Brot, z. B. das Helle Vierkornbrot von Seite 204, dazupackt, wird das Herz jedes Feinschmeckers im Nu erobern!

PROFI-TIPP

Als **Kochwurst** werden alle Wurstsorten bezeichnet, bei denen die Zutaten einzeln gegart werden, bevor sie zur Wurstmasse verarbeitet werden. Frisch sind diese Sorten meist nicht lange haltbar und wurden deshalb oft gleich am Schlachttag zubereitet und verzehrt. Unser Trick: Wir kochen die Wurst ein, so hält sie sich ein halbes Jahr.

TATAR-AUFSTRICH MIT KAPERN

pikant – aus ganz frischem Fleisch

Für 4 Portionen
Zubereitungszeit ca. 15 Min.
pro Portion 150 kcal
Haltbarkeit 1 Tag

2 Schalotten
3 Cornichons · 2 TL Kapern
1 Sardellenfilet in Salzlake (aus dem Glas)
3 Stängel Kräuter (z. B. Petersilie, Schnittlauch, Estragon)
200 g Rindertatar (aus Hüftsteak)
1 EL Olivenöl
1/2 TL mittelscharfer Senf
Salz · Pfeffer
1/4 Beet Kresse (nach Belieben)

1 Die Schalotten schälen und mit den Cornichons fein würfeln. Die Kapern fein hacken. Das Sardellenfilet abspülen und ebenfalls hacken. Die Kräuter waschen, trocken schütteln, die Blätter abzupfen und fein hacken.

2 Das Tatar in eine Schüssel geben. Schalotten- und Cornichonwürfel, gehackte Kapern, Sardellen, Kräuter, Olivenöl und Senf dazugeben und alles mit den Händen gut verkneten. Mit Salz und Pfeffer kräftig würzen. Vor dem Servieren nach Belieben die Kresse vom Beet schneiden und das Tatar damit bestreuen.

VARIANTE

THUNFISCH-TATAR

Für 4 Portionen
Zubereitungszeit ca. 15 Min.
pro Portion 125 kcal · Haltbarkeit 1 Tag

- 200 g frisches Thunfischfilet (in Sushi-Qualität) mittelfein würfeln. 3 Cornichons fein würfeln. 1 Knoblauchzehe schälen und fein hacken.
- Alles mit 1 EL Schnittlauchröllchen, 1 TL mittelscharfem Senf, 1 TL Öl, Salz und Pfeffer verkneten.

ZWIEBELMETT

rustikal – passt zu einem Glas Bier

Für 4 Portionen
Zubereitungszeit ca. 20 Min.
pro Portion 170 kcal
Haltbarkeit 1–2 Tage

50 g geräucherter roher Schinken
1 kleine Zwiebel
1 TL Fenchelsamen
1/2 rote Chilischote
2 Zweige Oregano
3 Stängel Petersilie
200 g Schweinemett
1 TL edelsüßes Paprikapulver
Salz · Pfeffer
Außerdem:
1/2 Zwiebel (nach Belieben)
gehackte Petersilie zum Bestreuen

1 Den Schinken klein würfeln. Die Zwiebel schälen und fein würfeln. Die Fenchelsamen im Mörser zerdrücken.

2 Die Chilischote längs halbieren, putzen, entkernen, waschen und fein würfeln. Oregano und Petersilie waschen, trocken schütteln, die Blätter abzupfen und fein hacken. Nach Belieben ein paar Petersilienblättchen zum Dekorieren zurückbehalten.

3 Alle vorbereiteten Zutaten – Schinken- und Zwiebelwürfel, Fenchel, Chili, Oregano und Petersilie – zusammen mit dem Schweinemett in eine Schüssel geben und mit den Händen alles gut vermischen. Mit Paprikapulver, Salz und Pfeffer kräftig würzen. Falls verwendet, die Zwiebelhälfte schälen und in feine Ringe schneiden. Den Mettaufstrich auf Brötchen, Bauernbrot oder Baguettescheiben streichen und nach Belieben mit Zwiebelringen und gehackter Petersilie belegen.

PROFI-TIPP
Schweinemett ist leicht verderblich: am besten sofort nach dem Einkauf gut kühlen und dann rasch verarbeiten.

FRÄNKISCHE BRATWURST

Wurstgenuss in Hülle und Fülle

Für 1 kg Bratwurst
Zubereitungszeit ca. 40 Min.
Kühlzeit 30 Min.
Ruhezeit 24 Std.
pro 100 g 245 kcal
Haltbarkeit 1–2 Tage

4 m Schweinesaitlinge (1 1/2 cm Ø)
1 kg Schweinefleisch aus Schulter, Hals oder Bauch (600 g mageres, 400 g durchwachsenes Fleisch)
1 Zwiebel · Salz · Pfeffer
1 TL getrockneter Majoran
Muskatnuss, frisch gerieben
Außerdem:
Wurstfüller (s. Tipp)
Küchengarn

1 Die Saitlinge bis zur Verwendung in kaltem Wasser einlegen. Sehnen und Flachsen vom Fleisch entfernen. Das Fleisch in 3 cm große Stücke schneiden, in eine Schüssel geben und 30 Min. ins Gefrierfach stellen. Die Zwiebel schälen und würfeln.

2 1 EL Salz, 1 TL schwarzer Pfeffer, den Majoran, 1 gute Prise geriebene Muskatnuss und die Zwiebelwürfel zum Fleisch geben. Alles gut vermischen und die Fleischmischung zweimal durch die feine Scheibe des Fleischwolfs drehen. Dann in die Schüssel zurückgeben und alles gut durchkneten. Mit Salz, Pfeffer, Majoran und Muskatnuss herzhaft abschmecken.

3 Den Darm vor dem Füllen über einen Wasserhahn ziehen und mit reichlich Wasser spülen. Den Darm über den Stutzen des Wurstfüllers ziehen, das Darmende mit Küchengarn zubinden oder verknoten.

4 Die vorbereitete Wurstmasse vorsichtig in den Darm drücken und die Würste alle 10 cm abwechselnd links- und rechtsherum abdrehen und zubinden oder verknoten. Die Würste nicht zu prall füllen, sonst platzen sie beim Braten. Luftblasen mit einer Nadel aufstechen.

5 Die Würste vor dem Braten am besten 1 Tag im Kühlschrank durchziehen lassen, dann auseinanderschneiden und auf dem Grill oder in der Pfanne braten.

PROFI-TIPP
Wurstfüller kann man einzeln oder als Aufsatz für den Fleischwolf im Haushaltswarenladen kaufen.

VARIANTE

MAROKKANISCHE BRATWURST MERGUEZ

Für 1 kg Bratwurst
Zubereitungszeit ca. 40 Min.
Kühlzeit 30 Min.
pro 100 g 215 kcal
Haltbarkeit 1–2 Tage

- 500 g durchwachsenes Lammfleisch und 500 g durchwachsenes Rindfleisch wie beschrieben vorbereiten.
- Das Fleisch mit 6 Knoblauchzehen und 1 Zwiebel sowie 1/2 TL Chiliflocken, 1–2 TL Harissa, 2 TL mildem Paprikapulver, 1 TL gemahlenem Kreuzkümmel, 1/2 TL Zimtpulver und 1/2 TL gemahlenem Koriander, 1 TL frisch gemahlenem schwarzen Pfeffer, 2 EL Weißweinessig und 1 EL Salz mischen und die Masse kalt stellen.
- Die Wurstmasse zweimal durch den Fleischwolf drehen und in gewässerte Schafssaitlinge füllen. Weiter wie in Step 4 des Hauptrezepts beschrieben.

DER LIEBLINGSKLASSIKER

GEBEIZTER LACHS

selbst gemacht am besten

Für 8 Personen
Zubereitungszeit ca. 30 Min. · Ruhezeit 48 Std.
pro Portion 315 kcal · Haltbarkeit 2–3 Tage

1 frisches Lachsfilet mit Haut (ca. 900 g)
2 Bund Dill · 1/2 Bund glatte Petersilie
1 TL weiße Pfefferkörner
1/2 TL Senfkörner · 1/2 TL Korianderkörner
1 Espresso-Tasse Salz (ca. 75 g)
1/2 Espresso-Tasse Zucker (ca. 40 g)
3 EL Weißweinessig · 5 EL Olivenöl
1 Bio-Zitrone · 250 ml Milch · 1 TL Dijon-Senf

1 Lachsfilet kalt waschen und trocken tupfen, eventuell die Gräten mit der Pinzette entfernen. 1 Bund Dill und die Petersilie waschen und trocken schütteln, Dillspitzen und Petersilienblätter fein hacken. Pfeffer-, Senf- und Korianderkörner grob zerstoßen. Mit Salz, Zucker und Kräutern mischen. 1 EL Essig und 3 EL Öl unterrühren.

2 Das Lachsfilet mit der Hautseite nach unten in eine passende Form oder auf ein Brett legen. Die Gewürz-Kräuter-Mischung darauf verstreichen. Die Zitrone heiß waschen, abtrocknen, in dünne Scheiben schneiden und auf den Lachs legen. Lachs mit Klarsichtfolie abdecken, mit einem Brett beschweren und 48 Std. im Kühlschrank ziehen lassen.

3 Die Zitronenscheiben entfernen, die Gewürzmischung vorsichtig abstreifen. Den Lachs 5–10 Min. in Milch einlegen, dann herausnehmen und trocken tupfen. Übrigen Essig mit restlichem Öl und Senf verrühren. Marinade auf den gebeizten Lachs streichen. Übrigen Dill waschen, trocken schütteln, hacken und über den Lachs streuen. Vor dem Servieren den Lachs mit einem scharfen Messer schräg in dünne Scheiben schneiden.

DAS SCHMECKT DAZU

Fenchel-Orangen-Dip: Das Grün von 1 Fenchelknolle entfernen und beiseitelegen. Die Knolle halbieren und den Strunk entfernen. 1 Möhre waschen und schälen. Fenchel und Möhre auf der Rohkostreibe fein raspeln. 2 Bio-Orangen heiß waschen, abtrocknen und 1 TL Schale abreiben. Dann die Orangen schälen, Fruchtfilets mit einem scharfen Messer zwischen den Trennhäuten herausschneiden. Den Saft von 1 Zitrone auspressen. 200 g Frischkäse mit 200 g Crème fraîche, Zitronensaft und Orangenschale glatt rühren. Fenchel- und Möhrenraspel unterrühren und die Orangenfilets unterheben. Mit Salz und gemahlenem Kreuzkümmel würzen. Das Fenchelgrün grob hacken und darüberstreuen.

Meerrettich-Rote-Bete-Dip: 250 g Sahnequark mit 200 g Schmand verrühren. 2 EL Rote Bete aus dem Glas grob würfeln, danach im Mixer fein pürieren. Das Rote-Bete-Püree mit 2 EL frisch geriebenem Meerrettich locker unter die Quark-Schmand-Mischung rühren. Mit Salz und Pfeffer würzen.

Limetten-Senf-Dip: 3 Frühlingszwiebeln putzen, waschen, längs halbieren und in feine Streifen schneiden. 200 g Sahne steif schlagen. Den Saft von 2 Limetten auspressen. 200 g saure Sahne mit 200 g Joghurt und Limettensaft glatt rühren. 2 TL Dijon-Honigsenf, 2 TL mittelscharfen Senf und Frühlingszwiebeln unterrühren. Die geschlagene Sahne unter die Senfcreme heben, mit Salz und Pfeffer würzen und pikant abschmecken.

LACHSMOUSSE

schnell und edel – für Gäste

Für 4 Personen
Zubereitungszeit ca. 20 Min.
Kühlzeit 30 Min.
pro Portion 220 kcal

250 g Räucherlachs in Scheiben oder am Stück (Stremellachs)
3 EL Doppelrahmfrischkäse
1 1/2 EL Zitronensaft
1 Bund Schnittlauch
Salz · Pfeffer
100 g Feldsalat

1 Den Räucherlachs in kleine Würfel schneiden und zusammen mit dem Frischkäse und dem Zitronensaft mit Pürierstab oder in der Küchenmaschine fein pürieren. Den Schnittlauch waschen, trocken schütteln und in Röllchen schneiden. Drei Viertel davon unter die Mousse heben. Diese mit wenig Salz und Pfeffer abschmecken und 30 Min. kühl stellen.

2 Den Feldsalat putzen und waschen. Mit zwei Esslöffeln Nocken von der Lachsmousse abstechen und mit dem Feldsalat auf Tellern anrichten. Die Portionen mit dem übrigen Schnittlauch bestreuen. Dazu passen knuspriges Baguette und ein fruchtiger Weißwein.

PROFI-TIPP

Der klassische Räucherlachs wird als ganzes Lachsfilet kalt geräuchert, bei einer Temperatur unter 30°. **Stremellachs** ist ein Lachsfilet, das in Stremel (Streifen) geschnitten über Buchen- und Erlenholz heiß geräuchert wird, also bei Temperaturen über 60°. Das verleiht ihm Saftigkeit und einen besonderen Geschmack, der mit klassisch geräuchertem Lachs nicht zu vergleichen ist.

LACHSTERRINE MIT GRÜNEN ERBSEN

als Vorspeise für ein feines Menü

Für 1 Terrinenform (22 cm lang)
Zubereitungszeit ca. 40 Min. · Marinierzeit 1 Std.
Garzeit 50 Min. · Ruhezeit 24 Std.
bei 8 Portionen pro Portion 420 kcal
Haltbarkeit 3–4 Tage

1 Bio-Zitrone · 600 g Lachsfilet · Salz
Pfeffer · 2 EL trockener Wermut
250 g geräucherter Lachs in dünnen Scheiben
2 Eier (Größe M) · 200 g Crème fraîche
100 g Sahne · 100 g TK-Erbsen
Außerdem:
Butter für die Form
Minzeblättchen zum Garnieren

1 Zitrone heiß waschen. Die Hälfte der Schale abreiben, den Saft auspressen. Lachsfilet in 2 cm große Würfel schneiden und in einer Schüssel mit Salz, Pfeffer, Wermut, Zitronenschale und 2 EL Zitronensaft vermischen. Zugedeckt 1 Std. im Gefrierfach durchziehen lassen.

2 Die Terrinenform dünn mit Butter ausfetten, mit zwei Dritteln der geräucherten Lachsscheiben auslegen und in den Kühlschrank stellen.

3 Die Lachsfiletwürfel im Mixer fein pürieren. Die Eier verquirlen, zusammen mit der Crème fraîche und der Sahne zum Fisch geben und alles gut verrühren. Die Farce durch ein feines Sieb streichen, mit Salz und Pfeffer abschmecken. Die Erbsen unter die Farce mischen und alles in die vorbereitete Form füllen. Mit den restlichen Lachsscheiben bedecken.

4 Die Form zugedeckt in ein kochend heißes Wasserbad stellen. Das Wasserbad mitsamt der Form in den Backofen schieben und diesen auf 180° aufheizen. Die Terrine 50 Min. garen, dann aus dem Ofen nehmen und vollständig abkühlen lassen. In den Kühlschrank stellen und 1 Tag durchziehen lassen. Dann vorsichtig aus der Form stürzen, in Scheiben schneiden und mit Minzeblättchen garniert servieren.

HEISS GERÄUCHERTE MAKRELE

Biergartenklassiker

Für 4 Personen
Zubereitungszeit ca. 30 Min.
Ruhezeit 2 Std.
Räucherzeit 25 Min.
pro Portion 280 kcal

2 EL Meersalz
2 küchenfertige Makrelen (400–500 g)
5 Pfefferkörner
3 dünne Bio-Zitronenscheiben
Außerdem:
Räuchergerät (s. S. 288)
neutrales Öl für den Rost

1 2–3 l kaltes Wasser in eine Schüssel füllen. Das Salz darin auflösen. Die Makrelen innen und außen kalt abspülen und 2 Std. in das Salzwasser legen. Dann mit Küchenpapier außen und innen abtrocknen.

2 Die Pfefferkörner im Mörser zerstoßen und die Makrelen damit innen einreiben. Die Zitronenscheiben nebeneinander in die Fischbäuche legen. Den Rost des Räuchergerätes mit Öl einpinseln, damit der Fisch später nicht daran klebt. Die Fische auflegen.

3 Das Räuchergerät nach Gebrauchsanweisung vorbereiten und anheizen. Den Rost mit den Fischen in das Gerät legen, schließen und den Fisch 20–25 Min. räuchern, bis sich kein Rauch mehr zeigt bzw. die Spiritusflamme erloschen ist.

4 Die Fische vorsichtig auf eine Platte legen. Mit einem Messer oder der Seite einer Gabel entlang der Rückengräte fahren und einschneiden. Die Filets auf beiden Seiten von den Gräten abheben. Noch warm genießen.

PROFI-TIPP
Ein **Räuchergerät** mit allen Zutaten und vielen wichtigen Tipps gibt es im Anglerfachgeschäft oder im Haushaltsfachhandel.

GOLDEN GERÄUCHERTE FORELLE

rauchig und aromatisch

Für 4 Personen
Zubereitungszeit ca. 1 Std.
Ruhezeit 12 Std. · Räucherzeit 40 Min.
pro Portion 90 kcal

1/2 TL gelbe Senfkörner · 3 Wacholderbeeren
1 1/2 TL bunte Pfefferkörner
5 TL Meersalz · 1 EL brauner Zucker
1/2 Bund Dill · 1 Bio-Zitrone
2 küchenfertige Forellen (je 300 g)
Außerdem:
Gefrierbeutel (3 l Inhalt) · Wok
2 EL Buchenmehl · 1 TL Fichtenmehl
Sahnemeerrettich zum Servieren (aus dem Glas)

1 Senfkörner, Wacholder und Pfeffer im Mörser grob zerstoßen. Mit 700 ml Wasser, Salz und Zucker verrühren. Dill waschen, trocken schütteln und grob hacken. Zitrone heiß abwaschen, trocknen und in Scheiben schneiden. Dill und Zitrone zur Lake geben. Forellen und Lake in den Gefrierbeutel füllen, gut verschließen und über Nacht im Kühlschrank marinieren.

2 Die Fische herausnehmen, mit Küchenpapier außen abtupfen und 1 Std. offen trocknen lassen. Den Wok mit Alufolie auslegen und vorheizen. Holzmehl einstreuen, den Abstandshalter und das Gitter darübersetzen (s. S. 287). Die Forellen auf das Gitter legen, danach den Wok schließen.

3 Den Wok auf 90° aufheizen, dann den Herd ausschalten und die Temperatur auf 60° sinken lassen. Nochmals bis 70° aufheizen. Den Herd ausschalten und die Forellen bei fallender Hitze noch ca. 10 Min. weiterräuchern. Wenn die Fische sich golden färben und ihre Rückenflosse sich herausziehen lässt, sind sie gar.

4 Die Forellen vom Gitter heben und filetieren. Die Filets noch warm mit frischem Weißbrot und einem Klecks Sahnemeerrettich servieren.

GERÄUCHERTES THUNFISCHFILET

besonders zart – mediterran

Für 4 Personen
Zubereitungszeit ca. 45 Min.
Marinierzeit 12 Std.
Räucherzeit 1 Std.
pro Portion 300 kcal

1 Stück frischer Ingwer (ca. 1 cm)
400 g Thunfischfilet in Sushi-Qualität
(oder sehr gute TK-Qualität)
3 TL Meersalz · 1 TL Vanillezucker
1/2 TL Pfeffer · 1 EL Kapern (aus dem Glas)
50 g Parmesan · 1/2 Bund Rucola · Olivenöl
Außerdem:
Kugelgrill (s. S. 288) · Küchengarn
Einweg-Aluschale · 1 Handvoll Buchenspäne

1 Den Ingwer schälen und fein reiben. Das Thunfischfilet mit Küchenpapier trocken tupfen und mit Küchengarn quer zur Faser mehrfach zusammenbinden. So lässt es sich später besser schneiden.

2 Das Thunfischfilet beidseitig mit Ingwer bestreichen. Salz, Vanillezucker und Pfeffer mischen. Ein Drittel davon in eine Auflaufform streuen. Den Fisch darauflegen und mit der restlichen Würzmischung bestreuen. Über Nacht im Kühlschrank marinieren.

3 Den Thunfisch herausnehmen und 1 Std. offen trocknen lassen. 3–4 Kohlen vorglühen. Buchenspäne in die Aluschale streuen, die Schale auf den Kohlenrost des Kugelgrills stellen und 2 heiße Kohlen hineinlegen. Den Rost einhängen, das Filet darauflegen und den Deckel schließen. Das Filet 1 Std. bei 40–50° räuchern. Dann vorsichtig vom Rost heben und abkühlen lassen.

4 Die Kapern in 5 EL Wasser einlegen. Parmesan in Späne hobeln. Rucola waschen, trocken schütteln und die Stiele abschneiden. Die Kapern abgießen und abtropfen lassen. Den Thunfisch in dünne Scheiben schneiden und auf vier Teller verteilen. Mit Parmesan, Kapern und Rucola bestreuen und mit Olivenöl beträufeln.

GERÄUCHERTE SCAMPI

feines Fingerfood für zwei

Für 2 Personen
Zubereitungszeit ca. 1 Std. 20 Min.
Räucherzeit 5 Min.
pro Portion 150 kcal

1 kleine Zwiebel
2 Stängel Petersilie
6 Pfefferkörner
4 EL Weißwein · 3 EL Meersalz
1 kleines Lorbeerblatt
12 rohe Scampi mit Schale
(Kaisergranate, frisch oder TK)
1 Knoblauchzehe · 3 EL Olivenöl
Außerdem:
Kugelgrill (s. S. 288) · 1 Buchen-Chunk

1 Zwiebel schälen, Petersilie waschen und die Pfefferkörner im Mörser grob zerstoßen. Alles mit 1 l Wasser, Wein, Salz und Lorbeerblatt aufkochen und 10 Min. bei schwacher Hitze ziehen lassen.

2 Die Scampi kalt abspülen und abtropfen lassen. Den Sud erneut aufkochen, die Scampi hineinlegen und bei schwacher Hitze 6 Min. garen. Den Knoblauch schälen, fein hacken und mit dem Olivenöl mischen.

3 Die Scampi in ein Sieb abgießen und kalt abschrecken. Dann längs halbieren und den Darmfaden entfernen. Die Schnittflächen mit Knoblauchöl bestreichen.

4 Die Holzkohle für den Kugelgrill vorglühen. Den Grill anschließend mit zwei Zonen vorbereiten, den Deckel schließen und den Grill auf 150° aufheizen. Die Scampi mit der Schnittfläche nach unten über der direkten Hitze 30 Sek. grillen. Dann in die indirekte Hitze legen. Den Buchen-Chunk auf die Glut legen, den Deckel schließen und die Scampi 3–5 Min. räuchern.

5 Die geräucherten Scampi zusammen mit einer fruchtigen Sauce servieren, z. B. der süßsauer-scharfen Mirabellensauce von Seite 259.

DER LIEBLINGSKLASSIKER

EINGELEGTE BRATHERINGE

Freitagsessen seit Kindertagen

Für 4 Personen
Zubereitungszeit ca. 45 Min. · Ruhezeit 1–2 Tage
pro Portion 150 kcal
Haltbarkeit 1 Woche

Für die Bratheringe:
4 Heringsfilets · Salz · Pfeffer
2 EL Mehl · 2 EL neutrales Pflanzenöl
Für die Marinade:
2 große Zwiebeln
je 1 TL schwarze Pfefferkörner, Wacholderbeeren und Pimentkörner
1 Bund Dill · 250 ml Weißweinessig
200 g Zucker

1 Die Heringsfilets kalt abspülen, trocken tupfen, salzen und pfeffern. Das Mehl auf einen flachen Teller geben und die Filets darin wenden, überschüssiges Mehl abschütteln. 2 EL Öl in einer Pfanne erhitzen und die Heringsfilets darin bei mittlerer Hitze in ca. 2 Min. pro Seite knusprig braun braten.

2 Für die Marinade die Zwiebeln schälen und in feine Ringe schneiden. Pfeffer, Wacholder und Piment im Mörser grob zerstoßen. Dill waschen, trocken schütteln und ohne grobe Stängel hacken. 700 ml Wasser mit Essig, Zucker, Zwiebelringen und Gewürzen aufkochen, bis sich der Zucker gelöst hat. Dann die Marinade ganz abkühlen lassen. Dill unterrühren.

3 Die gebratenen Heringe in eine längliche Schale legen und mit der Hälfte der Marinade mitsamt Zwiebeln und Gewürzen begießen. Dann die übrigen Heringe darauflegen und mit der restlichen Marinade begießen. Die Bratheringe abgedeckt im Kühlschrank mindestens 1–2 Tage durchziehen lassen.

GENUSS-TIPP

Wer gleich die **doppelte Menge** Fische brät, kann die eine Hälfte heiß aus der Pfanne essen und die andere einlegen. Das verlängert den Heringsgenuss und erhöht ihn nach zwei Tagen um eine wunderbar herzhaft-säuerliche Note.

VARIANTE

GLASBLÄSER-HERINGE

Für 2 Gläser (je 500 ml)
Zubereitungszeit ca. 30 Min.
Ruhezeit 2 Tage
bei 4 Portionen pro Portion 325 kcal
Haltbarkeit 1 Woche

- In einem Topf 300 ml Weißwein mit 150 ml Rotweinessig und 100 g braunem Zucker erhitzen.
- 2 Zwiebeln schälen und in feine Ringe schneiden. Zusammen mit 10 Pimentkörnern, 10 Pfefferkörnern und 2 Zacken Sternanis zum Sud geben und 10 Min. bei geringer Hitze sanft kochen, dann abkühlen lassen.
- 300 g Heringsfilets abspülen, trocken tupfen und in 2–3 cm große Stücke schneiden.
- Die Heringsstücke auf zwei sterilisierte Gläser (s. S. 6) verteilen und mit dem Sud begießen. 2 Tage im Kühlschrank ziehen lassen – und dort auch aufbewahren.
- Die Glasbläser-Heringe schmecken besonders gut zu Pellkartoffeln.

N

O

P

Q

R

W

Z

Die Fotografen

Barbara Bonisolli
Seite 86, 96, 97, 117, 130, 235

Stefan Braun
Seite 230

Michael Brauner
Seite 21, 29, 30, 31, 34, 35, 38, 46, 52, 53, 54, 55, 111-2, 128, 129, 132-2, 138, 150, 152, 193, 293

Klaus-Maria Einwanger
Seite 4, 62-1, 62-2, 63-1, 63-2, 72, 74-2, 102-1, 102-2, 103-1, 103-2, 104, 106-2, 139, 154, 169, 174, 190, 244, 286, 323

EISING STUDIO | FOOD PHOTO & VIDEO
Seite 92, 172-1, 172-2, 173-1, 173-2, 176-1, 176-2, 177-1, 177-2, 180-1, 180-2, 227, 250, 251, 252, 253, 255

Fotos mit Geschmack, Ulrike Schmid und Sabine Mader
Seite 3, 6-1, 33, 37-2, 47, 49, 50-1, 50-2, 51-1, 51-2, 58, 59, 65, 66, 67, 69, 70, 73, 74-1, 77, 81-1, 81-2, 82, 85, 87, 89, 90, 91, 100, 101, 105, 106-1, 114-1, 114-2, 115-1, 115-2, 119, 120, 121, 122-1, 122-2, 123-1, 123-2, 125, 127, 131, 132-1, 133-1, 133-2, 135, 136, 137, 140, 141, 143, 149, 151, 156-1, 156-2, 165, 166, 167, 181-1, 181-2, 206-1, 206-2, 207-1, 207-2, 241, 246-2, 247, 262-1, 262-2, 263-1, 263-2, 269, 270-1, 270-2, 271-2, 272, 276-1, 276-2, 279, 281, 291, 305, 310, 311, 321, 325, 326, 333

Hans Gerlach
Seite 15, 20, 24, 39, 43, 44, 124, 185, 187, 259-1, 259-2

Julia Hoersch
Seite 42, 109, 110-1, 113, 195, 201, 205, 243, 249, 301, 302, 313, 331

Coco Lang
Seite 14, 36-1, 36-2, 37-1, 61, 71, 93, 147-2, 261, 274, 275, 282, 283

Jana Liebenstein
Seite 5, 9, 10-1, 10-2, 11-1, 11-2, 13, 17, 18, 23, 26-1, 26-2, 27-1, 27-2, 41, 45, 107, 159, 171-2, 179, 189, 211, 223, 224-1, 224-2, 225-1, 225-2, 226, 229, 232, 236, 239, 266-1, 266-2, 267-1, 267-2, 309, 318, 319, 334-1, 335-2, 337

Barbara Lutterbeck
Seite 209, 231, 237

Kai Mewes
Seite 146-1, 146-2, 147-1, 268, 306, 307

René Riis
Seite 175

Jörn Rynio
Seite 6-2, 75, 79, 80-1, 80-2, 83, 95, 99, 110-2, 116, 144, 145, 153, 157, 160-1, 161-1, 161-2, 163, 178, 182, 183, 186, 191, 192-1, 192-2, 198, 199, 203, 208, 214-1, 214-2, 215-1, 215-2, 217, 240, 257, 265, 273, 277-1, 277-2, 278, 287, 288-1, 288-2, 292, 295, 296, 297, 298, 303, 317, 324, 327, 328, 329

Wolfgang Schardt
Seite 2, 78, 196, 202, 218, 245, 246-1, 254

Peter Schulte
Seite 19, 111-1, 258-1, 258-2, 285

Nicole Stich
Seite 56-1, 56-2, 56-3, 57

Studio L'EVEQUE, Tanja und Harry Bischof
Seite 7, 155, 160-2, 162, 170-1, 170-2, 171-1, 212, 213, 221, 271-1, 314, 315, 334-2, 335-1

Odette Teubner
Seite 289

Herausgeberinnen: Verena Kordick, Adriane Andreas

Projektleitung: Verena Kordick

Lektorat: Adriane Andreas

Einführende Kapiteltexte: Cora Wetzstein

Korrektorat: Waltraud Schmidt

Coverfotografie: Hans Döring

Umschlaggestaltung und Innenlayout:
independent Medien-Design, Horst Moser, München

Satz: Knipping Werbung GmbH, Berg am Starnberger See

Herstellung: Petra Roth

Reproduktion: Repro Ludwig, Zell am See

Druck des Überzugs: Dr. Cantz'sche Druckerei, Ostfildern

Druck des Innenteils: Firmengruppe APPL, aprinta druck, Wemding

Bindung: Firmengruppe APPL, m.Appl GmbH, Wemding

ISBN 978-3-8338-4001-2
3. Auflage 2015

Syndication: www.jalag-syndication.de

www.facebook.com/gu.verlag

GRÄFE UND UNZER

Ein Unternehmen der
GANSKE VERLAGSGRUPPE

Backofenhinweis: Die Backzeiten können je nach Herd variieren. Die Temperaturangaben in unseren Rezepten beziehen sich auf das Backen im Elektroherd mit Ober- und Unterhitze und können bei Gasherden oder beim Backen mit Umluft abweichen. Details entnehmen Sie bitte Ihrer Gebrauchsanweisung.